HANDBUCH DEKUPIERSÄGE

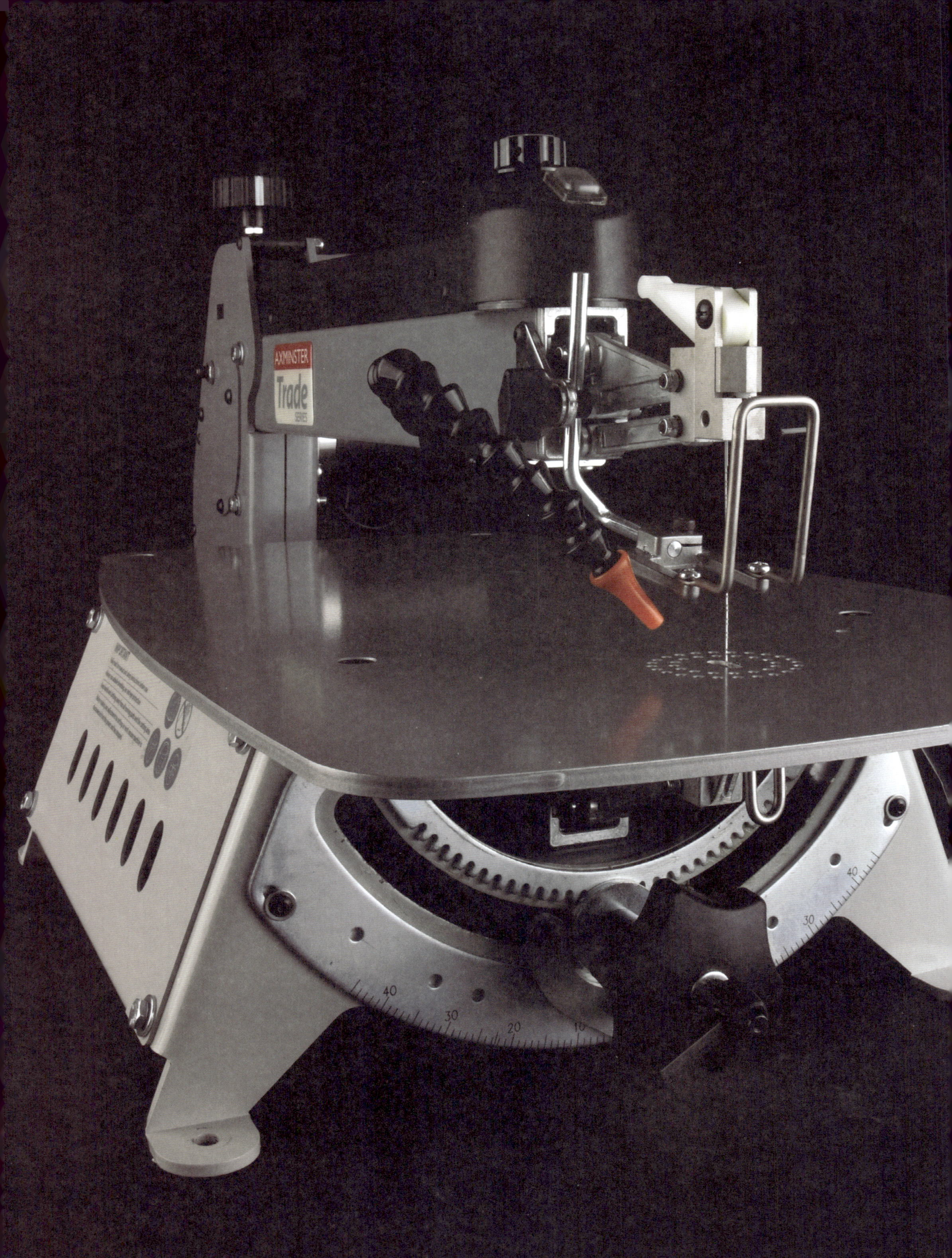

AXMINSTER
Trade
SERIES
40
30
20
10
40
30

HANDBUCH DEKUPIERSÄGE

GRUNDLAGEN, TECHNIKEN UND 18 PROJEKTE

FRED AND JULIE BYRNE

HolzWerken

Originalausgabe: Scrollsaws: A Woodworker's Guide, 2018

This translation is published by arrangement with The Guild of Master Craftsman Publications Ltd.

Deutsche Ausgabe:

Übersetzung: Michael Auwers, Dassel

Printed in Hongkong

HolzWerken
Ein Imprint von Vincentz Network GmbH & Co. KG
Plathnerstr. 4c, 30175 Hannover
www.holzwerken.net

ISBN 978-3-7486-0299-6
Best.-Nr. 21356

INHALT

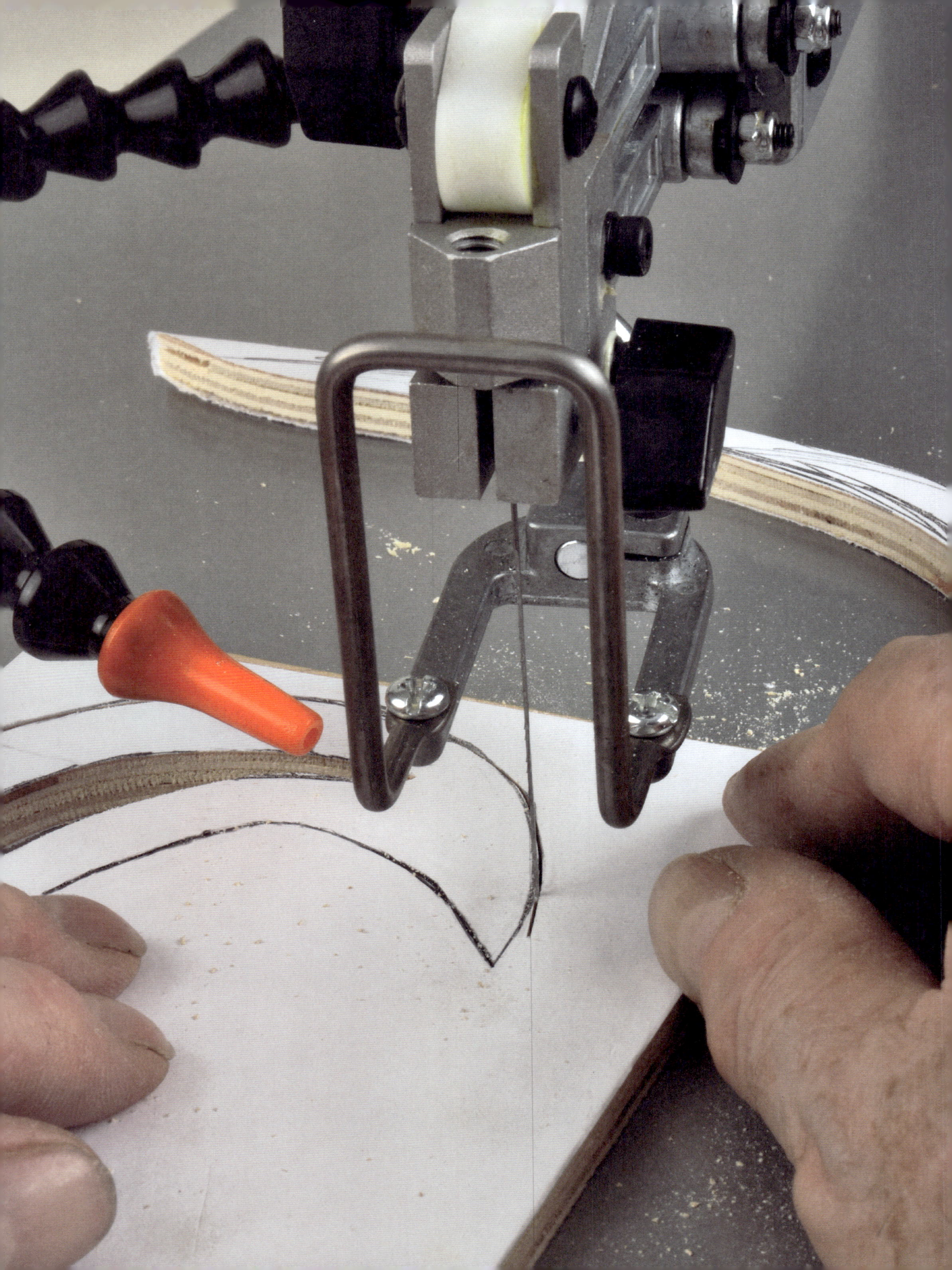

Einleitung

Die Dekupiersäge hat sich im Laufe der Jahrhunderte aus der einfachen Laubsäge, die mit der Hand geführt wird, zu der großartigen elektrischen Säge entwickelt, wie wir sie heute kennen.

In dieser modernen Ausführung ist sie immer beliebter geworden, weil sie leicht zu beherrschen ist und es sogar unerfahrenen Nutzern erlaubt, eine Vielfalt nützlicher und schöner Gegenstände für Haus und Heim anzufertigen. Mit der Dekupiersäge kann man aus vielen verschiedenen Werkstoffen unterschiedlicher Stärke eher grobschlächtige Gegenstände, aber auch sehr filigrane Kunstwerke schaffen.

Im ersten Teil des Buches werden die grundlegenden Werkzeuge, Hilfsmittel und Arbeitsverfahren beschrieben, die man braucht, um mit der Dekupiersäge zu arbeiten. Wir geben keine Empfehlungen für bestimmte Hersteller oder Modelle ab, da laufend neue Sägen auf den Markt kommen und diesbezügliche Informationen schnell veralten würden. Stattdessen nennen wir die Merkmale, auf die man beim Kauf einer Dekupiersäge achten sollte, damit man selbst eine sachkundige Wahl treffen kann.
Das Arbeiten mit der Dekupiersäge ist nicht schwierig, und die Hinweise, die wir geben, sollten den Leser auf den richtigen Pfad führen. Am wichtigsten ist das Üben.

Im Rest des Buches werden eine Auswahl von thematische angeordneten Werkstücken für verschiedene Teile der häuslichen Umgebung vorgestellt, anhand derer man die beschriebenen Arbeitsverfahren ausgiebig üben kann. Man kann den Anleitungen für diese Werkstücke genau folgen, man kann sie aber auch durch Kombination mit anderen Motiven abwandeln, falls man etwas abenteuerlustiger ist. Wir hoffen, dass Ihnen dieses faszinierende Kunsthandwerk ebenso viel Freude machen wird wie uns.

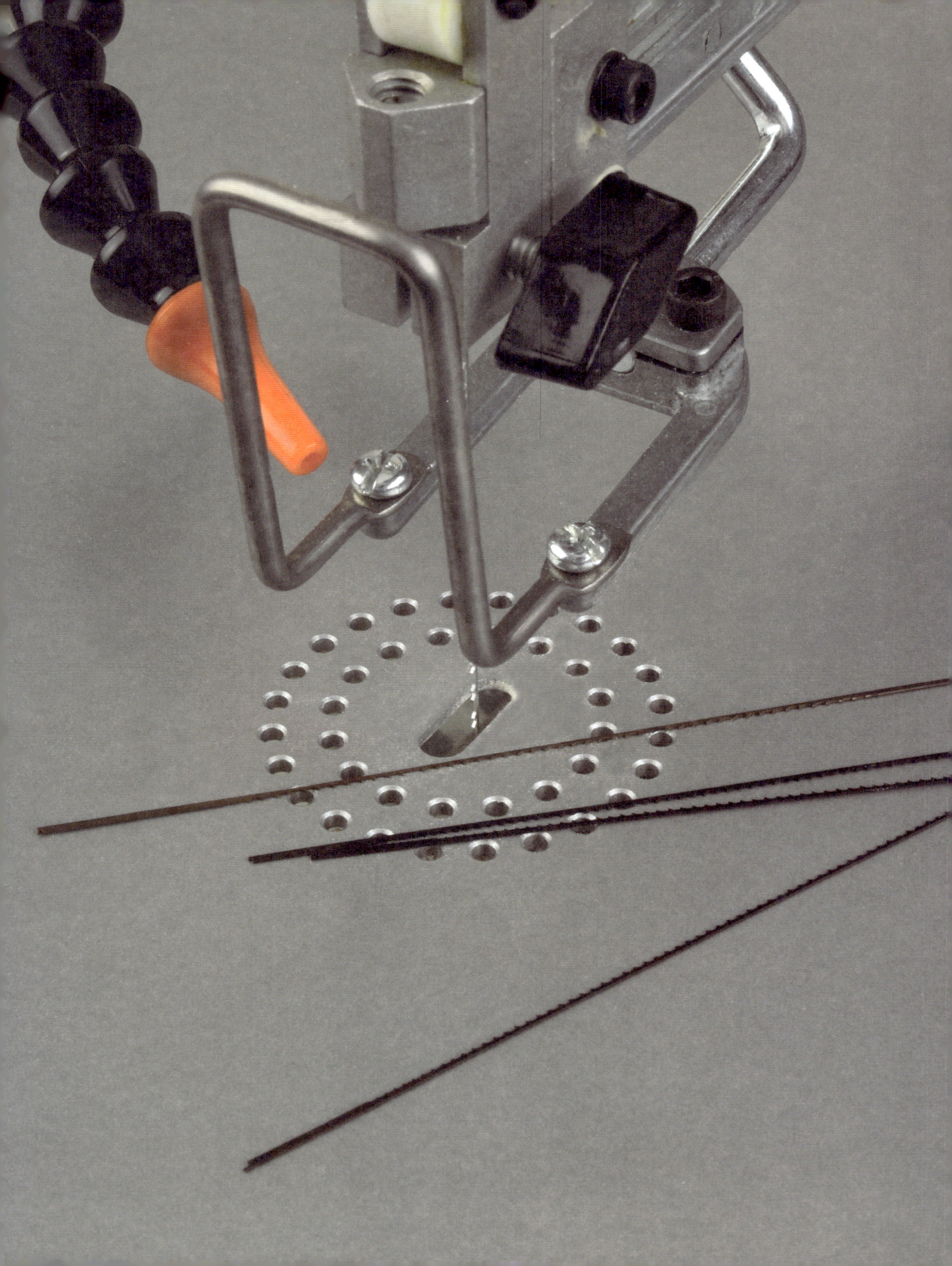

1

Werkzeuge, Arbeitsverfahren und Materialien

1.1
Die Dekupiersäge

1.2
Andere Werkzeuge, Hilfsmittel und Materialien

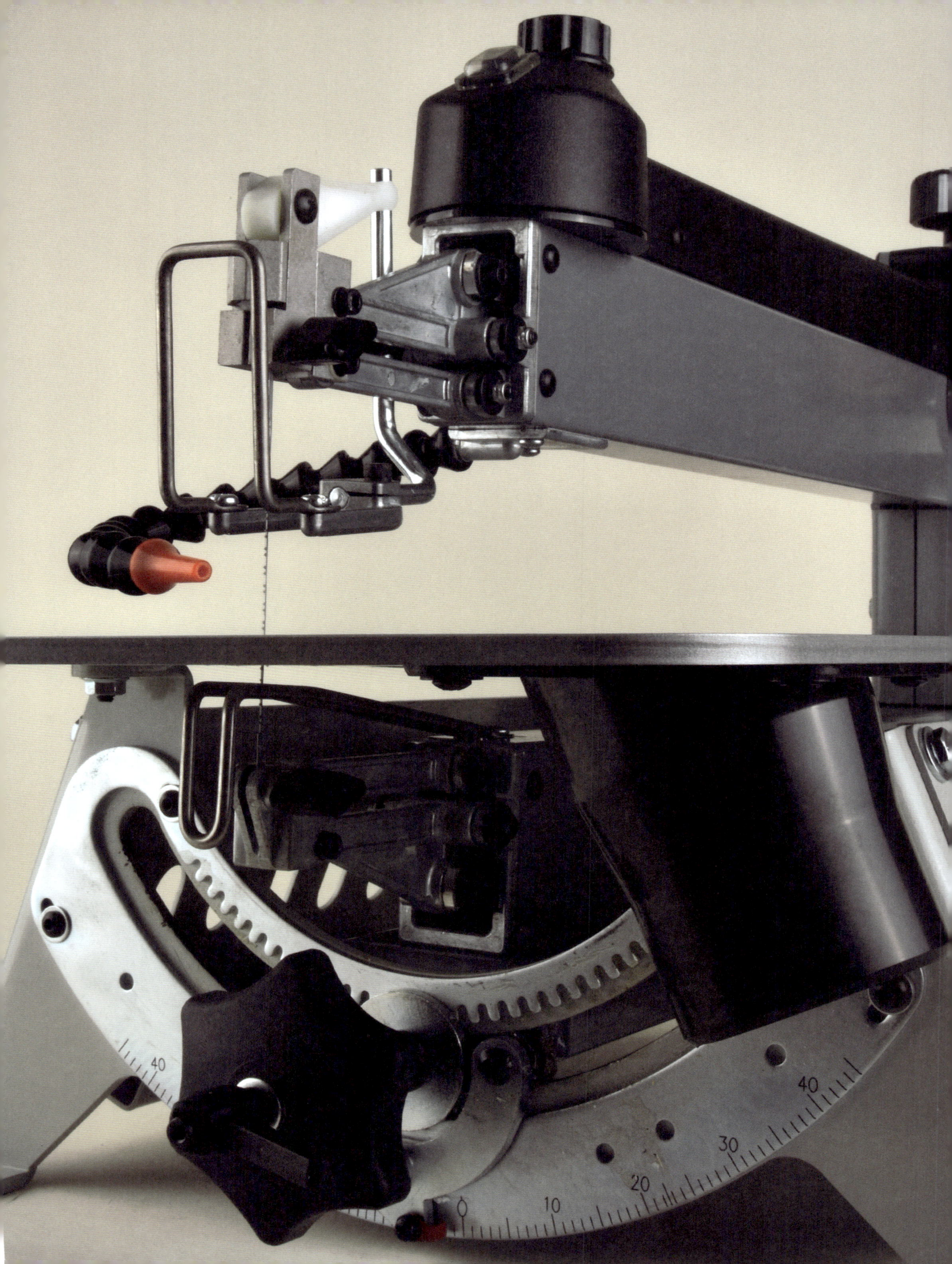
40
40
30
20
10
0

1.1 Die Dekupiersäge

Die Dekupiersäge ist im Grunde genommen eine motorisierte Laubsäge. Sie ist eine relative kleine Maschine, die man auf einem extra dafür angefertigten Untergestell oder einer normalen Werkbank anbringen kann. Sie ist das perfekte Werkzeug, um freihändige Intarsien und Laubsägearbeiten aus relativ dünnem Holz (bis etwa 50 mm Stärke) und manchen anderen Werkstoffen zu schneiden. Mit dem schmalen Sägeblatt kann man enge Kurven und spitze Winkel sägen, falls das erforderlich sein sollte. Außerdem lassen sich auch Innenschnitte ausführen. Andererseits ist sie nicht geeignet, um schnell Schnitte in stärkerem Holz auszuführen. Dafür ist die Band- oder Tischkreissäge sehr viel besser geeignet.

Wir betrachten zuerst die Merkmale der Dekupiersäge und dann die ebenso wichtigen verschiedenen Sägeblätter, die man mit ihr verwenden kann. Dann sehen wir uns einige der nützlichsten Zubehörteile an, die von den Herstellern angeboten werden. Je nach der Marke, für die man sich entscheidet, gehört dieses Zubehör teilweise zum Lieferumfang oder es muss je nach Bedarf zugekauft werden. Die Arbeitsweise mit der Dekupiersäge ist mit etwas Übung leicht zu meistern, aber wir geben einige Hinweise, um Sie auf den richtigen Weg zu bringen. Dieser Abschnitt schließt mit Ratschlägen zur Arbeitssicherheit. Die Dekupiersäge ist bei sachgemäßem Einsatz eine der sichersten Maschinen, die es gibt, sie muss aber wie alle Maschinen mit Respekt behandelt werden.

Die Bestandteile der Dekupiersäge

Das Werkstück wird während des Sägens auf den Arbeitstisch aufgelegt. Er kann aus Aluminium oder Grauguss bestehen und lässt sich je nach Hersteller und Modell in einer oder beiden Richtungen aus der Waagerechten neigen, um Fasen zu schneiden. Die Schnittrichtung wird bestimmt, indem man das Werkstück während des Sägens auf dem Arbeitstisch dreht. Um das Werkstück leicht und gleichmäßig bewegen zu können, trägt man eine dünne Schicht Wachs auf dem Arbeitstisch auf und poliert nach, wenn das Wachs trocken ist.

Die auswechselbaren Sägeblätter für die Dekupiersäge sind sehr dünn, wodurch die Maschine ideal geeignet ist, Muster in verschiedene Werkstoffe zu schneiden. Die Auswahl des Sägeblatts wird auf Seite 16–17 erörtert.

Jede Dekupiersäge ist mit einem Netzschalter irgendeiner Art ausgestattet. Das kann ein einzelner Ein-Aus-Schalter sein, es können aber auch separate Schalter zum Einschalten und Ausschalten vorhanden sein. Manche Modelle haben auch eine Einstellvorrichtung zur Drehzahlregulierung. Als Zubehör gibt es auch Netz-Fußschalter.

Der Niederhalter erinnert an den „Fuß" einer Nähmaschine. Dieses optionale Zubehörteil erleichtert das Sägen dünner Werkstoffe und fungiert auch in gewissem Maß als Sägeblattschutz.

Das Holzstaubgebläse wird an den meisten Modellen mit Balgen betrieben und sorgt dafür, dass sich an der Schnittlinie kein Holzstaub ansammelt, der die Sicht auf die Arbeit beeinträchtigt. Manche Modelle verfügen über eine Staubabsaugung, an deren Anschlussstutzen man einen Staubsauger oder eine professionelle Staubabsauganlage anzuschließen, um den Holzstaub abzusaugen, anstatt ihn fortzublasen.

Das Modell, für das man sich entscheidet, mag vielleicht nicht alle Merkmale des hier abgebildeten Beispiels des Herstellers Hegner aufweisen, und die Anordnung der Schalter mag eine andere sein, aber die grundsätzliche Funktion bleibt die Gleiche.

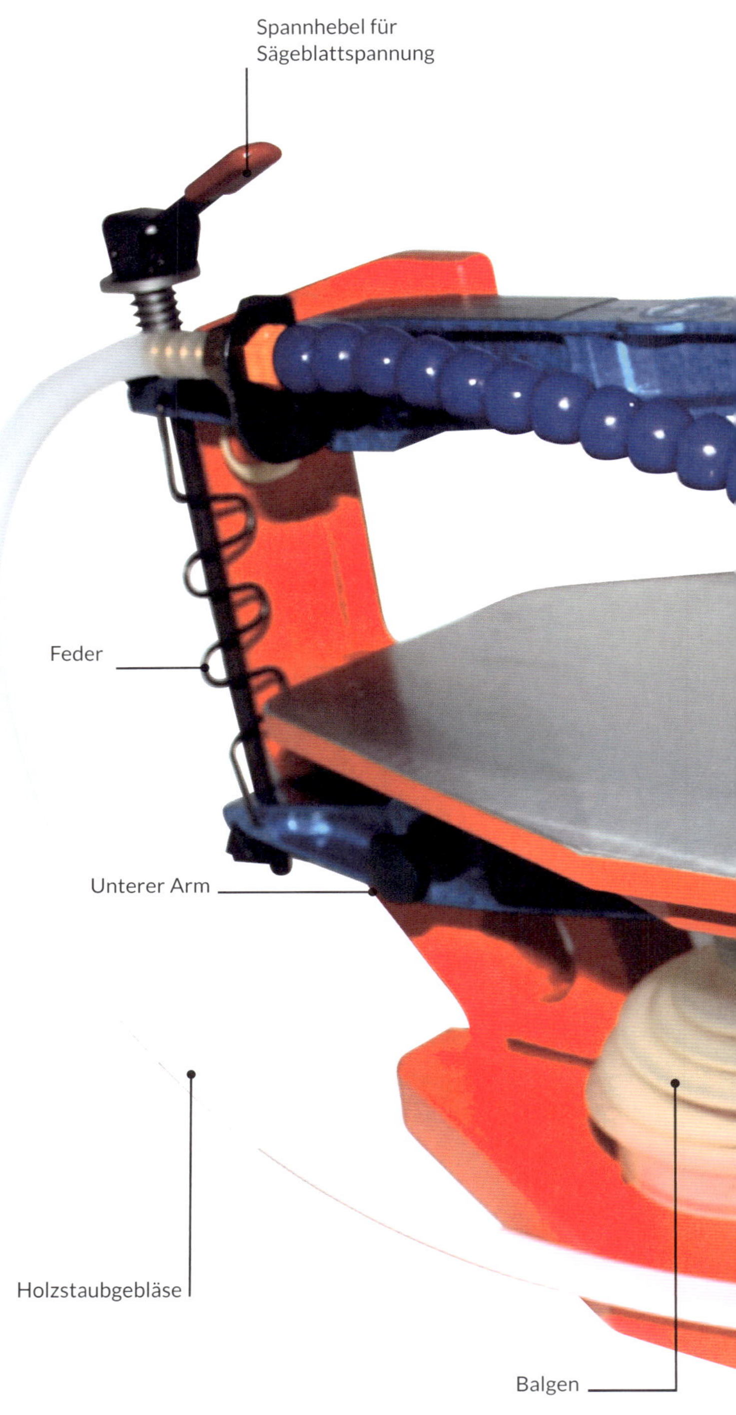

OBEN *Die wichtigsten Bauteile einer typischen modernen Dekupiersäge am Beispiel der Hegner Multicut 1 (Längsdurchgang 365 mm)*

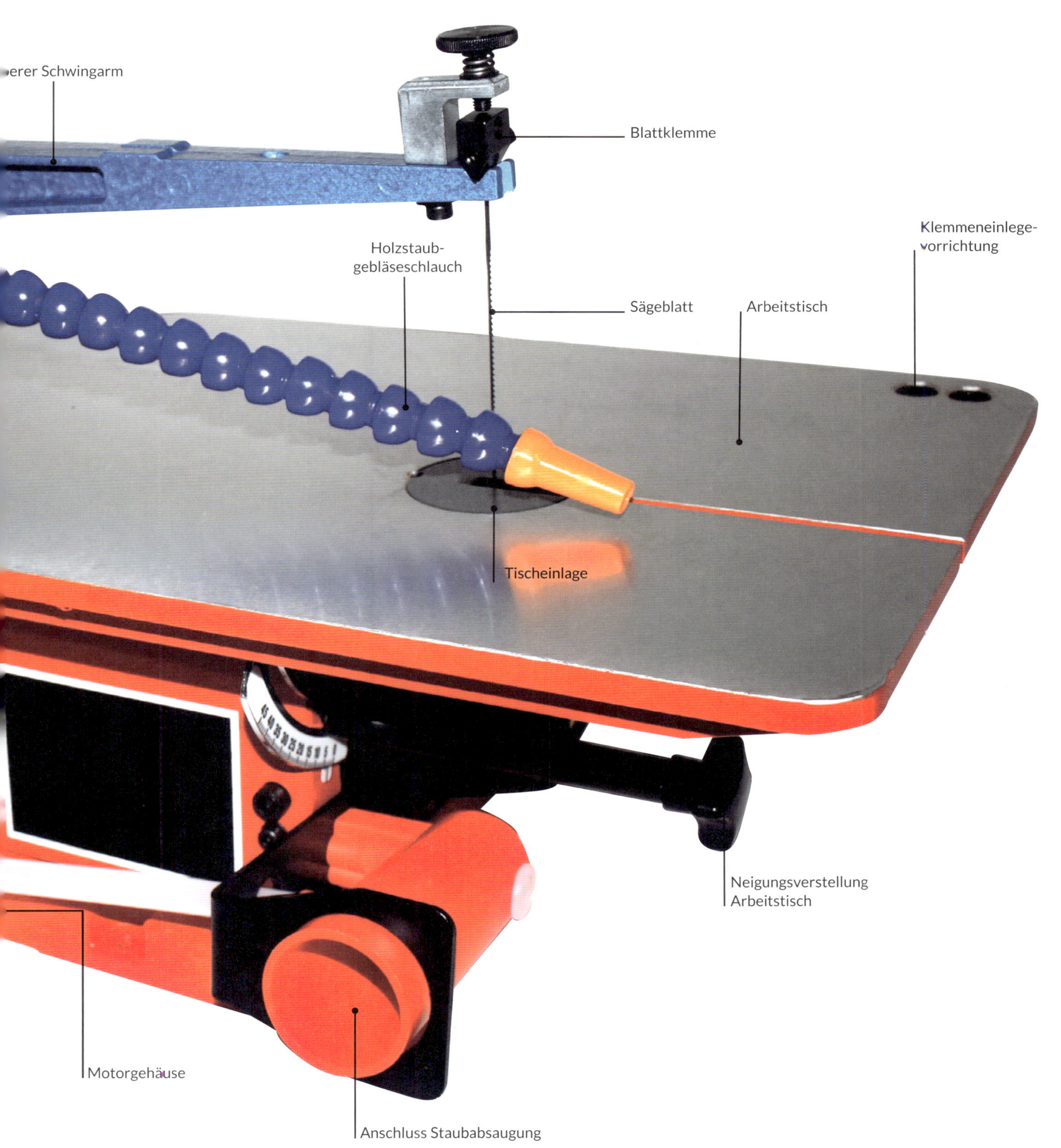
erer Schwingarm
Blattklemme
Klemmeneinlege-
vorrichtung
Holzstaub-
gebläseschlauch
Sägeblatt
Arbeitstisch
Tischeinlage
Neigungsverstellung
Arbeitstisch
Motorgehäuse
Anschluss Staubabsaugung

Die Wahl der Dekupiersäge

Es gibt eine Reihe von Faktoren, die man beim Kauf einer Dekupiersäge beachten sollte. Im Folgenden nennen wir die Punkte, die unserer Erfahrung nach wichtig sind.

Der Preis und die Qualität können sich von Modell zu Modell deutlich unterscheiden. Wir empfehlen, immer die beste Säge zu kaufen, die man sich leisten kann. Im Allgemeinen ist der Preis ein guter Hinweis auf die Qualität der Maschine. Eine hochwertige Dekupiersäge fühlt sich solide an und weist am Arm und anderen beweglichen Teilen kein übermäßiges Spiel auf. Das Gesamtgewicht der Säge kann von etwa 15 kg bis 30 kg variieren, was ein Entscheidungskriterium sein kann, wenn man die Säge häufig transportieren muss. Die meisten Modelle haben einen 100-Watt-Induktionsmotor, aber größerer Modelle für den gewerblichen Einsatz können auch bis zu 180-Watt-Motoren (Hegner) aufweisen. Man sollte keine Dekupiersäge kaufen, die man nicht im Einsatz gesehen hat. Eine ausgewogene Maschine läuft ruhig, mit nur sehr geringen Vibrationen.

Modelle mit Untergestell und solche für die Werkbank sind gleichermaßen geeignet, wenn sie fest mit der Unterlage verschraubt sind, um Vibrationen zu reduzieren, und wenn sie eine bequeme Arbeitshöhe haben, je nachdem, ob man lieber im Stehen oder im Sitzen arbeitet.

Entscheidungskriterien

- **Der Längsdurchgang** ist die Entfernung vom Sägeblatt bis zur senkrechten Halterung des oberen Schwingarms an der Rückseite der Maschine. Dieses Maß ist besonders wichtig, weil es die Länge des Materials bestimmt, das man bearbeiten kann, ohne das Werkstück umdrehen zu müssen. Kleinere Modelle haben einen Durchgang von 355 mm, größerer teilweise bis zu 560 mm. Je nach Modell beträgt die maximale Materialstärke, die sich sägen lässt, meist etwa 50 mm.

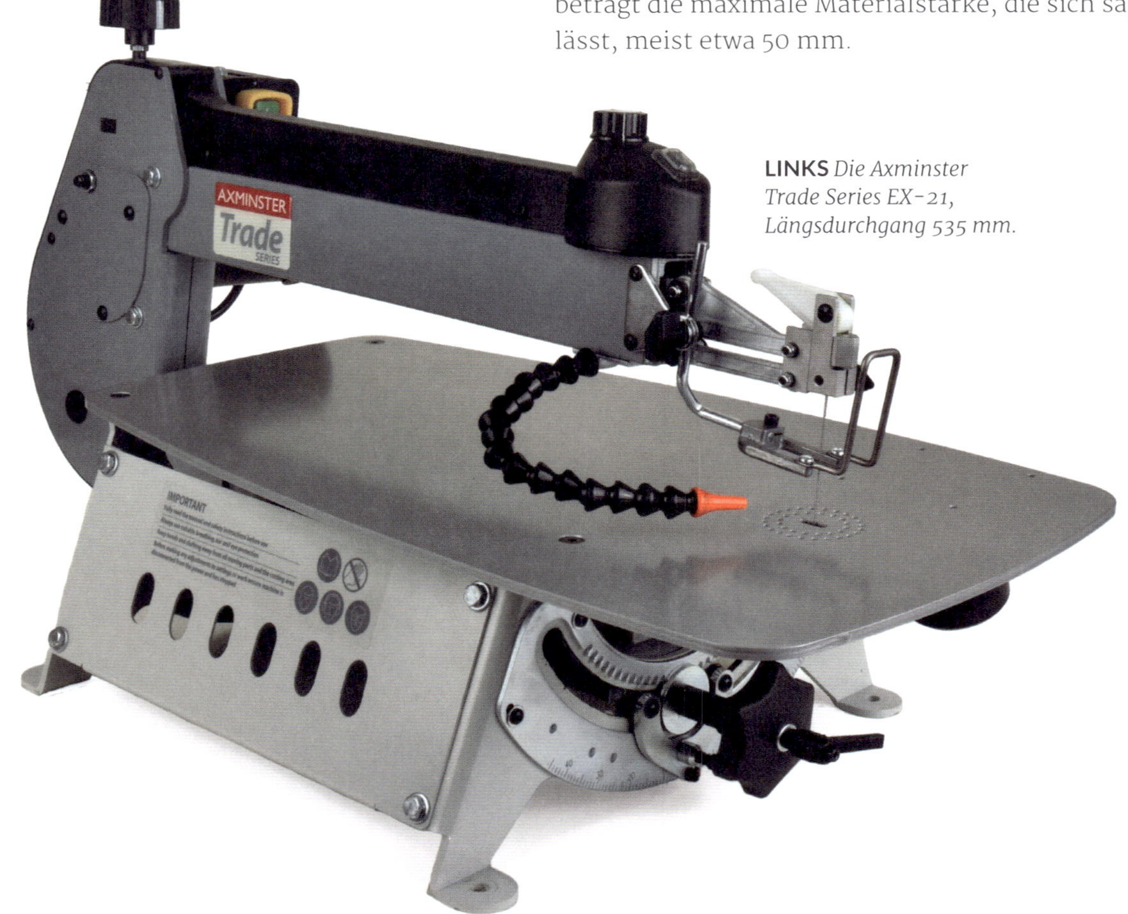

LINKS *Die Axminster Trade Series EX-21, Längsdurchgang 535 mm.*

- **Die Blatthalterung** ist wichtig, weil man unterschiedliche Sägeblätter verwenden und diese auch auswechseln muss, falls sie reißen. Schnellspannklemmen sparen viel Zeit, wenn man Innenschnitte ausführt, für die das Sägeblatt durch eine Bohrung gefädelt werden muss. Eine Spannvorrichtung an der Maschinenvorderseite erleichtert das Wechseln des Sägeblatts ebenfalls. Es gibt zwei Typen von Sägeblatt – mit Haltestift am Ende und ohne – was die Wahl der Säge beeinflussen kann. Es gibt jedoch auch Modelle, bei denen man beide Typen verwenden kann. Sägeblätter mit stiftlosen Enden werden mit Klemmen eingespannt, es gibt sie in vielen unterschiedlichen Ausführungen, die leicht zu beziehen sind. Sie werden von vielen erfahrenen Holzwerkern sehr geschätzt. Der zweite Typ ist an jedem Ende mit einem durchgehenden Stift versehen, wie man es auch von Laubsägeblättern kennt. Die Stifte werden in die Säge eingehakt, was den Blattwechsel erleichtert. Allerdings ist die Auswahl an unterschiedlichen Blättern geringer, und die Blätter mit Stift sind meist gröber als jene ohne Stift.

- Es gibt Dekupiersägen mit ein oder mit zwei **Geschwindigkeiten** und solche mit stufenlos regulierbarer Geschwindigkeit. Eine hohe Geschwindigkeit von 1200–1800 Hüben pro Minute ist ideal, um harte Hölzer zu sägen. Eine niedrige Geschwindigkeit von 400–800 Hüben pro Minute ist am besten für weiche Hölzer wie Kiefer geeignet, das unser Lieblingsmaterial bei der Arbeit mit der Dekupiersäge ist. Wir bevorzugen Modelle mit stufenloser Geschwindigkeitsregulierung, weil man dann das Beste aus beiden Welten hat.

Man sollte auf jeden Fall vor dem Kauf alle in Betracht kommenden Möglichkeiten genau abwägen, um ein geeignetes Modell zu finden. Internetseiten wie die auf Seite 172 genannten können dabei eine Hilfe sein, außerdem kann man sich an den Tests orientieren, die von Zeit zu Zeit in den einschlägigen Zeitschriften für Heim- und Holzwerker erscheinen.

Nützliche Fragen

Wie viel Geld möchte ich ausgeben?
Grundsätzlich sollte man die beste Dekupiersäge kaufen, die man sich leisten kann. Für Anfänger, die sich noch nicht sicher über die Verwendung sind, sind Gebrauchtgeräte oder ein preiswertes Modell durchaus eine Option.

Welche Art von Arbeiten will ich anfertigen?
Wenn man beabsichtigt, Laubsägearbeiten mit vielen Innenschnitten anzufertigen, wird man den Schnitt oft neu ansetzen müssen. Deshalb ist ein schneller Blattwechsel wichtig. Außerdem benötigt man dann eine Dekupiersäge, mit der man auch Blätter ohne Stift verwenden kann, da die Stifte am Blattende nicht durch die kleinen Bohrungen passen, die man bei vielen feinen Laubsägearbeiten als Startpunkt benötigt.

Sind angefaste Schnittkanten wichtig?
Bei den meisten Dekupiersägen lässt sich der Arbeitstisch sowohl nach links als auch nach rechts neigen. Manchmal sägt man in einem solchen Winkel, dass es schwierig, mit dem Blatt der Schnittlinie zu folgen. Dann kann eine Säge mit schwenkbarem Arm nützlich sein.

Mit welchen Holzstärken werde ich normalerweise arbeiten?
Bei dünnem Holz benötigt man einen Tischeinsatz, um das empfindliche Werkstück zu halten und, um zu verhindern, dass kleine Abfallstücke durch die Öffnung im Arbeitstisch fallen. Wenn man mit größeren Holzstärken arbeitet (das Maximum sind etwa 50 mm), dann sollte man eine Säge mit ausreichend hoher Leistung wählen.

Wie groß werden die Arbeiten, die ich sägen möchte?
Bei diesem Aspekt kommt der Längsdurchgang der Säge ins Spiel, also die Entfernung vom Sägeblatt bis zur Armhalterung.

Die Auswahl des Sägeblatts

Wir haben uns bereits mit zwei unterschiedlichen Blatttypen beschäftigt, die sich durch die Art der Befestigung in der Säge unterscheiden (mit und ohne Stift, siehe Seite 15. Jetzt wollen wir uns den verschiedenen Sägeblättern zuwenden, mit denen man die Werkstücke in diesem Buch herstellen kann.

Zähne pro Zoll

Die Feinheit von Sägeblättern wird traditionell durch die Angabe bestimmt, wie viele Zähne ein Blatt pro Zoll (Teeth per inch – 25 mm – TPI;) aufweist. Bei Laubsägeblättern wird die Feinheit jedoch mit einer einzigen Nummer angegeben, wobei in der Regel gilt, dass eine höhere Nummer auf ein gröberes Blatt hinweist – mit anderen Worten, diese Blätter haben weniger Zähne pro Zoll. Die genaue Zähne-pro-Zoll-Zahl variiert von Hersteller zu Hersteller, anhand der untenstehenden Tabelle kann man sich jedoch eine Vorstellung der typischen Spannweite verschaffen. Um alle Werkstücke dieses Buches herstellen zu können, benötigt man eine kleine Auswahl an Blättern der Größe 7, 5 und 1. Im Allgemeinen werden Sägeblätter Nr. 7 für harte und dicke Hölzer verwendet, während die Nr. 5 bis Nr. 1 für weichere Hölzer und feine, komplizierte Schnitte eingesetzt werden. Die feineren Blätter ergeben einen glatteren Schnitt, können aber auch schneller stumpf werden oder reißen.

Blatt Nr.	Zähne pro Zoll (25 mm)
12	9,5–12
7	11,5–14
5	12-16
1	20-25

1

2

3

4

5

OBEN: *Eine Auswahl an Sägeblättern:* **1** *Gegenzahn, präzisionsgeschliffen,* **2** *Kronenzahn,* **3** *Doppelzahn,* **4** *Schnellschnitt und* **5** *rundgezahnt.*

Auf den Punkt gebracht

Üben Sie das Sägen mit unterschiedlich feinen Blättern, um zu sehen, welche Größen Ihnen am besten liegen. Wenn man mit einem groben Blatt dünnes Material sägt, reißt es aus. Andererseits bricht ein dünnes Blatt, wenn man es für starkes Material einsetzt. Man muss das Blatt ermitteln, das die gewünschte Schnittgüte liefert, ohne dass die Säge überstrapaziert wird.

Blatttypen

- **Standardblätter** haben Zähne, die alle nach unten gerichtet sind. Sie liefern einen feinen, glatten Schnitt und werden am häufigsten eingesetzt.
- **Gegenzahnblätter** haben unten einige Zähne, die nach oben gerichtet sind. Dadurch erzielt man ebenfalls einen glatten Schnitt und die Ausrisse auf der Unterseite der Arbeit werden reduziert, sodass man weniger nachschleifen muss.
- **Weitzahnblätter** haben zwischen den Zähnen Freiräume, um den Sägestaub besser abtransportieren zu können. Sie schneiden schnell und reduzieren Brandspuren auf ein Minimum, die Standardvarianten können jedoch eine raue Schnittfläche hinterlassen, die noch nachgeschliffen werden muss.
- **Rundgezahnte** (oder Spiral-) Sägeblätter haben Zähne, die um eine Mittelachse angeordnet sind, sodass man in jeder Richtung sägen kann. Die Idee ist gut, aber solche Sägeblätter neigen dazu, schnell stumpf zu werden und zu reißen. Zudem können sie schwierig zu führen sein.
- **Kronensägeblätter** haben eine besondere Zahnform, sodass sie sowohl bei der Auf-, als auch bei der Abwärtsbewegung schneiden, was zu einem sehr glatten und gut beherrschbaren Schnitt führt. Es sind preiswerte Sägeblätter, die man andersherum einspannen kann, um mit einem frischen, scharfen Satz Zähne zu arbeiten.
- **Doppelzahnblätter** weisen zwei benachbarte Zähne auf, zwischen denen jeweils ein Freiraum liegt, der den Sägestaub aufnimmt und das Überhitzen des Blatts verhindert.
- **Schnellschnittblätter** haben weitauseinander stehende, sehr scharfe Zähne für schnelle, präzise Schnitte mit geringer Gefahr von Brandspuren.

Für Metall oder Kunststoff gibt es spezielle Sägeblätter.

Das Einspannen des Sägeblatts

Kontrollieren Sie zuerst, ob der Arbeitstisch genau waagerecht steht. Bringen Sie dann mit dem mitgelieferten Werkzeug die Klemmen an beiden Seiten des Sägeblatts an. Achten Sie darauf, dass die Zähne nach unten weisen. Setzen Sie dann das Blatt mit den angebrachten Klemmen in die Maschine ein. Verwenden Sie einen kleinen Tischlerwinkel oder ein Geo-Dreieck, um das Sägeblatt rechtwinklig zum Arbeitstisch auszurichten. Spannen Sie das Blatt, und schlagen Sie leicht mit dem Finger gegen die Rückseite. Wenn es die richtige Spannung hat, sollten Sie einen hellen, klaren Ton hören. Falls die Spannung zu gering ist, neigt das Blatt dazu, von der Schnittlinie abzuwandern. Wenn Sie mit der Spannung zufrieden sind, ziehen Sie die Feder an der oberen Blattklemme an. Das Blatt sollte entspannt werden, wenn man die Säge nicht benutzt.

Um den genau senkrechten Verlauf des Sägeblatts zu kontrollieren, kann man ein kleines Stück Holz durchsägen, eine Hälfte umdrehen und an die andere anlegen. Wenn dann beide Teile genau zusammen passen, weiß man, dass das Sägeblatt senkrecht steht. Falls nicht, spannt man das Blatt aus, richtet es neu aus und wiederholt das Ausrichten so lange, bis der Stand stimmt.

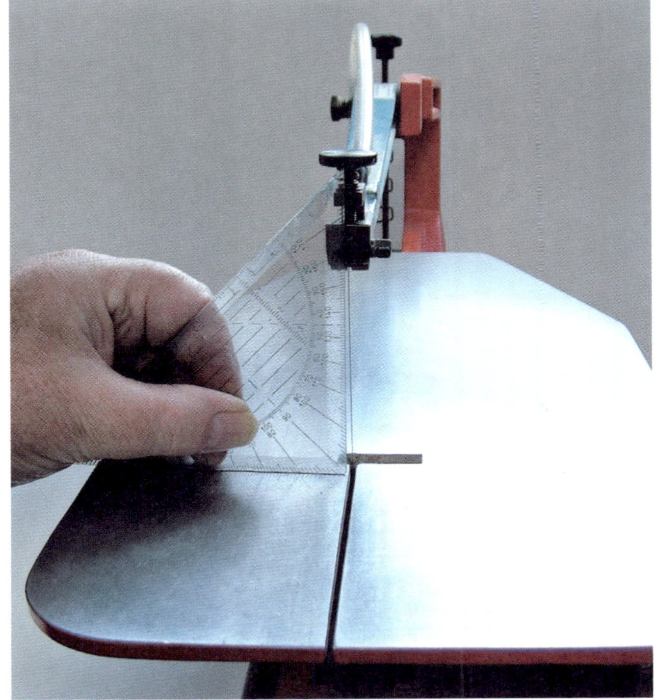

Nützliches Zubehör

Es sind viele Zubehörteile verfügbar, die das Arbeiten mit der Dekupiersäge sicherer machen oder ihre Fähigkeiten erweitern. Man braucht sie nicht alle, aber es folgen einige, über deren Anschaffung man nachdenken kann.

- **Schnellspannklemmen** ermöglichen einen einfachen und schnellen Blattwechsel mit der Hand. Falls sie nicht zum Lieferumfang der Säge gehören, kann man sie im Zubehörhandel nachkaufen.
- Der **Niederhalter** wurde bereits auf Seite 13 beschrieben. Falls Ihre Säge ohne einen Niederhalter geliefert wurde, sollten Sie in Betracht ziehen, einen als Zubehör zu erwerben.
- Ein **Staubsauger** ist empfehlenswert, um Säge- und Schleifstaub abzusaugen, der sehr schädlich für Augen und Lunge sein kann. Manche Dekupiersägen sind mit einem Absaugstutzen versehen, an dem der Staubsauger leicht angeschlossen werden kann. Man kann einen normalen Haushaltsstaubsauger verwenden oder einen speziellen Werkstattsauger.

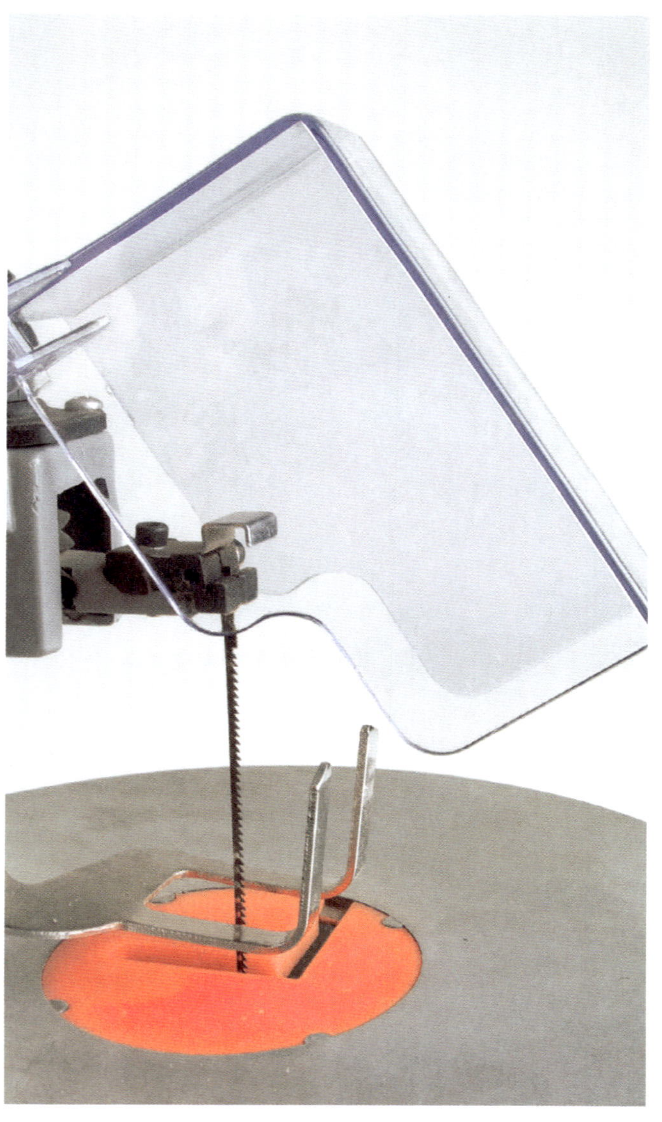

Auf den Punkt gebracht

Für manche der Abbildungen in diesem Buch ist der Sägeblattschutz abgenommen worden, um das Fotografieren der Arbeit zu erleichtern. Bei der normalen Arbeit sollte der Sägeblattschutz jedoch möglichst immer angebracht sein. Die meisten heutigen Modelle sind so gestaltet, dass sie guten Blick und Zugriff auf das Werkstück ermöglichen.

LINKS: *Dieser durchsichtige Sägeblattschutz aus Kunststoff schützt den Benutzer, ohne den Blick auf das Werkstück zu beeinträchtigen.*

- **Beleuchtung und Lupen** ermöglichen einen deutlicheren Blick auf die Vorlage, sodass man die Linien leichter nachschneiden kann. Es gibt verschiedene Typen, von denen manche Lupe und Beleuchtung in einem Gerät vereinen. Wir würden ein solches Modell empfehlen, das mit einer Klemmbefestigung versehen ist.

Ein **Fußschalter** erlaubt eine kontrolliertere Arbeit, weil man beide Hände frei hat, um das Holz stabil zu halten und zu bewegen. Man kann den Schnitt leichter unterbrechen, während man seinen weiteren Verlauf bedenkt.

- Die meisten modernen Dekupiersägen haben einen Sägeblattschutz aus durchsichtigem Kunststoff, der dazu beiträgt, Schnittverletzungen an den Fingern zu verhüten. Falls er nicht zum Lieferumfang gehörte, kann man ihn als Zubehör nachkaufen.

- **Sägearmheber** sind Vorrichtungen, die mittels einer Feder oder eines Gegengewichts den Schwingarm anheben, wenn man das Sägeblatt ausspannt. Sie sind nicht unbedingt notwendig, erleichtern einem aber das Wiedereinfädeln des Sägeblatts bei Innenschnitten.

- Es gibt unterschiedliches Schleifzubehör, das anstelle des Sägeblatts in der Säge angebracht werden kann, um die Innenkanten eines Werkstücks zu schleifen. Ein Beispiel ist der Super Sander von Jim Dandy (siehe Seite 172), der auf einer steifen Stahlhalterung befestigt wird und in Körnungen von 100 bis 320 erhältlich ist.

IM BLICKPUNKT:

Tischeinsätze

Die Arbeitstische der meisten Dekupiersägen haben ein großes Loch in der Mitte, durch welches das Sägeblatt läuft. Das kann bei kleinteiligen Arbeiten störend sein, weil das Material direkt neben dem Sägeblatt nicht immer ausreichend abgestützt wird. Meist gehört deshalb zum Lieferumfang ein auswechselbarer Einsatz, der in der Öffnung platziert wird und nur genug Raum für das Sägeblatt lässt.

Falls Ihre Säge nicht über einen solchen Einsatz verfügt, sollten Sie sich eine Tischauflage herstellen, indem Sie einen Sägeschnitt in der Mitte eines Stücks Sperrholz anbringen, und dieses dann mit zwei Federzwingen am Arbeitstisch befestigen. So wird verhindert, dass kleine Verschnittstücke in das Loch im Arbeitstisch fallen, außerdem wird das Vibrieren von dünnem Holz reduziert. Diese einfache Vorrichtung verursacht kaum Materialkosten und ist leicht zu ersetzen, falls sie abgenutzt oder beschädigt ist.

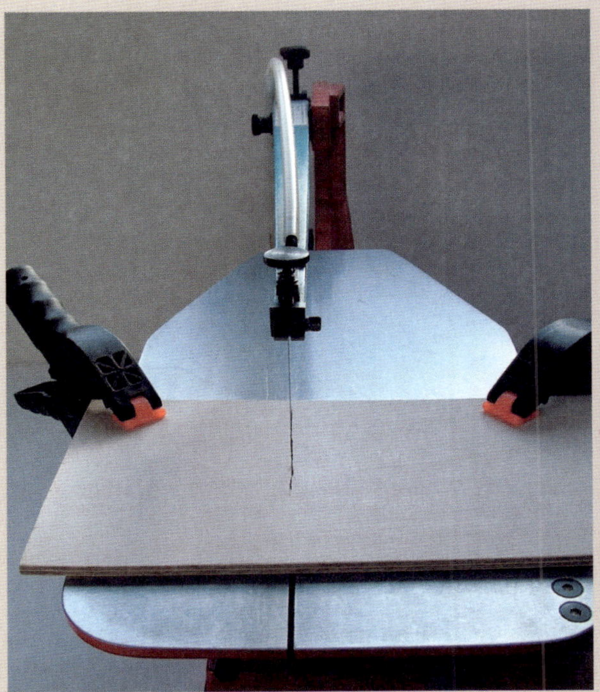

OBEN: *Eine Tischauflage aus Sperrholz stützt dünnes Material und verhindert, dass kleine Verschnittstücke in die Öffnung des Arbeitstisches fallen. Sie wird mit Federzwingen an der Säge befestigt.*

Das Arbeiten mit der Dekupiersäge

Am besten lernt man durch praktisches Üben. Zeichnen Sie gerade und gewellte Linien auf Restholzstücke, und üben Sie, genau auf den Linien entlang zu sägen. Das steigert Ihr Vertrauen in ihre eigenen Fähigkeiten, vorausgesetzt, Sie lassen sich Zeit und bleiben auf der angerissenen Linie!

Wenn man das Werkstück mit beiden Händen – jeweils eine auf jeder Seite des Sägeblatts – hält, hat man jederzeit volle Kontrolle darüber. Hier bewährt sich der Fußschalter, weil man das Werkstück nicht mit einer Hand loslassen muss, um die Maschine auszuschalten.

Generell gilt, dass die Dekupiersäge für stärkeres Material schneller laufen sollte, und man für dünne Furniere und Sperrholz niedrigere Geschwindigkeiten wählt. Die Vorschubgeschwindigkeit des Holzes ist sehr wichtig: Das Holz wird nicht mit Kraft gegen das Sägeblatt geschoben, da dies zu vorzeitigem Verschleiß des Blatts führt und es sogar reißen lassen kann. Arbeiten Sie langsam, mit sanftem Druck, und lassen Sie die Säge die Arbeit für sich machen.

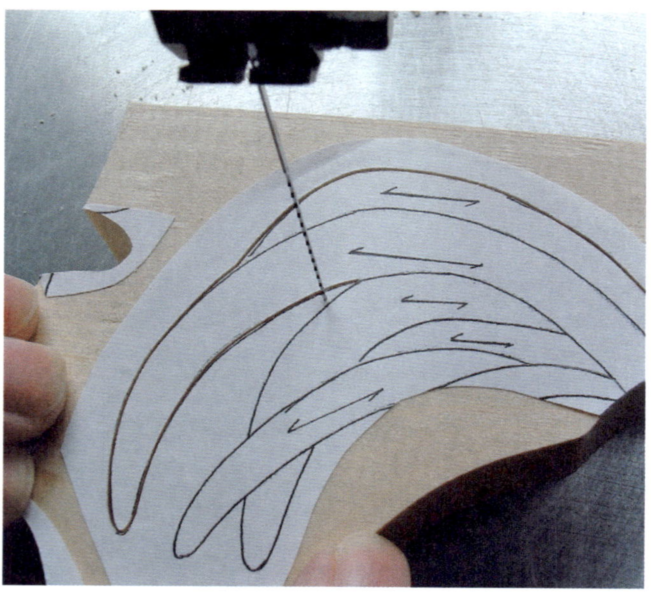

Arbeitsweise

Auch wenn die Dekupiersäge nicht besonders geeignet ist, um gerade Linien zu sägen, kann man doch einen provisorischen Anschlag als Führung am Arbeitstisch anspannen.

Stellen Sie den Niederhalter so ein, dass er gerade genug Druck ausübt, um das Holz sicher zu halten, während Sie sägen.

Sägetechnik

Meist ist es eine gute Idee, die kleinen Teile zuerst zu schneiden, sodass man das größte, am besten zu handhabende Stück bis zum Schluss halten kann. Bei manchen Vorlagen kann das bedeuten, dass man zuerst von der Mitte aus schneidet und dann die Teile gewissermaßen von innen heraus freischneidet. Man sollte die einzelnen Teile dann jeweils nummerieren, um später die Zuordnung zu erleichtern.

OBEN *Das Sägeblatt ist aus der Spitze des V zurückgeführt und das Werkstück umgedreht worden, um auf der anderen Seite des V sägen zu können.*

UNTEN *Danach wird mit einem zweiten Schnitt der Verschnitt an der Spitze des V entfernt.*

Bei manchen Vorlagen müssen spitze V-Formen gesägt werden. Dafür gibt es zwei Verfahren. Entweder man sägt ganz bis in die Spitze des V und führt das Blatt dann gerade so weit zurück, bis man das Werkstück drehen kann, um weiter an der Schnittlinie entlang zu sägen. Oder man sägt an einer Seite des V ein und führt das Sägeblatt dann wieder ganz aus dem Schnitt heraus, um von einer anderen Richtung her den Verschnitt freizusägen. Wenn man beide Verfahren übt, ist man jeder Situation gewachsen.

Um zu vermeiden, über das Ende einer Linie hinaus zu sägen oder an einer Ecke ins gute Holz zu schneiden, reduziert man den Druck auf das Material kurz vor der entscheidenden Stelle, damit das Sägeblatt Zeit hat aufzuholen. Mit etwas Übung sollte man in der Lage sein, auf diese Weise sehr saubere Ecken zu schneiden, die zu den Kennzeichen der Arbeit eines erfahrenen Benutzers der Dekupiersäge gehören.

Seien Sie geduldig, und arbeiten sie mit geringer Vorschubgeschwindigkeit, sodass das Sägeblatt die Arbeit macht, während Sie sich auf die Führung des Schnitts konzentrieren. Versuchen Sie immer, genau auf der Linie zu schneiden, sodass sie beim Sägen verschwindet. Andererseits sollten Sie sich nicht zu große Sorgen machen, falls Sie von der Linie abweichen – es ist besser, einfach weiter zu sägen, als den Versuch einer Korrektur zu unternehmen. Wenn die Mustervorlage abgenommen worden ist, kann man die Abweichung sowieso nicht mehr erkennen. Das gilt jedoch nicht bei Intarsien und anderen Einlegearbeiten, bei denen die Einzelteile dicht zusammenpassen müssen. In diesem Fall zeichnet man um das abweichend geschnittene Stück als Schablone, um eine Vorlage für das Gegenstück zu erhalten, wie auf der gegenüberliegenden Seite zu sehen.

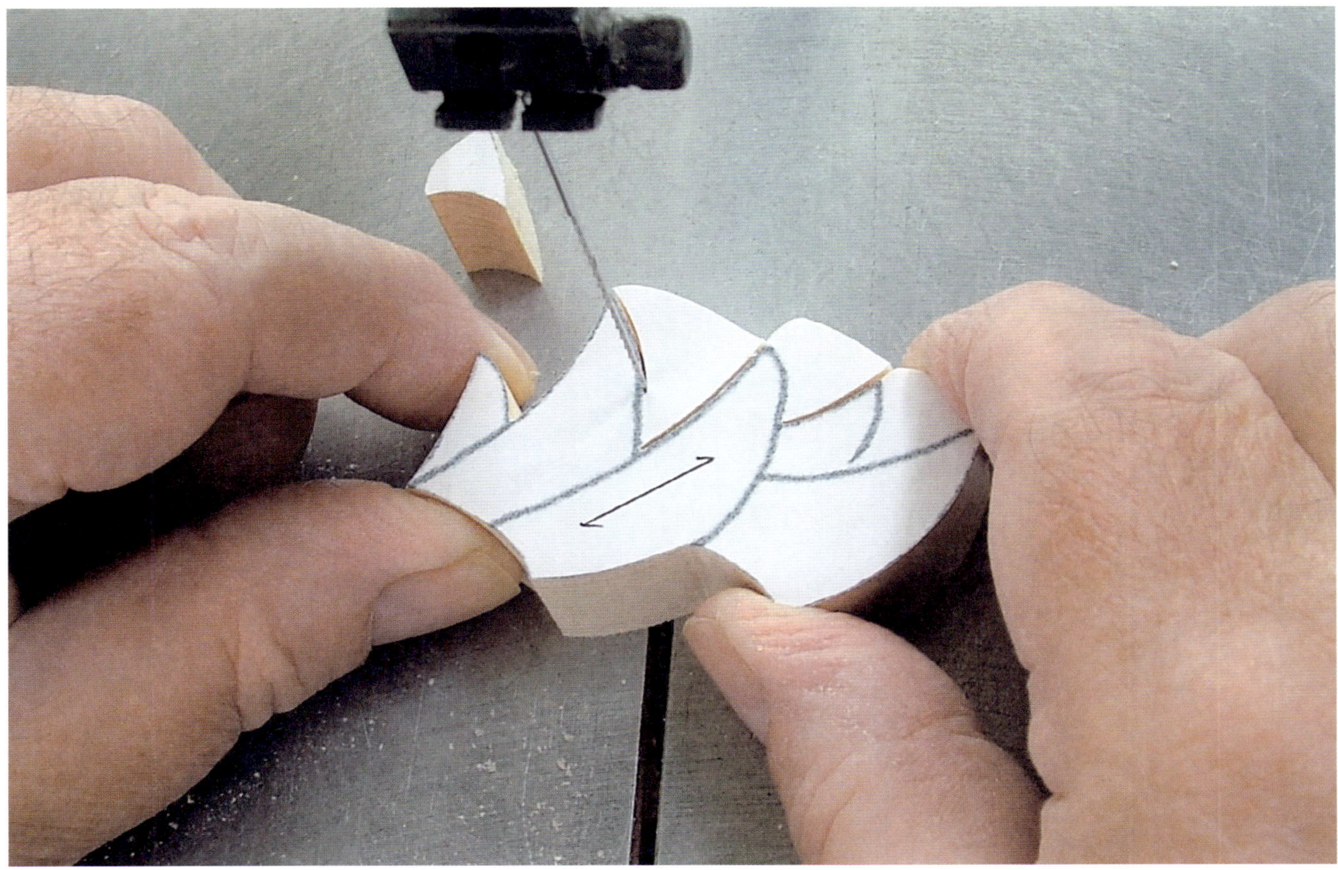

OBEN *Ein V schneiden, indem von entgegengesetzten Seiten her einschneidet.*

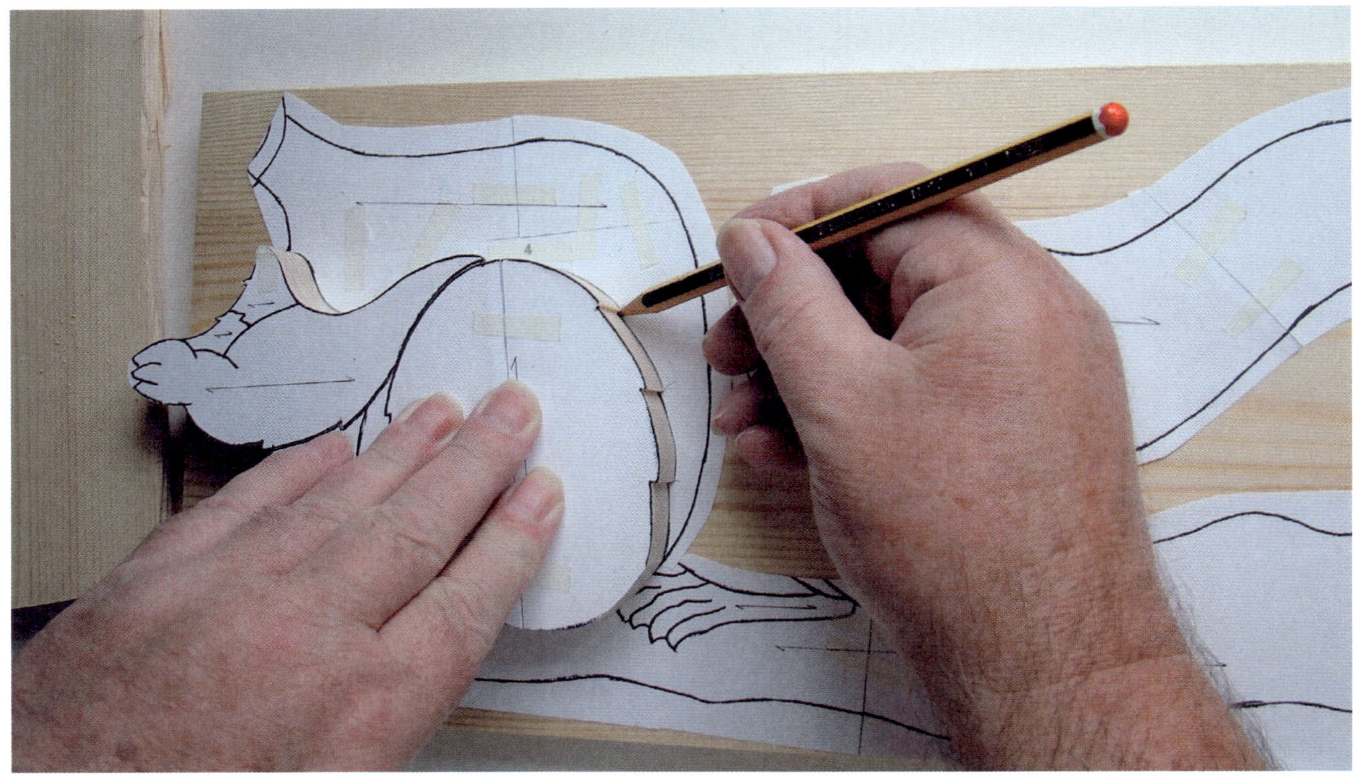

OBEN *Das erste Teilstück wird als Schablone verwendet, um das nächste anzureißen.*

Gute Passungen

Wenn man mehrere Teile herstellen will, die gut zusammenpassen müssen, schneidet man jeweils nur ein Stück, das man dann als Schablone für das folgende, benachbarte verwendet. So lassen sich unschöne Fugen auf ein Minimum reduzieren.

Innenschnitte

Um einen Innenschnitt zu sägen, bohrt man zuerst ein kleines Loch direkt an der Kante oder einer Ecke des Verschnitts, spannt das obere Ende des Sägeblatts aus, fädelt das Blatt durch das Bohrloch und spannt es wie üblich wieder in der Säge ein.

Stapel sägen

Wenn man das gleiche Muster in mehrere Stücke dünnes Holz sägen muss, kann das Stapeln der Werkstücke eine gute Lösung sein. Die Werkstücke werden einfach aufeinander gelegt und mit Klebeband zusammengehalten. Mit dem Klebeband werden die Außenkanten verbunden. Man führt zuerst alle notwendigen Innenschnitte aus und sägt zuletzt außen, wo das Klebeband befestigt ist.

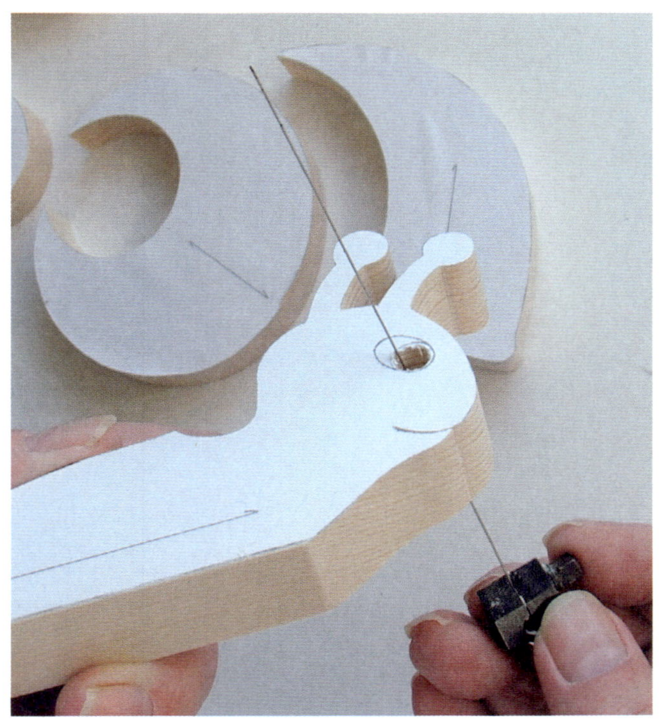

OBEN *Das Sägeblatt wird durch ein Bohrloch geführt, um einen Innenschnitt auszuführen.*

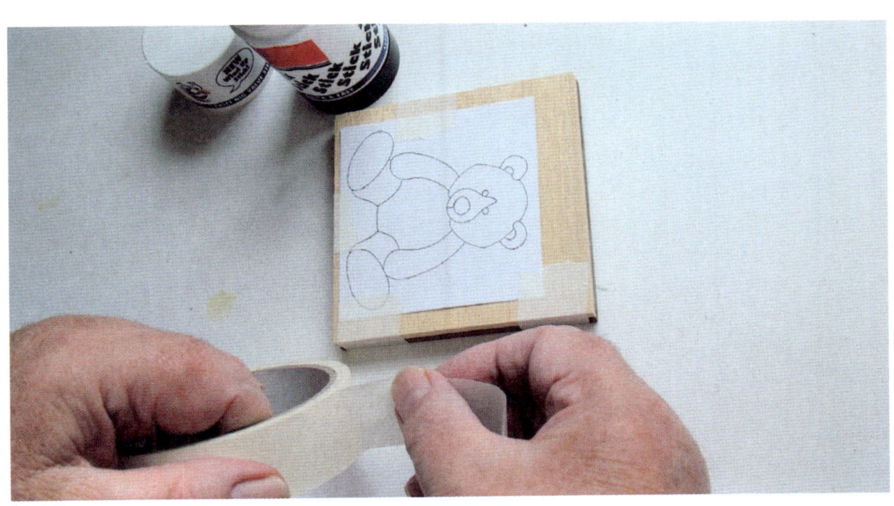

LINKS *Indem man zwei Schichten Holz zusammenklebt, kann man sie beide gleichzeitig sägen.*

IM BLICKPUNKT

Problemlösungen

Faserausrisse

Faserausrisse an der Sägefuge werden durch Sägeblätter verursacht, die entweder stumpf geworden oder zu grob gezahnt für den Schnitt sind. Die Lösung besteht darin, zu einem neuen (scharfen) oder einem feineren Blatt zu wechseln.

Brandspuren

Falls sich das Holz beim Sägen zu stark erhitzt, kann das daran liegen, dass man ein zu feines Sägeblatt bei einer zu hohen Geschwindigkeit verwendet. Feine Blätter erfordern langsame Geschwindigkeiten, gröbere vertragen auch schnellere. Beim Sägen von hartem Laubholz kann man dem Verbrennen des Holzes auch entgegenwirken, indem man das Holz oder die Mustervorlage mit durchsichtigem Klebeband belegt, das als Schmiermittel für das Sägeblatt fungiert.

Das Sägeblatt schneidet nicht leichtgängig

Der wahrscheinlichste Grund für dieses Problem ist ein stumpfes Sägeblatt. Wechseln Sie unverzüglich auf ein neues. Wenn man mit dem stumpfen Blatt weiterarbeitet, führt das zu unnötigem Verschleiß der Maschine und zu ungenauen Arbeitsergebnissen.

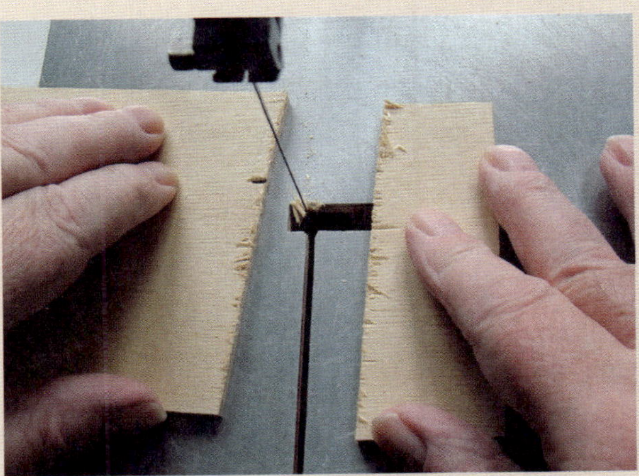

OBEN *Solche ausgefransten Schnittkanten sind das typische Merkmal eines stumpfen oder zu groben Sägeblatts.*

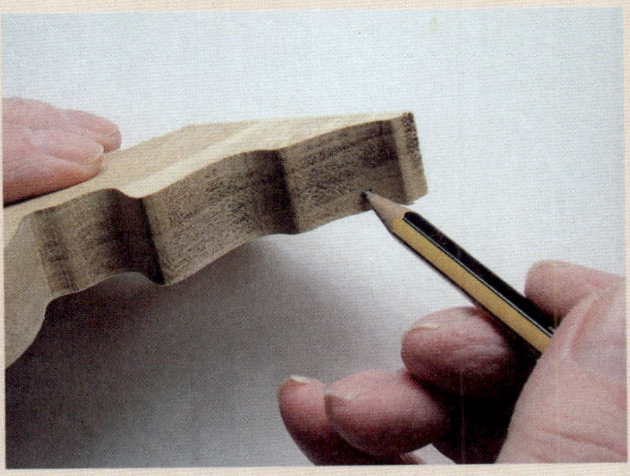

OBEN *Brandspuren an der Schnittkante deuten darauf hin, dass entweder das Sägeblatt oder die Schnittgeschwindigkeit nicht für die Arbeit geeignet sind.*

Mit Mustervorlagen arbeiten

Auf Dauer werden Sie vermutlich Ihre eigenen Entwürfe verwirklichen wollen. Für den Anfang können Sie aber auf die Vielzahl von Mustervorlagen zurückgreifen, die auf dem Markt sind. Die Verwendung solcher Vorlagen ist eine gute Methode, die Dekupiersäge und ihre Möglichkeiten kennenzulernen, bevor man sich eigenen Projekten zuwendet.

Die Mustervorlage verkleinern oder vergrößern

Fast alle modernen Fotokopierer können den Maßstab einer Kopie verändern, sodass es nicht schwierig ist, eine Vorlage auf die Größe zu bringen, die für ein bestimmtes Werkstück notwendig ist.

Falls man einen Multifunktionsdrucker mit Scanner hat, kann man die Vorlagen auch selbst einscannen und die dabei entstandene Bilddatei beliebig prozentual verkleinern oder vergrößern und dann ausdrucken. Einfache Programme dafür sind auf jedem Computer vorhanden z.B. Paint bei Windows (etwas versteckt unter „Windows Zubehör") oder Vorschau auf dem Mac. Ebenfalls kostenlose Alternativen sind Irfan View (für Windows) oder XnView bzw. XnViewMP (alle Betriebssysteme).

Die Vorlage auf das Werkstück übertragen

Am einfachsten ist es, die Vorlage direkt auf das Holz zu kleben. Dazu fertigt man zunächst genügend Kopien an, um die verschiedenen Teile des Musters abzudecken. Es ist immer gut, das Original aufzubewahren, falls man weitere Kopien benötigt.. Dann werden die Kopien auf das Werkstück gelegt und mit Klebestift (unsere bevorzugte Methode) oder Sprühkleber am Holz befestigt. Alternativ kann man das

Auf den Punkt gebracht

Die meisten veröffentlichten Muster, einschließlich der in diesem Buch wiedergegebenen, sind durch das Urheberrecht geschützt.

Sie dürfen die Muster in diesem Buch fotokopieren oder einscannen, wenn das für Ihre eigenen, privaten Zwecke ist, aber jede Reproduktion für andere Zwecke ohne schriftliche Zustimmung des Verlags und des Rechte-Inhabers ist nicht zulässig.

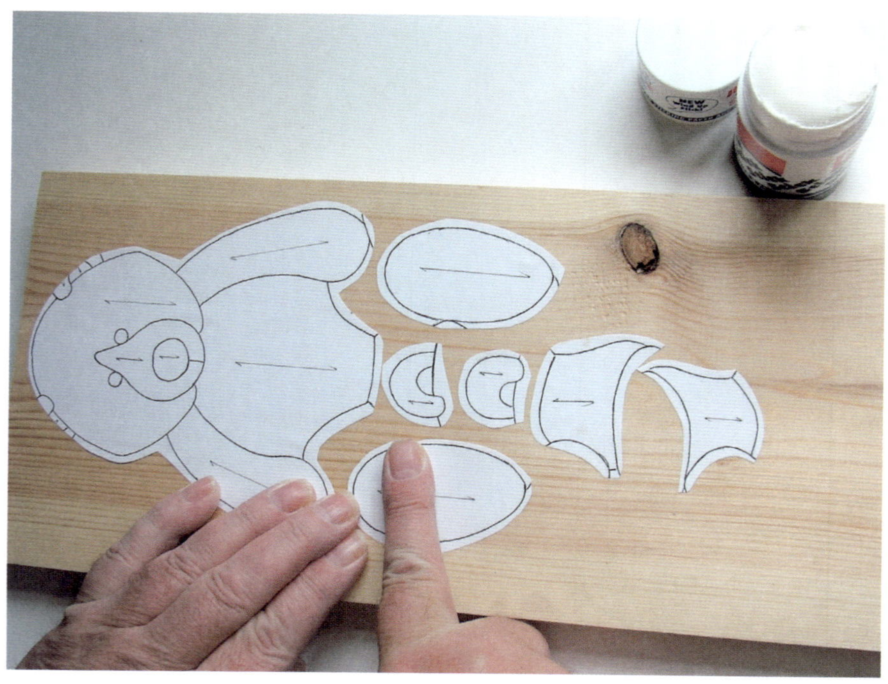

LINKS *Die verschiedenen Teile der Vorlage werden auf das Holz geklebt. Beachten Sie, wie die Pfeile, die den Faserverlauf angeben, mit dem tatsächlichen Faserverlauf des Holzes übereinstimmen, und wie die Stellen mit schwierigem Faserverlauf und die Äste ausgespart werden.*

Muster auch mit Kohlepapier auf das Holz übertragen, was den zusätzlichen Vorteil bietet, dass man den Faserverlauf des Holzes erkennen kann. Zuerst wird das Muster auf Transparentpapier übertragen, das man dann auf das Holz legt und so lange verschiebt, bis man das Gefühl hat, der Faserverlauf passt gut zu jedem einzelnen Stück. Wenn man mit der Ausrichtung des Musters zufrieden ist, schiebt man das Kohlepapier unter das Transparentpapier und zieht das Muster mit einem Kugelschreiber oder Bleistift nach, sodass es auf das Holz übertragen wird. Falls man auf diese Weise ein größeres Muster übertragen möchte, sollte man die Ecken des Papiers mit Klebeband fixieren, um ein Verrutschen zu verhindern.

Die Mustervorlage abnehmen

Wenn man den Kleber sparsam aufträgt, sollte es relativ leicht sein sollte, die Vorlage nach dem Sägen wieder vom Werkstück abzuziehen. An hartnäckigeren Stellen führt leichtes Schleifen mit feinem Schleifpapier meist zum Erfolg.

Eigene Entwürfe

Wählen Sie am Anfang ein einfaches Motiv, vielleicht eine Fotografie oder Zeichnung Ihrer Lieblingsblume. Legen Sie Transparentpapier über das Motiv, und ziehen Sie zuerst den Hauptumriss nach. Vervollständigen Sie den Entwurf mit Details wie Blütenblättern oder dem Adernverlauf der Laubblätter.

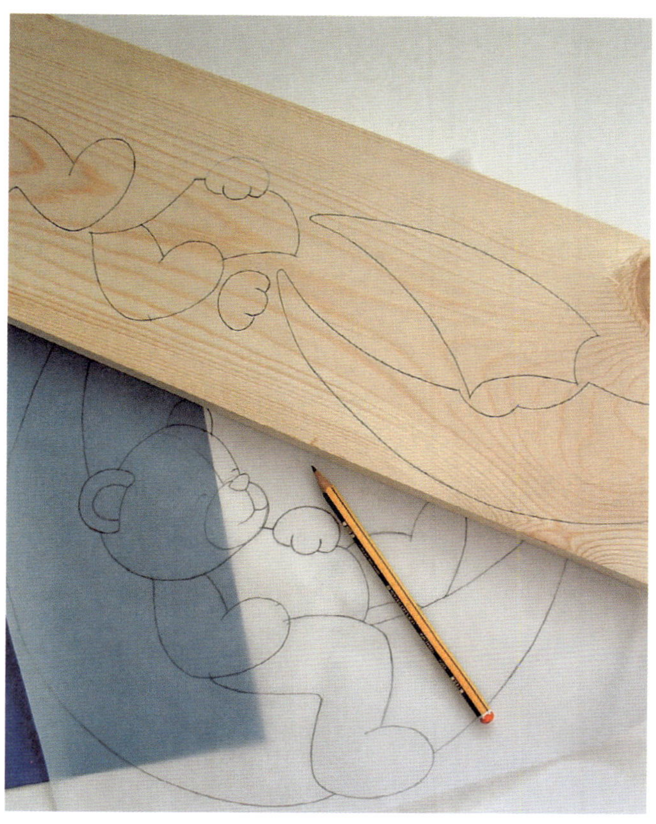

OBEN *Diese Vorlage wurde auf die traditionellere Weise mit Transparent- und Kohlepapier auf das Holz übertragen.*

Auf den Punkt gebracht

Niemand kann Ihnen verbieten, sich von den Fotografien oder Zeichnungen anderer inspirieren zu lassen. Falls Sie solche Werke aber zu getreu nachahmen, kann das eine Verletzung des Urheberrechts darstellen, vor allem, wenn Sie Ihre Arbeiten zum Verkauf anbieten. Sie sollten versuchen, die Werke von anderen Personen lediglich als Ausgangspunkt für Ihre eigene Kreativität zu nutzen.

IM BLICKPUNKT:

Faserverlauf

Aus Gründen der Belastbarkeit sollten die Holzfasern normalerweise möglichst in Längsrichtung jedes Einzelteils verlaufen, nicht in der Breite. Bei Teilen mit komplizierter Form ist es meist am besten, sich bezüglich der Faserrichtung an der schmalsten oder empfindlichsten Stelle des Umrisses zu orientieren. Bei unseren Vorlagen haben wir nötigenfalls die beste Faserrichtung durch Pfeile angedeutet.

Gesundheit und Sicherheit

Es ist außerordentlich wichtig, bei der Arbeit mit Maschinen auf die eigene Sicherheit bedacht zu sein. Man sollte wissen, wie man richtig mit der Dekupiersäge arbeitet, sie ist eine sichere Maschine, solange man den Umgang mit ihr beherrscht.

- Eine gute Ventilation ist bei Werkzeugen unabdingbar, die Holzstaub erzeugen. Eine Staubabsaugung ist sehr zu empfehlen, zusätzlich sollte man eine Atemschutzmaske oder eine Vollmaske mit Filter tragen. Eine Schutzbrille ist auch sehr wichtig, um die Augen vor Staub und kleinen Holzteilen zu schützen.
- Bei der Arbeit an Maschinen ist es auch stets empfehlenswert, Gehörschutz zu tragen.
- Stellen Sie sicher, dass die Beleuchtung des Arbeitsplatzes ausreicht und nach Bedarf verstellt werden kann.
- Entsorgen Sie Holzspäne, Oberflächenmittel und ölgetränkte Tücher sorgfältig, sie können eine Feuergefahr darstellen.
- Kommen Sie dem Sägeblatt und dem Schwingarm der Dekupiersäge auf keinen Fall mit den Händen zu nahe.
- Tragen Sie bei der Arbeit eng anliegende Kleidung und keinen Schmuck. Falls Sie lange Haare haben, binden Sie sie zusammen.
- Verwenden Sie, wann immer möglich, Niederhalter und Schutzvorrichtungen. Für die Fotos in diesem Buch sind die Schutzvorrichtungen nur um der deutlicheren Darstellung willen abgenommen worden.

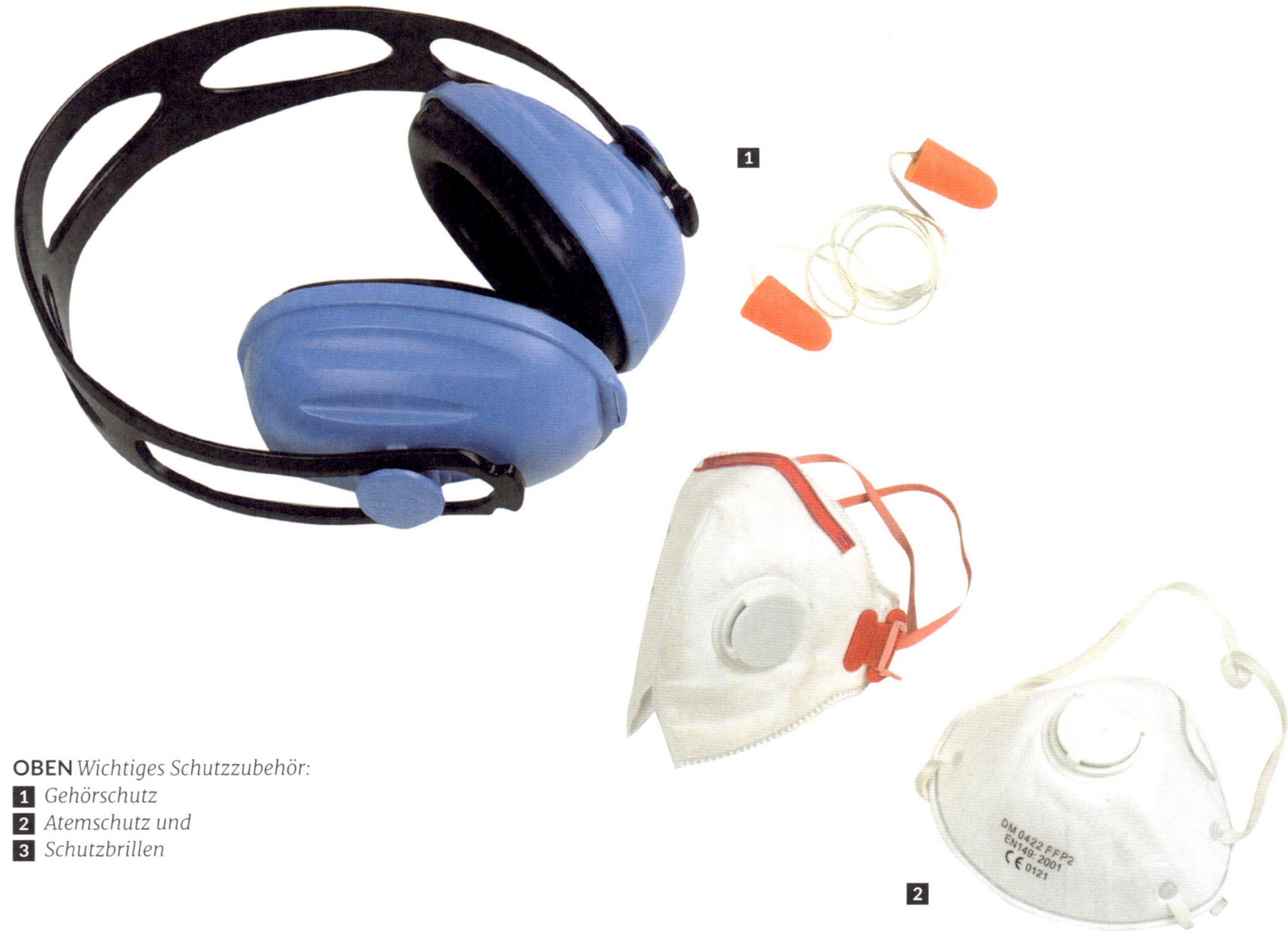

OBEN *Wichtiges Schutzzubehör:*
1 *Gehörschutz*
2 *Atemschutz und*
3 *Schutzbrillen*

- Vergewissern Sie sich, dass der Arbeitstisch arretiert ist, das Sägeblatt richtig gespannt ist und dass alle Einstellwerkzeuge fortgeräumt worden sind, bevor Sie die Dekupiersäge einschalten.
- Alle Dekupiersägen sind heutzutage mit einer Feder im Arm ausgestattet, die bei einem Sägeblattbruch verhindert, dass der obere Teil des Blatts herausfällt. Seien Sie aber darauf eingestellt, die Maschine sofort auszuschalten, falls das Blatt reißt.
- Versuchen Sie nicht, das Werkstück in das Sägeblatt zu zwingen, falls die Säge nicht leicht schneidet. Hören Sie auf zu sägen, falls sich Brandgeruch bemerkbar macht (siehe „Problemlösungen", Seite 23).
- Falls Sie mit einem Fußschalter arbeiten, stellen Sie sicher, dass Sie ihn beim Blattwechsel oder bei Einstellarbeiten nicht versehentlich betätigen können. Am besten ist es, die Maschine vom Netz zu trennen oder sie mit einem Schalter am Stecker auszuschalten.
- Achten Sie auf sichere Elektroinstallationen. Verwenden Sie nur Sicherungen, die den Angaben des Herstellers entsprechen. Wechseln Sie beschädigte Elektrokabel aus. Elektrokabel dürfen keine Stolpergefahr für Sie oder Dritte darstellen.
- Stellen Sie einen Erste-Hilfe-Kasten zusammen, der das Notwendige enthält, um Schnittverletzungen, Kratzer, Verbrennungen durch Reibung und Fremdkörper im Auge zu behandeln. Ersetzen Sie sofort alle Bestandteile des Erste-Hilfe-Kastens, die Sie haben verwenden müssen.
- Es besteht die (geringe) Gefahr, sich ein Karpaltunnelsyndrom zuzuziehen, falls man das Werkstück mit zu viel Kraft in das Sägeblatt führt. Auch sehr starke Vibrationen von einer unrund laufenden Säge können schädlich sein. Nehmen Sie ärztliche Hilfe in Anspruch, falls Sie Schmerzen, Taubheitsgefühle oder Kribbeln verspüren.
- Arbeiten Sie nicht mit Maschinen, wenn Ihre Konzentrationsfähigkeit durch Drogen, Alkohol oder Erschöpfung eingeschränkt ist.

Die Sicherheitsratschläge in diesem Buch sind als Empfehlungen für den Leser gedacht, sie können aber nicht jede Eventualität abdecken. Die sichere Verwendung von Handwerkzeugen und Maschinen liegt in der Verantwortung des Nutzers. Falls Sie sich bei einer bestimmten Arbeitsweise oder Methode nicht wohl fühlen, verzichten Sie darauf, sie anzuwenden. Es gibt immer eine Alternative.

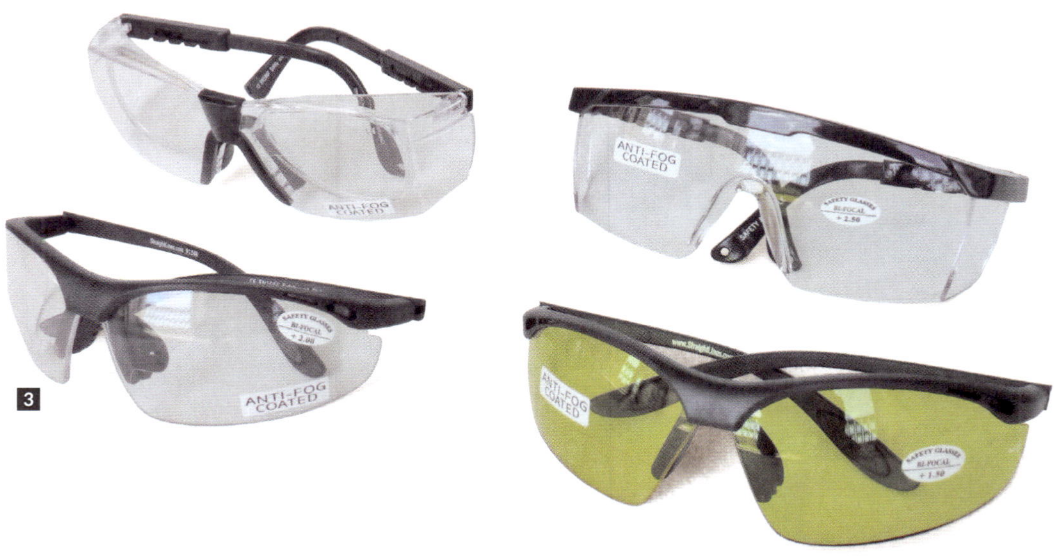

3

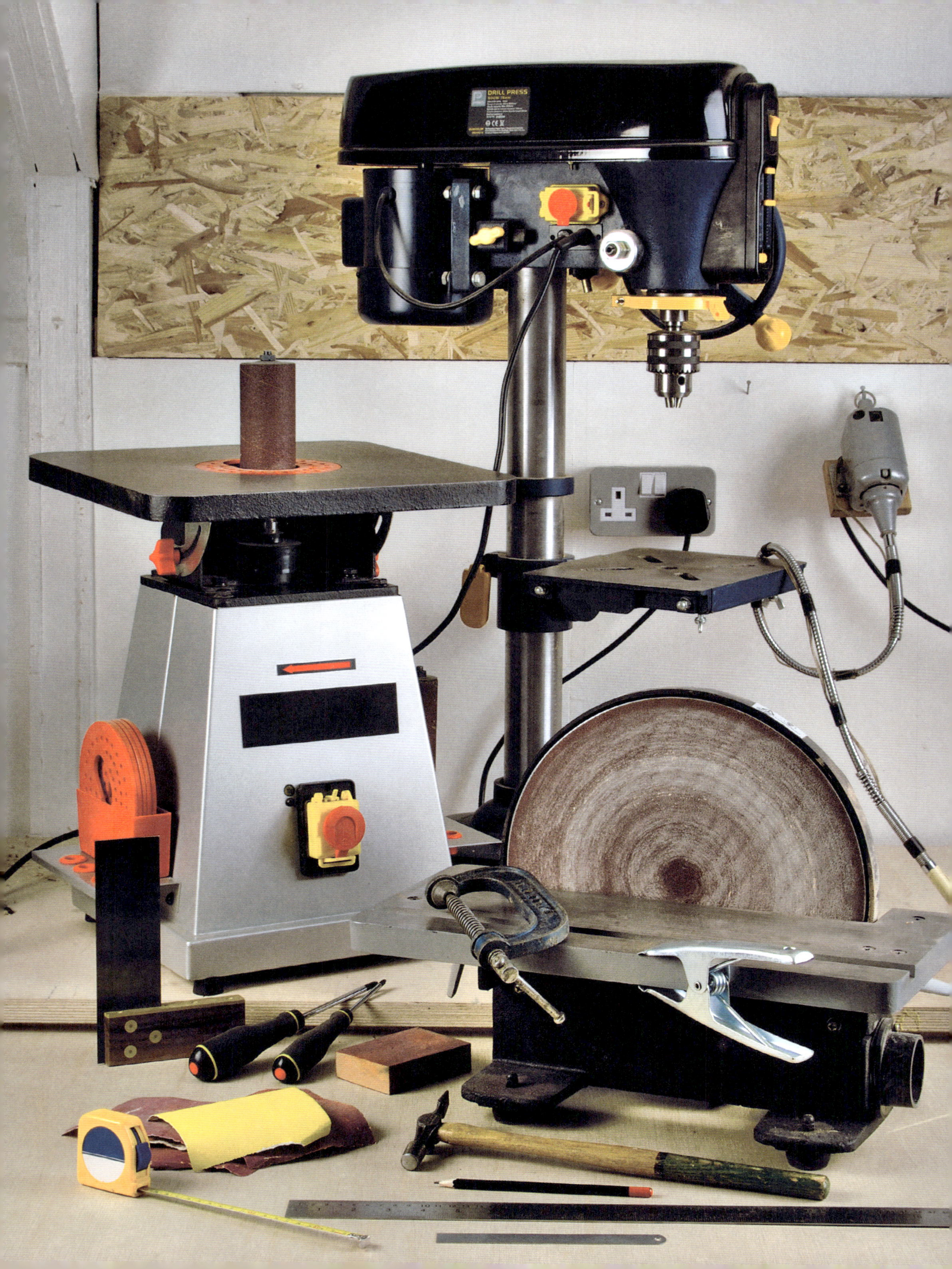
DRILL PRESS

1.2 Andere Werkzeuge, Hilfsmittel und Materialien

Obwohl die Dekupiersäge eine vielseitige Maschine ist, werden Sie doch eine Anzahl anderer Werkzeuge benötigen, um das Holz vorzubereiten, das Muster darauf anzubringen und das Werkstück mit einer ansprechenden Oberfläche zu versehen. Diese Werkzeuge werden auf den folgenden Seiten vorgestellt. Manche von ihnen sind wichtiger als andere, manche sind vertraute Hilfsmittel in Haushalt oder Werkstatt, die Sie vielleicht schon besitzen.

Auch die Materialien, die für die Werkstücke in diesem Buch verwendet werden, finden Sie in diesem Kapitel. Die Oberflächenbehandlung Ihrer Arbeiten ist besonders wichtig – sie ist das Erste, was Ihre Freunde oder Kunden sehen –, deshalb haben wir den Materialien einen eigenen Abschnitt gewidmet, die für die Farbgebung und die Oberflächenbehandlung verwendet werden.

Zusätzliche Werkzeuge

Es gibt viele Werkzeuge, die für das Arbeiten mit der Dekupiersäge nützlich sein können. Man muss sie allerdings nicht alle sofort kaufen. Es folgen einige der Werkzeuge und Maschinen, die wir bei der Anfertigung der im Buch beschriebenen Werkstücke eingesetzt haben.

- **Tellerschleifer** mit einer 100er Schleifscheibe. Dies ist das ideale Werkzeug, um überflüssiges Holz zu entfernen, und wir verwenden es, um vor dem Sägen sicherzustellen, dass das Material eben ist. Schon eine leichte Wölbung eines Einzelteils führt dazu, dass es nicht genau an seine Nachbarn passt.
- **Schleiftrommel**, in einer Bohrmaschine mit verstellbarer Geschwindigkeit mit Ständer. Dies ist ein unschätzbares Werkzeug, um Kurven zu formen. Man muss immer in Faserrichtung schleifen, um die Schleifspuren des Tellerschleifers zu entfernen.
- **Schnelldrehendes Multifunktionswerkzeug** mit flexibler Welle und Schleiftrommeln und -hülsen in unterschiedlichen Größen. Nützlich, um Kurven mit engen Radien zu schleifen und kleine Bereiche des Werkstücks zu formen.
- Eine **Ständerbohrmaschine** ermöglicht sehr präzise Bohrungen. Man kann das Holz sicher auf dem Arbeitstisch festspannen, die Tiefe und der Winkel der Bohrung lassen sich einfach einstellen.
- Eine Auswahl an **Bohrern**, von kleinen Holzbohrern bis hin zu großen Flachbohrern.
- Eine Auswahl an **Zwingen**: Federzwingen sind gut geeignet, um die auf Seite 19 beschriebene Tischauflage zu befestigen. Normale C-Zwingen sind auch immer nützlich.

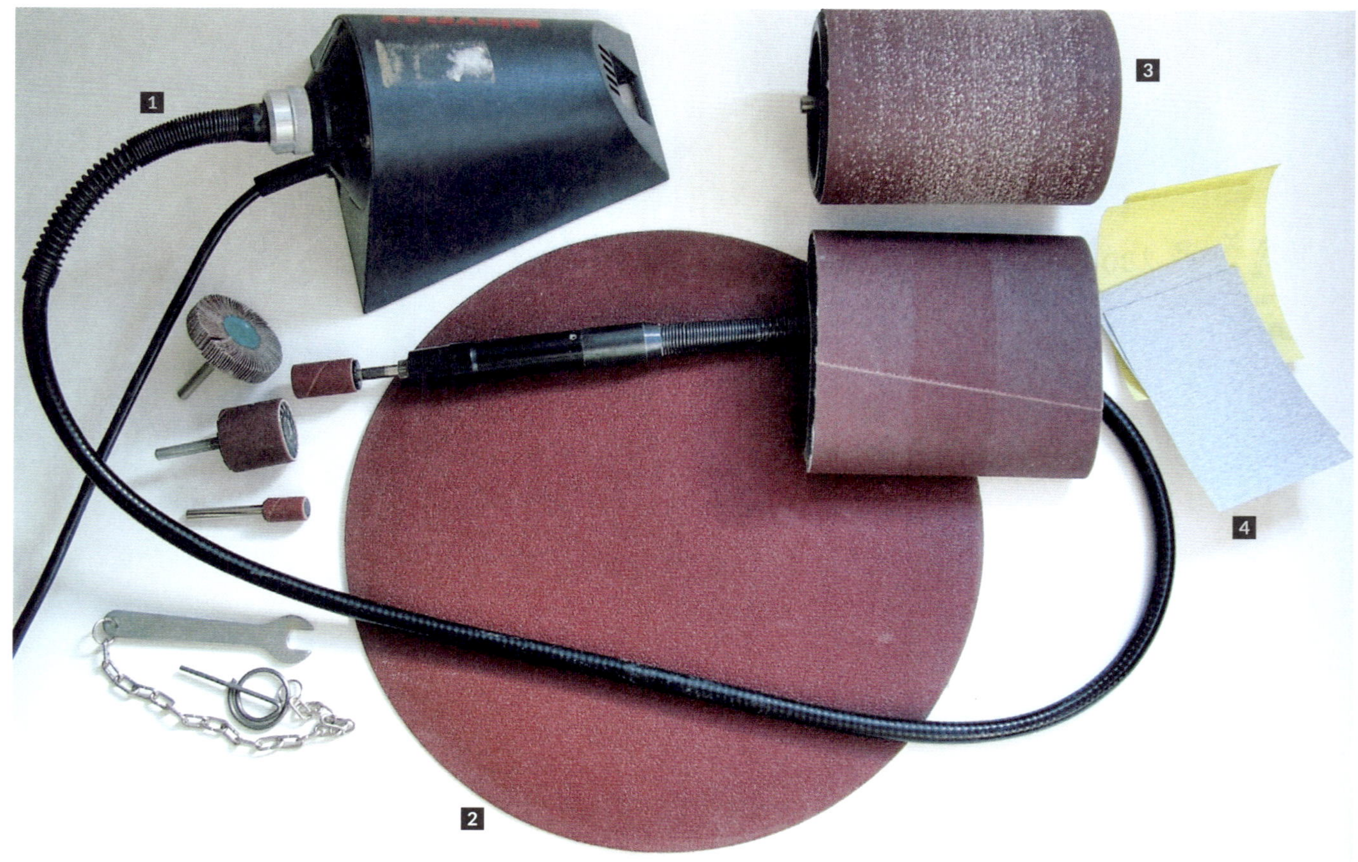

OBEN *Schleifwerkzeuge:* **1** *Multifunktionswerkzeug mit biegsamer Welle und Schleiftrommeln;* **2** *Schleifscheibe für einen Tellerschleifer;* **3** *größere Schleiftrommeln, die mit einer Bohrmaschine im Ständer verwendet werden;* **4** *Schleifpapier für das Schleifen mit der Hand.*

- Ein **Tischlerwinkel** (150 mm) oder **Kombiwinkel** ist unverzichtbar, um den senkrechten Stand des Sägeblatts zum Arbeitstisch zu überprüfen, und auch für vieles andere nützlich.
- Andere wichtige Anreißwerkzeuge sind ein Lineal, ein **Maßband** und ein **Bleistift**. Einen Bleistift sollte man immer griffbereit haben, vor allem, um die Ober- und Unterseite der ausgeschnittenen Einzelteile zu kennzeichnen.
- **Schwarzer Marker:** Damit wird das Gebiet auf der Unterlage markiert, wo das Holz aufgeleimt wird. Er ist gut geeignet, um eventuell vorhandene Fugen zu kaschieren, vor allem bei den ersten Stücken, die man anfertigt.
- **Brandmalkolben:** Ist nicht zwingend notwendig, wir verwenden ihn aber, um bei manchen Werkstücken die Augen einzubrennen. Die Holzoberfläche wird dadurch sehr viel besser versiegelt als mit Acrylfarbe oder Holzbeize, wodurch die abschließende Klarlackschicht stärker glänzt.
- **Polstererhammer:** (oder ein anderer kleiner, leichter Hammer), um Drahtstifte einzutreiben. Er wird mit einem Nagelversenker verwendet, um die Stifte unter die Holzoberfläche zu treiben.
- **Kreuzschlitzschraubendreher** und -schrauben, um D-Ringe und ähnliches anzubringen.
- **Schleifklotz**, um ebene Flächen zu schleifen.
- **Bürste**, z. B. eine Schuhbürste, um Flächen zu polieren, nachdem man eine Politur aufgetragen hat.
- **Malpinsel**, um Farben, Beizen und Lacke aufzutragen.

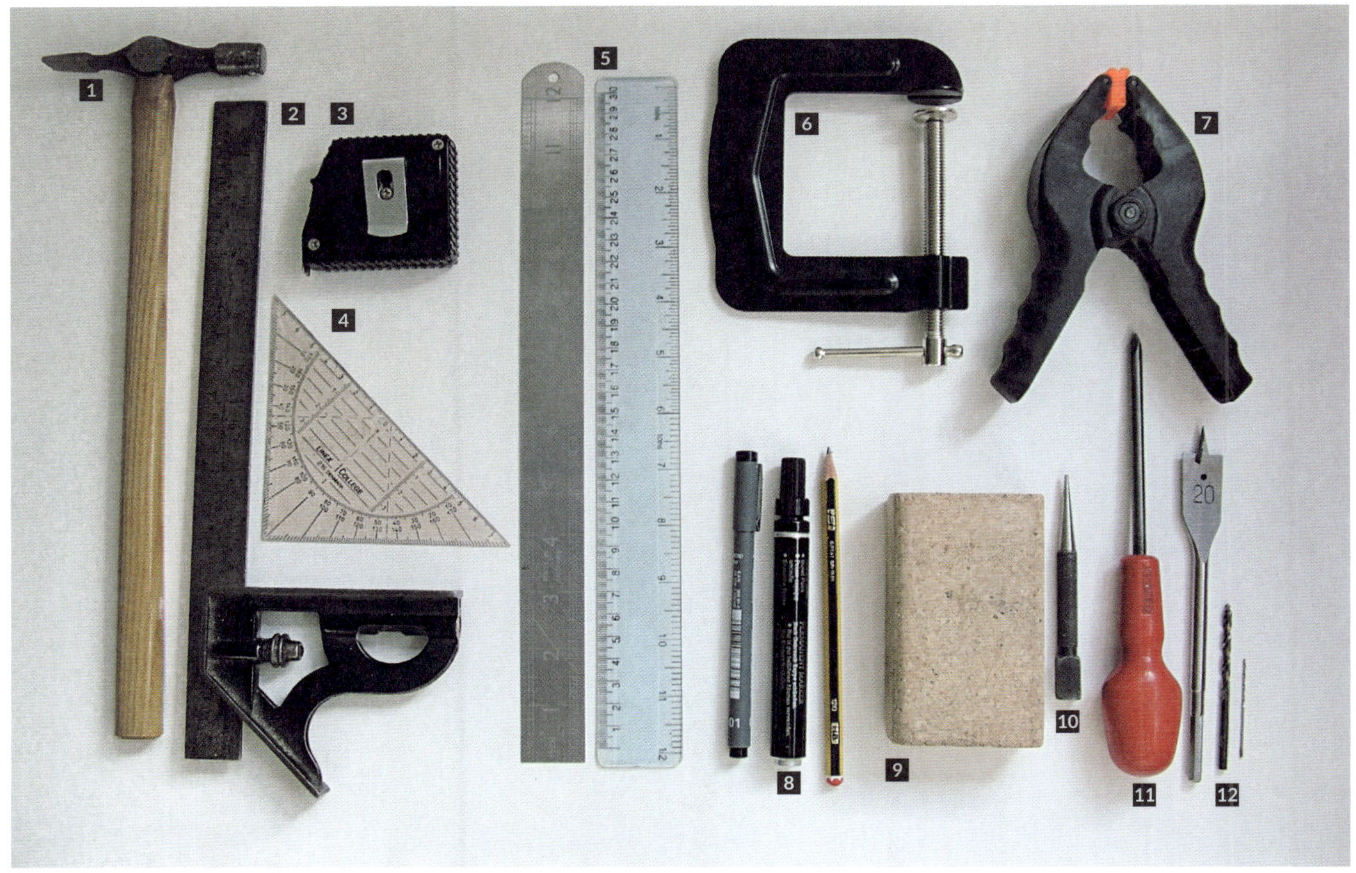

OBEN *Einige unverzichtbare Handwerkzeuge:* **1** *leichter Hammer,* **2** *Kombiwinkel,* **3** *Maßband,* **4** *Geodreieck,* **5** *Lineale,* **6** *C-Zwinge,* **7** *Federklemme,* **8** *(Blei-)Stifte,* **9** *Schleifklotz aus Kork,* **10** *Nagelversenker,* **11** *Kreuzschlitzschraubendreher,* **12** *Flachbohrer und Holzbohrer.*

Materialien

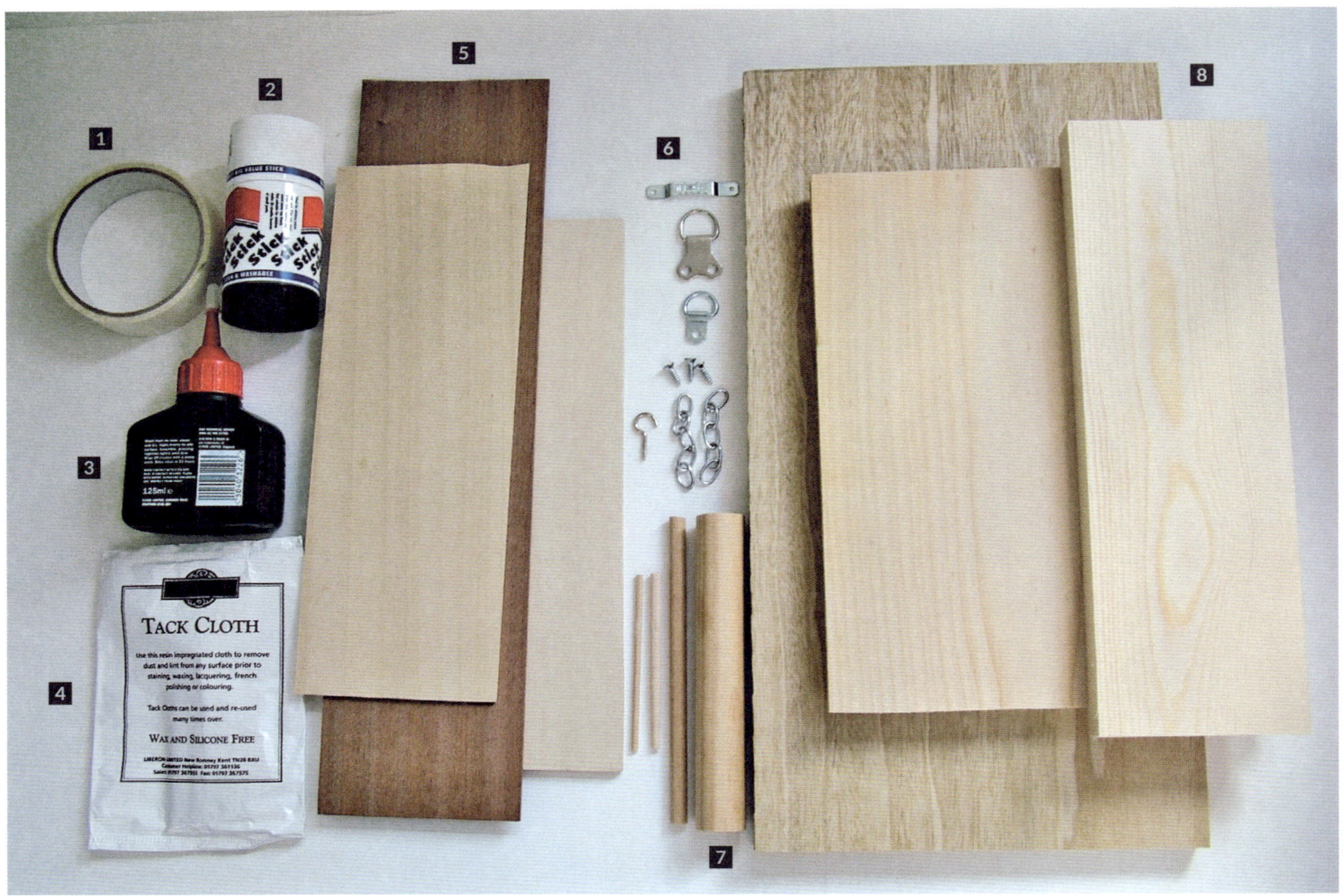

OBEN *Einige der bei den Werkstücken verwendeten Materialien:* **1** *Klebeband,* **2** *Klebestift,* **3** *Tischlerleim,* **4** *Staubbindetuch,* **5** *dünne Mahagoni- und Birkenbretter,* **6** *verschiedene Beschläge,* **7** *Dübelstange,* **8** *Reststücke von Kiefernholz und Laubhölzern.*

Um alle Werkstücke im Buch herzustellen, werden folgend Materialien benötigt:

- **Kiefernholz** wird für alle Werkstücke verwendet, bis auf die Untersetzer, für die Laubholz vorzuziehen ist. Kiefernholz ist leicht zu erhalten, eine erneuerbarer Ressource, die umweltfreundlich ist. Zudem kaufen wir möglichst immer Reststücke, die für andere Verwendungszwecke nicht geeignet sind. Wir empfehlen, sich immer über neue Holzarten zu informieren, die man einsetzen möchte. Dafür sind z. B. manche der Internetseiten geeignet, die auf Seite 173 genannt werden.

- **Birkensperrholz** (6 mm) wird als Unterlage für viele der Werkstücke und für dreidimensionale Konstruktionen wie das Vogelhäuschen und den Utensilienkasten verwendet.

- **Mahagoni- und Birkenbrettchen** (3 und 6 mm) werden für die applizierten Motive verwendet, die bei vielen der Werkstücke zu finden sind. Sie sind im Hobbybedarf leicht erhältlich.

- **Dübelstangen aus Laubholz** werden in Durchmessern von 3 bis 20 mm benötigt.

- **Shaker-Knöpfe** sind gedrechselte Stifte in funktionaler Gestaltung wie sie von der Shaker-Sekte angefertigt wurden. Reproduktionen sind im Versandhandel erhältlich.

- Einen guten **Holzleim** benötigt man für jedes Werkstück. Wir benutzen PVAC (Tischlerleim), sowohl in der normalen als auch in der wetterfesten Variante.

- Ein **Klebestift**, wie er im Büro verwendet wird, ist eine bequeme und einfache Lösung, um Mustervorlage aus Papier am Holz zu befestigen und verursacht zudem sehr viel weniger Verunreinigungen als Sprühkleber. Es ist relativ leicht, die Vorlage nach der Sägearbeit wieder abzuziehen.

- Mit **Klebeband** werden zwei oder mehr Holzstücke zusammengeklebt, wenn man sie als Stapel sägen möchte (siehe Seite 23).

- **Drahtstifte** werden bei manchen Werkstücken benötigt, um Holzstücke aneinander zu befestigen.

- Man benötigt ein Sortiment an **Schleifpapier** – in Körnungen von 120 bis 320 –, die gröberen Körnungen für die Formgebung, die feineren für das Glätten der Oberflächen.

- Ein harzgetränktes **Staubbindetuch** leistet sehr gute Dienste, um vor dem Auftrag eines Oberflächenmittels feinen Staub zu entfernen.

- Bauen Sie sich eine Sammlung von **Acrylfarben, Beizen, Malmitteln und Lacken** auf, die für die Verwendung im Innen- und im Außenbereich geeignet sind (mehr dazu auf den folgenden Seiten).

- Eine ungefärbte **Wachspolitur** gibt der fertigen Arbeit den letzten Glanz.

- **Weiche, fusselfreie Tücher** sind immer nützlich, um überschüssige Farbe zu entfernen und um Werkstücke zu polieren.

- **Beschläge** für Arbeiten, die aufgehängt werden sollen. Zu unseren bevorzugten Varianten gehören D-Ringe, die an die Rückseite des Werks geschraubt werden, Bilderaufhänger mit Sägezahn und Spiegelaufhängern, um eine sichere und bündige Aufhängung zu gewährleisten.

Material für die Farbgebung und Oberflächenbehandlung

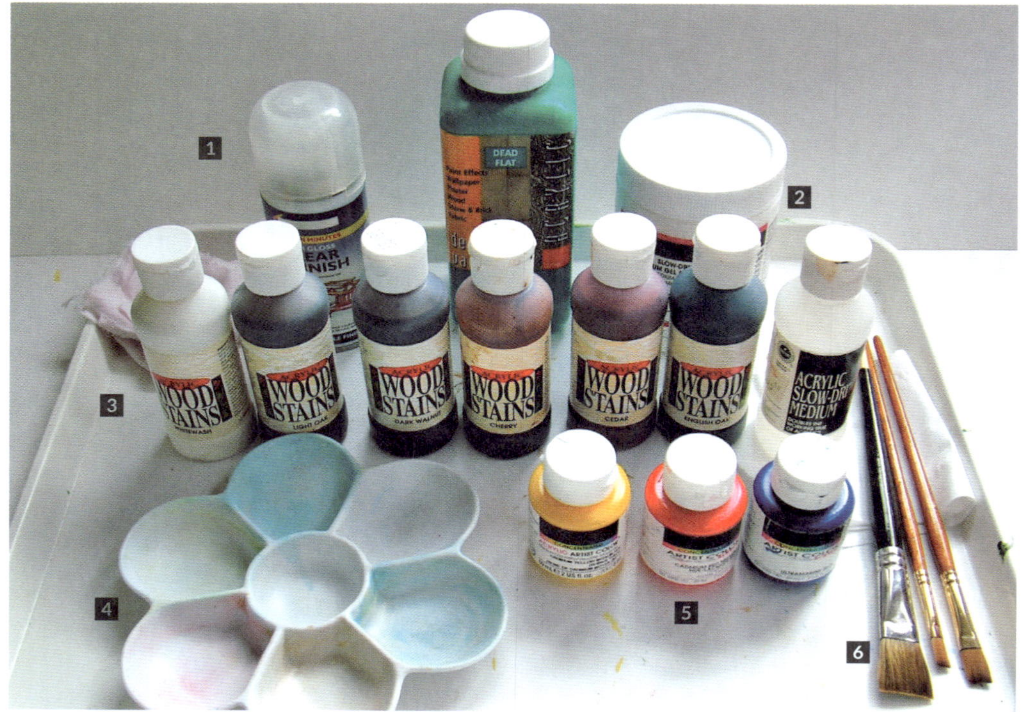

LINKS *Einige unserer bevorzugten Farben und Beizen:* **1** *Acryllack,* **2** *Acrylmalmittel,* **3** *Flüssigbeizen,* **4** *Palette,* **5** *Künstleracrylfarben,* **6** *Malpinsel*

Die Farbgebung und die Oberflächenbehandlung eines Werkstücks sind genauso wichtig wie das Sägen, die Formgebung und das Schleifen. Die Zeit und Sorgfalt, die Sie aufgewendet haben, um die Teile präzise auszusägen, kommen nur dann richtig zur Geltung, wenn Sie bei der Oberflächenbehandlung ebenso sorgfältig vorgehen.

Zuerst müssen Sie sich Gedanken über die Art der Oberflächenbehandlung machen, die Sie vornehmen wollen, also etwa eine transparente Holzbeize oder einen deckenden Lack. Wenn man ein schönes Stück Holz mit ansprechender Maserung verwendet hat, empfehlen wir, diese herauszustellen anstatt sie zu verdecken.

Wenn Sie sich nicht sicher sind, zu welcher Methode der Farbgebung Sie greifen sollen, stellen Sie Versuche mit Restholzstücken an. So können Sie die verfügbaren Optionen vergleichen und sich entscheiden, welche Ihnen am besten zusagt. Außerdem ermöglicht es Ihnen auch, Ihre Technik zu vervollkommnen und so sicherzustellen, dass Ihr fertiges Werkstück die bestmögliche Oberfläche erhält.

Warum wir Acryl verwenden

Die Auswahl an Materialien für die Farbgebung ist groß, es gibt unter anderem solche auf Spiritus-, Öl- und Wassergrundlage. Es gibt viele Gründe, warum wir bevorzugt mit Holzbeizen sowie Farben und Malmitteln auf Acrylbasis arbeiten.

- Sie geben keine Dämpfe ab – im Gegensatz zu solchen auf Spiritusbasis, die nur in einem gut gelüfteten Raum ohne offene Flammen verwendet dürfen.
- Die Reinigung ist mit Seife und Wasser einfach.
- Acrylfarben lassen sich mit Wasser verdünnen und erlauben dann einen Anstrich, der die Holzmaserung nicht verdeckt, bei gleichzeitiger Möglichkeit beliebige Farbtöne zu mischen. Wenn Sie unsicher sind, finden sie Im Internet zahlreiche Anleitungen, suchen Sie nach „Acrylfarben verdünnen". Alternativ können Sie, wenn in den Projekten von verdünnter Acrylfarbe die Rede ist, auch farbige Beizen (auf Wasserbasis) verwenden. Es gibt diese Beizen sowohl in Holztönen als auch in „bunt". Der Unterschied: Beize bildet keine Schicht, sondern zieht ins Holz ein und bedarf noch eines farblosen Überzugs, z.B. aus Klarlack.

ARBEITSWEISE

Holzbeizen auftragen

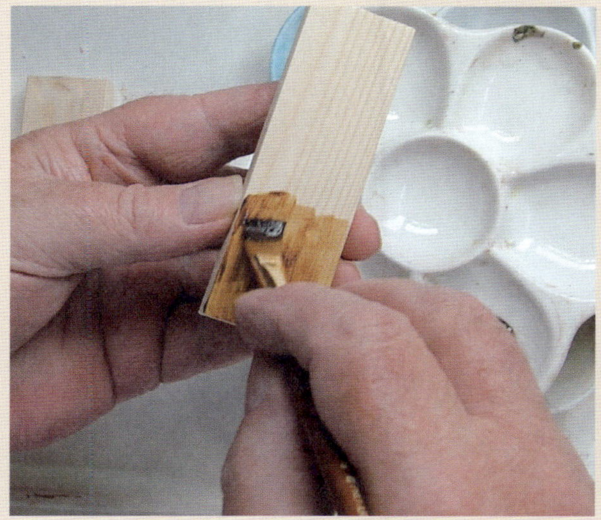

1 Tragen Sie die Beize mit dem Pinsel auf; hier ist es der Farbton „Eiche hell".

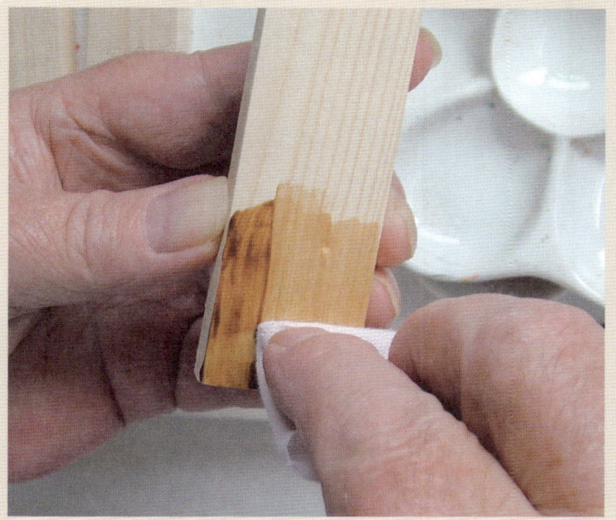

2 Nehmen Sie nach einigen Momenten den Überstand mit einem weichen Tuch ab.

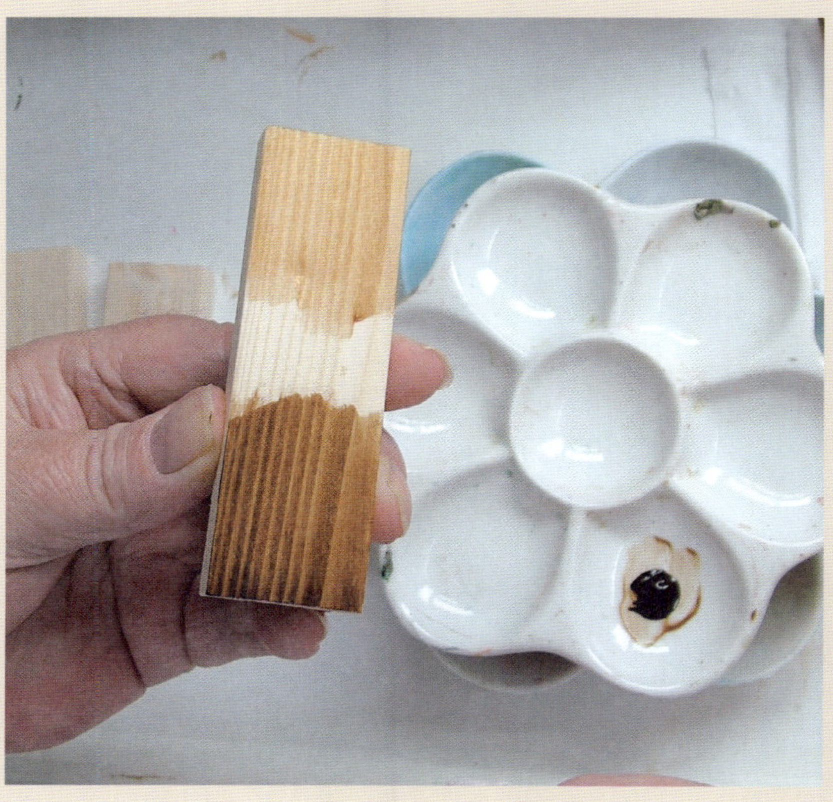

3 Der Farbton „Nussbaum mittel" im Vordergrund ist auf die gleiche Weise wie die Eiche aufgetragen worden.

Der Einsatz eines Acrylmalmittels

Bei den meisten unserer Werkstücke verwenden wir während der Farbgebung ein Malmittel. Durch den Zusatz dieses Mittels wird die Trocknung der Acrylfarbe verlangsamt, sodass man eine längere Verarbeitungszeit erreicht. Durch die Menge des zugesetzten Mediums lässt sich auch die Transparenz der Farbe beeinflussen.

Wir verwenden eine einfache Methode: Wir mischen das Malmittel mit den ausgewählten Farben, tragen sie auf das Holz auf, lassen sie nicht länger als eine Minute einwirken und nehmen dann den Überstand mit einem fusselfreien Tuch ab, um die Maserung durchscheinen zu lassen, ohne die Färbung zu verringern.

Wenn man Acrylfarbe ohne Malmittel auf die Holzoberfläche aufträgt, ergibt das eine deckende Schicht, durch den Zusatz langsam trocknenden Malmittels wird die Farbe verdünnt und das Abnehmen des Überstands erleichtert. Je stärker der Druck ist, den man beim Abnehmen ausübt, desto deutlicher tritt die Maserung zutage. So wird jede Arbeit zu einem Unikat, da keine zwei Holzstücke jemals genau gleich sind. Es gibt eine ganze Reihe unterschiedlicher Malmittel am Markt, die alle für unterschiedliche Aufgaben konzipiert sind. Ratschläge dazu, welches Malmittel man verwenden sollte, kann man sich auf den Internetseiten von Herstellern wie Liquitex holen (siehe Seite 172).

Die Auswahl eines passenden Klarlacks für unterschiedlich behandelte Oberflächen

Mit dem Auftrag eines Klarlacks erreicht man zwei Dinge: Das Werkstück wird geschützt, und man kann das Aussehen der fertigen Arbeit beeinflussen. Wir verwenden für den Großteil der Oberfläche einen Mattlack und einen Hochglanzlack, um bestimmte Stellen wie die Augen hervorzuheben. Außerdem brennen wir gerne die Augen mit einem Brandmalkolben ein. Das ist nicht unbedingt notwendig, aber es versiegelt das Holz gründlich und ergibt so einen Untergrund, an dem der Hochglanzlack gut haftet, wodurch die Augen ein gewisses Funkeln bekommen. Wenn man solche kleinen Details beachtet, kann man die gesamte Wirkung des fertigen Stücks deutlich steigern.

Polieren

Wenn sich das fertige Werkstück genauso gut anfühlen soll, wie es aussieht, dann ist eine gute Wachspolitur die Lösung. Nachdem der Klarlack gut getrocknet ist, wird die Oberfläche mit feinem Schleifpapier (etwa eine 320er Körnung) abgerieben, um eventuell vorhandene Unebenheiten zu entfernen. Dann trägt man mit einem weichen Tuch eine Schicht farblose Wachspolitur auf, die man abschließend mit einer Polierbürste zu einem seidenmatten Glanz poliert. Achten Sie darauf, die Stellen nicht zu polieren, an denen Sie einen Hochglanzlack aufgetragen haben, weil dort sonst der Glanz verloren geht.

Holzkitt

Mit Holzkitt kann man Risse oder Löcher im Holz reparieren. Man sollte ihn jedoch möglichst nicht unter durchsichtigen Oberflächenmitteln verwenden, da er die Mittel nicht so annimmt wie das Holz. Es gibt Holzkitt in unterschiedlichen Farben, die auf helle, mittlere und dunkle Hölzer abgestimmt sind. Verwenden Sie ein flexibles Messer oder ein Palettenmesser, um den Kitt in das Loch zu drücken. Schleifen Sie die Überstände nach dem Durchtrocknen ab.

Es gibt auch Wachskittstifte in verschiedenen Holztönen, mit denen man kleine Fehlstellen beheben kann. Erweichen Sie den Wachskitt mit einem warmen Messer, und drücken Sie ihn in das Loch. Schaben Sie ihn während des Trocknens mit dem Messer bündig ab.

ARBEITSWEISE

Acrylfarbe auftragen

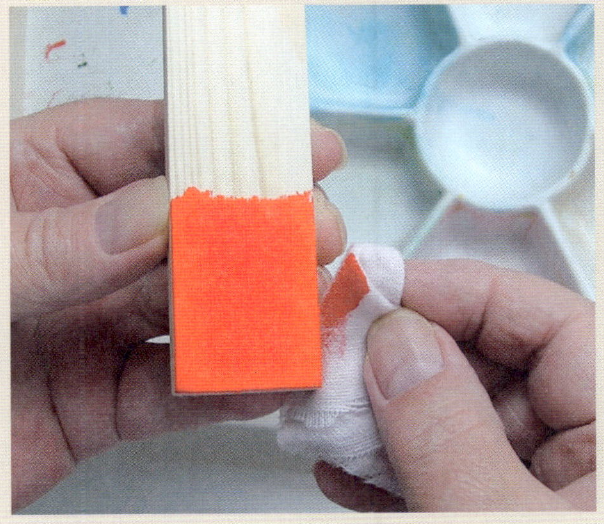

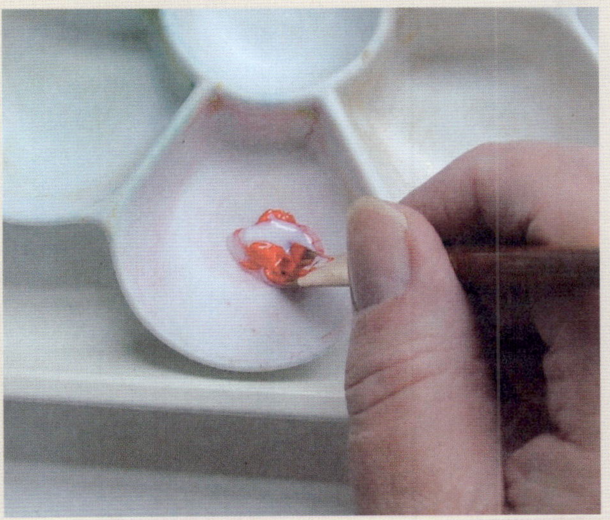

1 Hier wurde die rote Acrylfarbe ohne zugesetztes Malmittel aufgetragen; wenn der Überstand abgewischt wird, bleibt die Farbe undurchsichtig.

2 Der roten Farbe wird etwas Acrylmalmittel zugefügt.

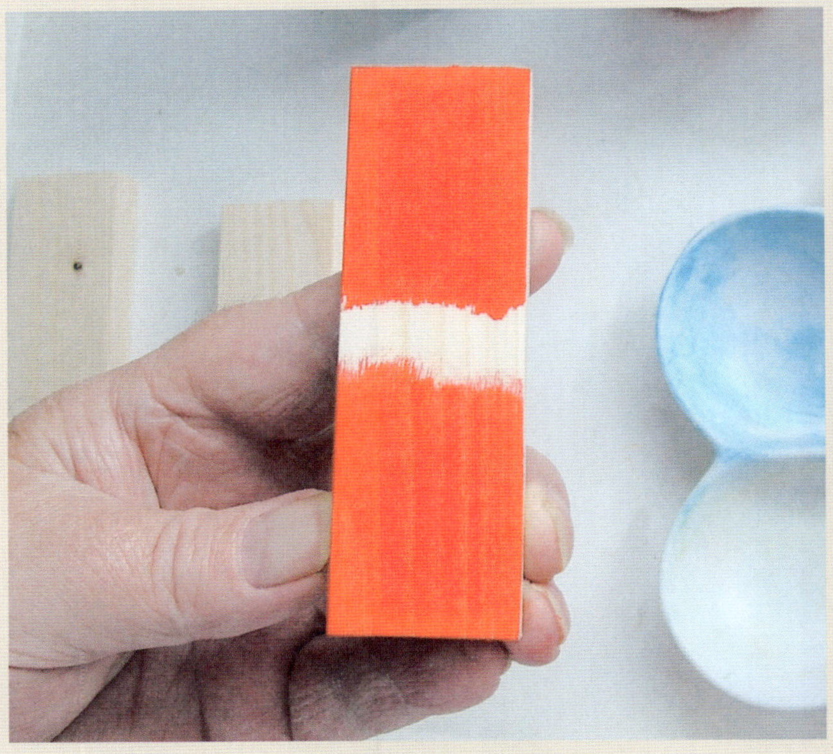

3 Nachdem der Überstand abgenommen wurde, ist die verbliebene Farbe transparent, und man kann die Maserung darunter deutlich erkennen.

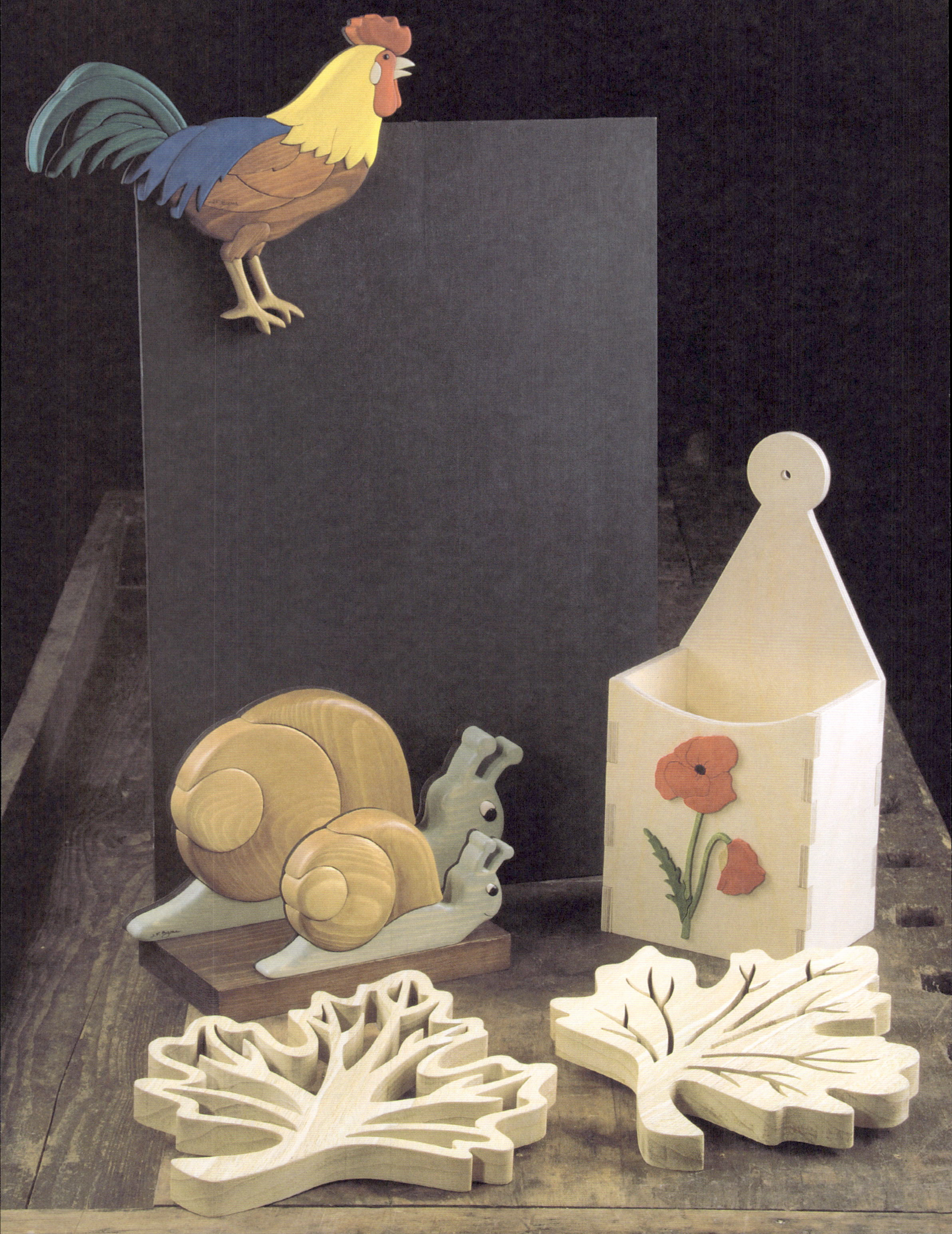

2

Werkstücke für die Küche

2.1
Ahornblatt-Untersetzer

2.2
Utensilienkasten mit Mohnblüten

2.3
Türstopper mit Gänseblümchen

2.4
Briefhalter für die Schneckenpost

2.5
Kreidetafel mit Hahn

2.6
Schlüsselbrett mit Hyazinth-Ara

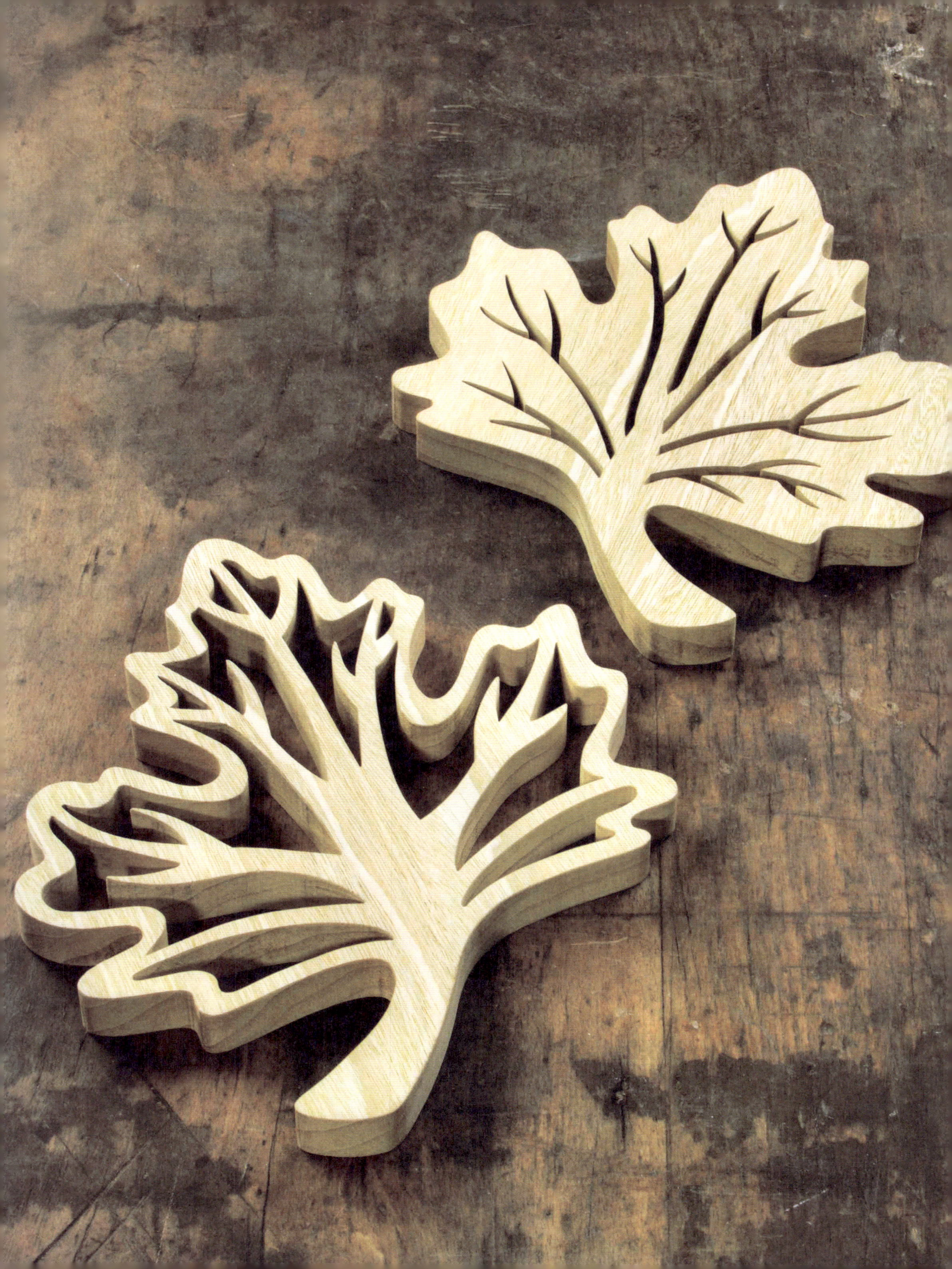

2.1 Ahornblatt-Untersetzer

Unsere Arbeiten für die Küche sind in unterschiedlichen Stilen gehalten und setzen verschiedene Techniken ein, sodass Sie reichlich Gelegenheit haben, die grundlegenden Fähigkeiten im Umgang mit der Dekupiersäge zu üben. Da sie alle relativ einfach sind, haben wir sie nicht nach Schwierigkeitsgrad angeordnet – suchen Sie sich einfach jene aus, die Sie ansprechend finden.

Diese hübschen Untersetzer sind ganz leicht herzustellen und werden eine großartige Bereicherung Ihres Küchen- oder Esstischs darstellen. Wir bringen zwei Variationen des gleichen Entwurfs, die im Grunde Positiv und Negativ des Motivs sind: bei einem bleiben die Blattadern stehen, beim anderen werden sie ausgesägt. Da die Untersetzer nicht oberflächenbehandelt werden, sieht ein auffälliges Laubholz am besten aus. Zudem wären die vielen vorstehenden Stellen mit kurzem Holz bei der Verwendung von Nadelholz sehr zerbrechlich. Falls Sie erstmals mit der Dekupiersäge arbeiten, lohnt es sich auf jeden Fall, diese feinen Schnitte an einem Stück Restholz zu üben, bevor Sie sich dem Rohling zuwenden.

Was man braucht:

- Laubholz nach Wahl (260 x 215 x 20 mm) für jeden Untersetzer
- Dekupiersäge mit einem Blatt Nr. 7
- Ständerbohrmaschine mit 3-mm-Holzbohrer
- Fotokopierte Mustervorlagen
- Schere
- Klebestift
- Schleifklotz und Schleifpapier, 180er bis 280er Körnungen
- Staubbindetuch

Auf den Punkt gebracht

Diese Untersetzer aus hartem Laubholz auszusägen, war wirklich ein Liebesbeweis für die Arbeit mit der Dekupiersäge! Eine Säge mit regulierbarer Geschwindigkeit ist in diesem Fall ein großer Vorteil, da manche Laubhölzer schwere Brandspuren zeigen, wenn man sie bei hoher Geschwindigkeit sägt, und diese Brandspuren durch Schleifen mit der Hand sehr schwierig zu entfernen sind. Wir empfehlen, mit einem Gegenzahnblatt Nr. 7 und einer recht niedrigen Geschwindigkeit zu arbeiten – vielleicht 800-1000 Hübe pro Minute, je nach verwendetem Holz. Das Blatt kann man mit einem Ventilator kühlen, falls einer zur Hand ist, und so die Brandspuren auf ein Minimum reduzieren. Das mag sich merkwürdig anhören, aber es funktioniert tatsächlich.

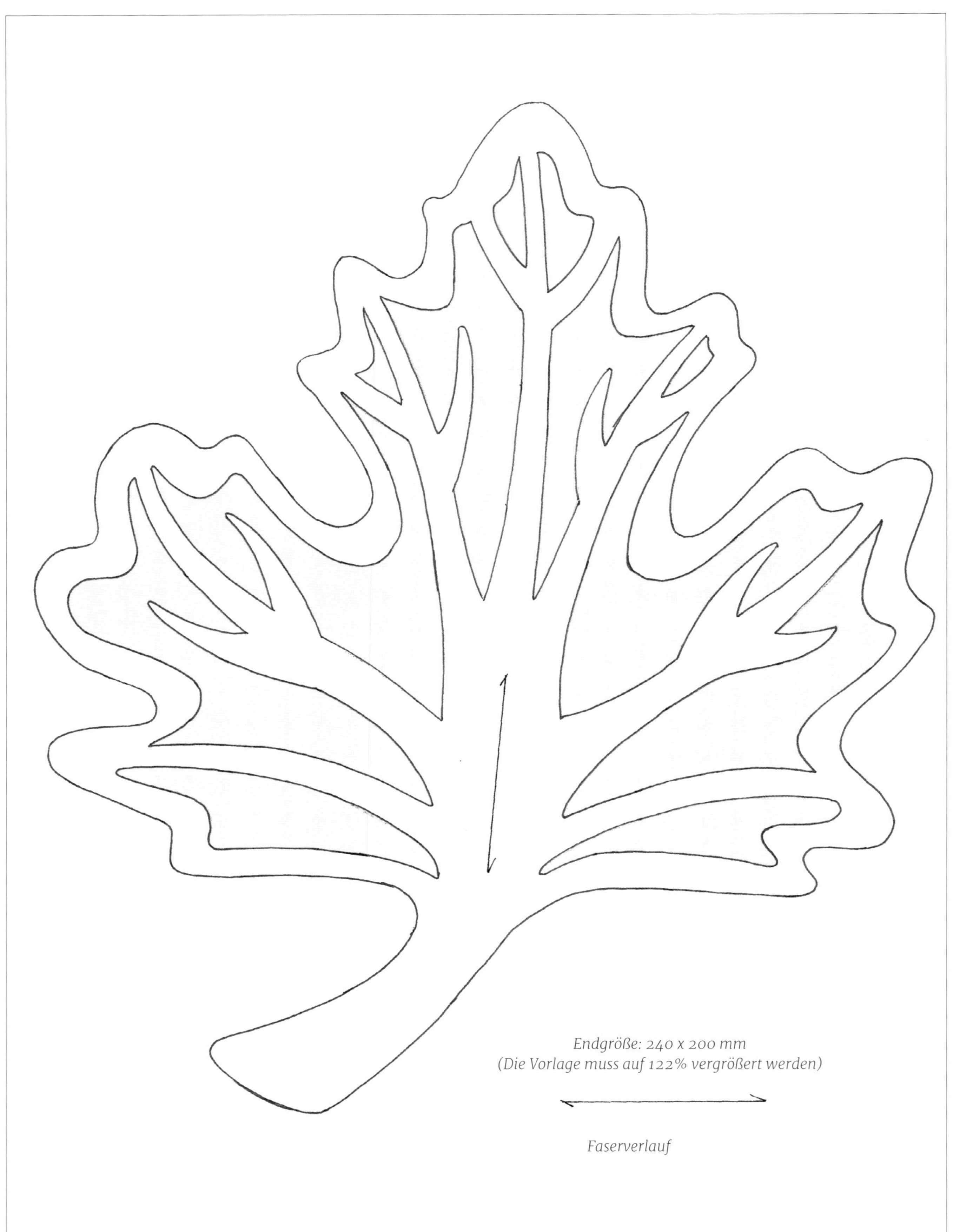
Endgröße: 240 x 200 mm
(Die Vorlage muss auf 122% vergrößert werden)
Faserverlauf

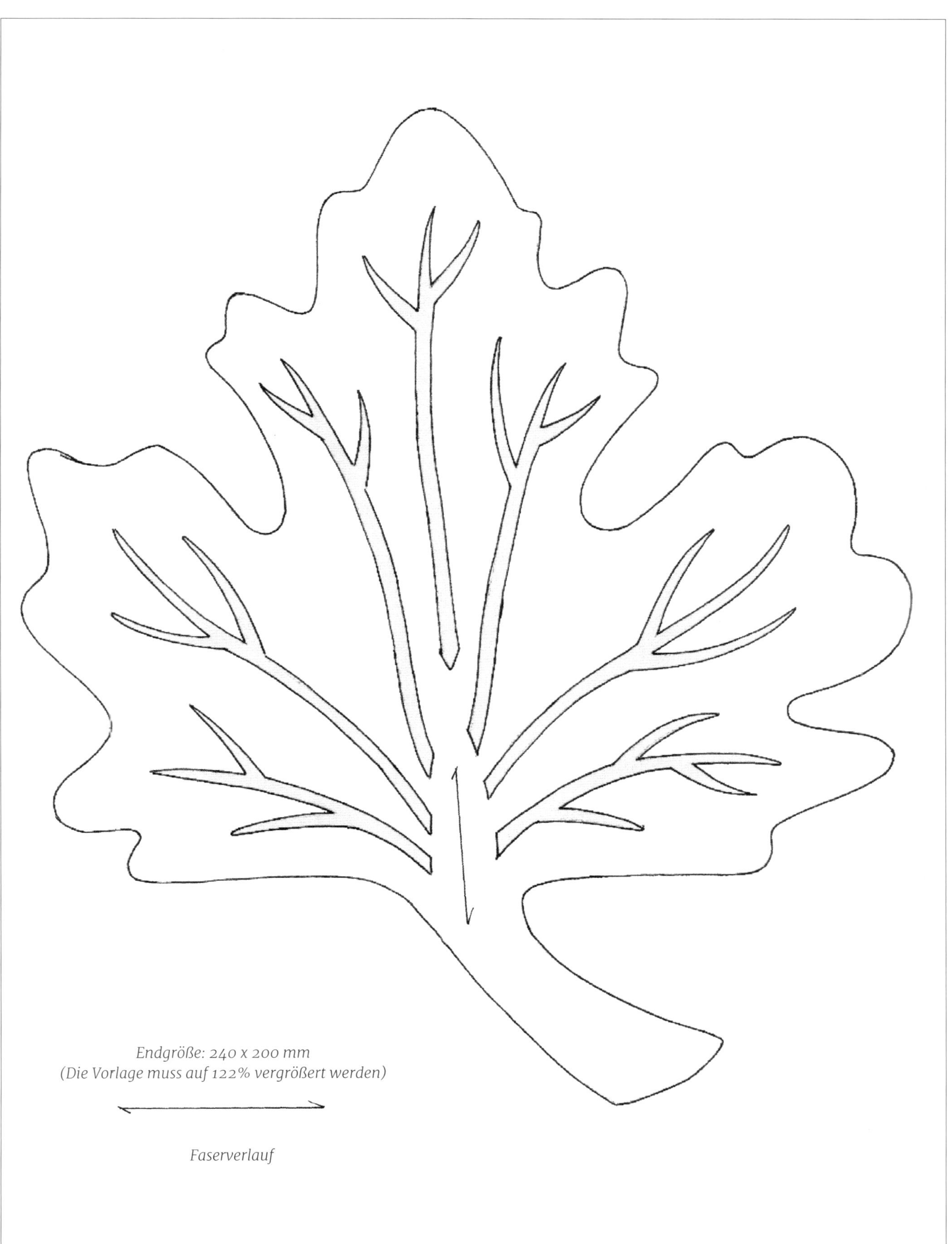
Endgröße: 240 x 200 mm
(Die Vorlage muss auf 122% vergrößert werden)
Faserverlauf

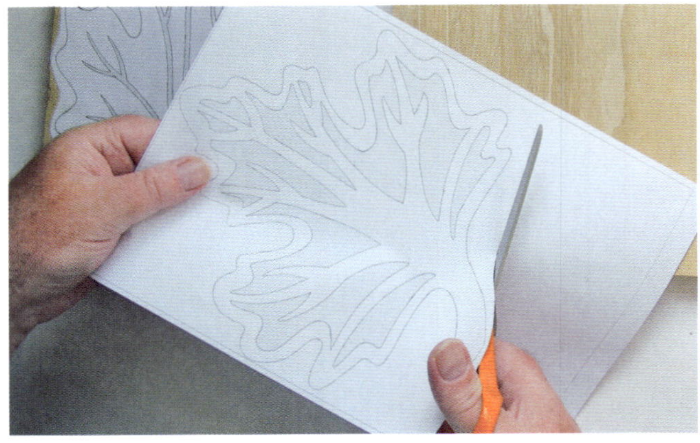

1 Fotokopieren Sie jede Vorlage auf eine Größe von 240 x 200 mm. Der Verschnitt ist schraffiert, um Verwechslungen vorzubeugen. Schneiden Sie mit der Schere so um den Blattumriss, dass ein Rand von etwa 10 mm stehen bleibt. Sehen Sie sich den Faserverlauf in Holz an, und richten Sie das Blatt so aus, dass die Fasern in Längsrichtung des Stiels verlaufen, nicht quer dazu. Bringen Sie mit dem Klebestift eine gleichmäßige Schicht Kleber auf dem gesamten Gebiet auf, und drücken Sie die Vorlage kräftig auf das Holz.

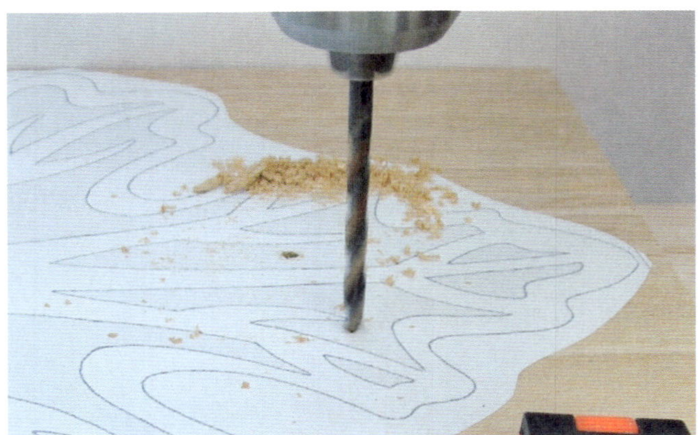

2 Spannen Sie den 3-mm-Bohrer in die Ständerbohrmaschine ein, und bohren Sie vorsichtig ein Loch in jedes der schraffierten Gebiete, die ausgesägt werden sollen.

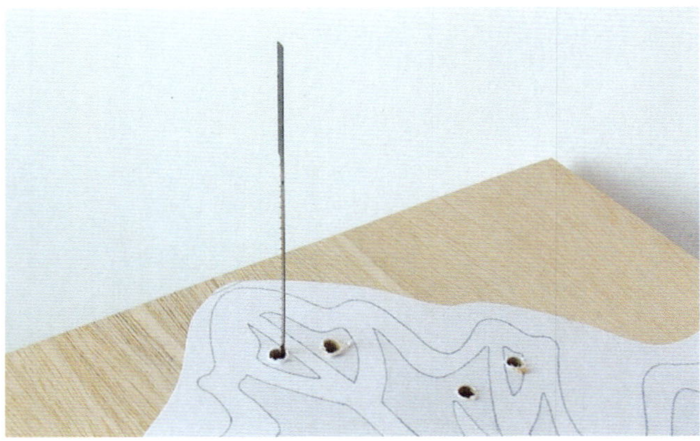

3 Führen Sie das Laubsägeblatt durch das erste Bohrloch, richten Sie das Blatt aus und spannen Sie es, wie auf Seite 17 beschrieben.

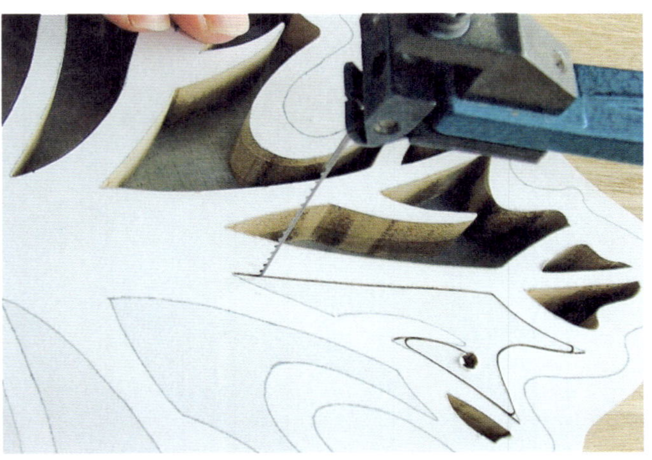

4 Schneiden Sie den ersten grauen Umriss aus, dann nacheinander die anderen, wobei Sie jeweils das Blatt neu einfädeln und ausrichten. Bei diesen engen Spitzen empfiehlt es sich, das V von einer Seite her einzuschneiden, dann das Blatt gerade so weit zurückzuführen, um wenden und weiter an der Linie weitersägen zu können, und dann den Schnitt zu Ende zu führen, nachdem der Großteil des Verschnitts entfernt worden ist.

5 Die auszusägenden Gebiete des zweiten Musters sind viel schmaler, aber die Technik ist die gleiche. Arbeiten Sie sorgfältig, und übereilen Sie nichts.

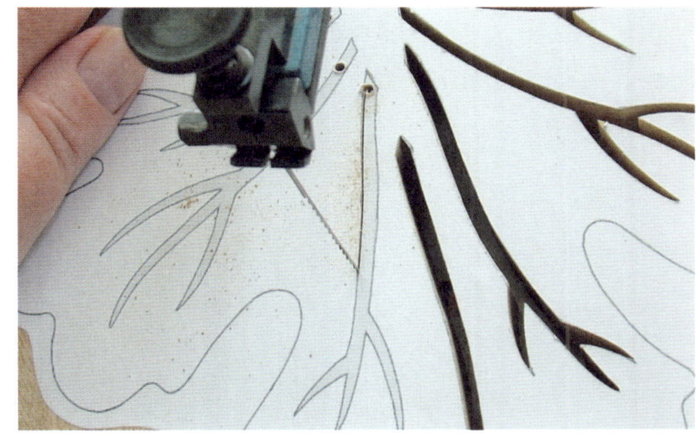

6 Wenn bei beiden Untersetzern alle schraffierten Gebiete ausgesägt worden sind und man den Verschnitt entfernt hat, schneidet man an den Außenkanten der Ahornblätter entlang, um den Verschnitt zu entfernen.

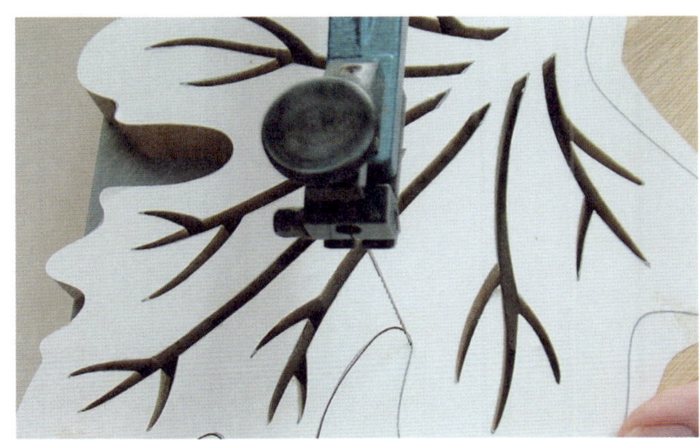

7 Nehmen Sie die Mustervorlage ab. Wenn man das Papier mit einem nassen Tuch anfeuchtet, lässt es sich leichter vom Holz abheben.

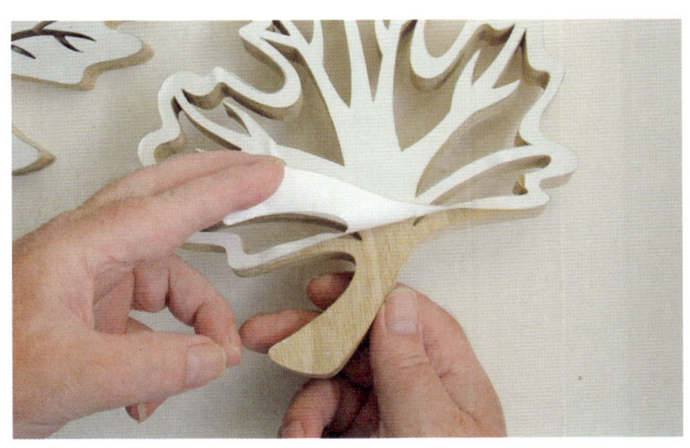

8 Wenn das Holz trocken ist, werden eventuell vorhandene Kleberreste mit einem Schleifklotz und 180er Schleifpapier entfernt. Danach werden mit der Hand die Grate an den Schnittkanten abgeschliffen. Abschließend werden die Untersetzer mit einem Staubbindetuch abgewischt, um den feinen Holzstaub zu entfernen. Die Untersetzer aus Laubholz können unbehandelt bleiben.

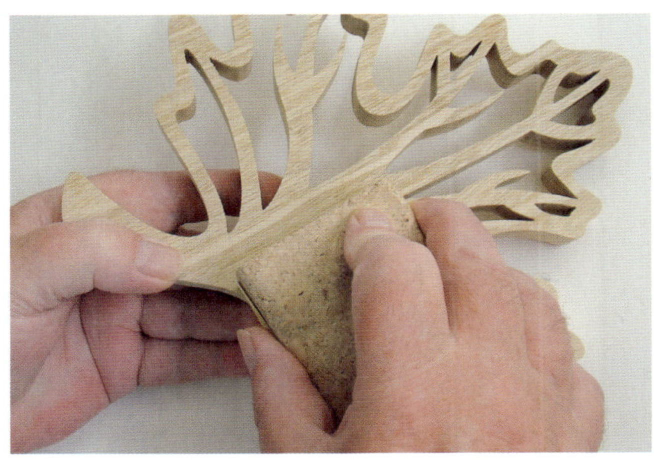

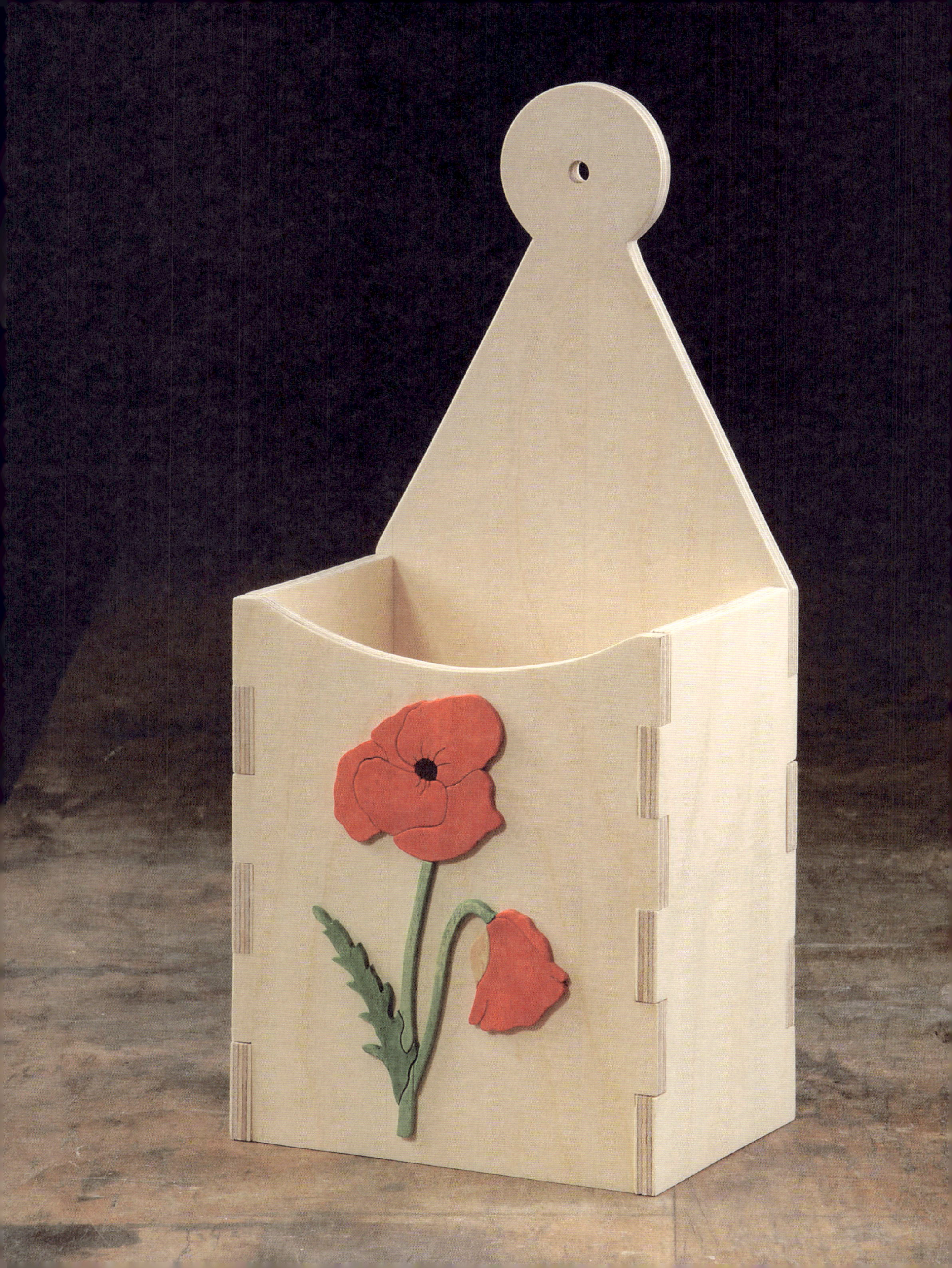

2.2
Utensilienkasten mit Mohnblüten

Dieser schlichte Hängekasten für Kochlöffel, Pfannenwender und ähnliches ist einfach herzustellen und stellt eine schöne und praktische Ergänzung für jede Küche dar. Wir haben ein Gänseblümchenmotiv als Alternative zu den Mohnblüten beigefügt, sodass Sie den Entwurf auf das Dekor Ihrer eigenen Küche abstimmen können. Falls Sie möchten, können Sie auch ein Motiv von einem anderen Werkstück im Buch übernehmen.

Was man braucht:

- Birkensperrholz 610 x 254 x 6 mm
- Birkenvollholz 135 x 100 x 3 mm
- Profilleiste, 5 mm stark, 400 mm lang
- Dekupiersäge mit Nr. 1 und Nr. 5 Blättern
- Ständerbohrmaschine mit 6-mm-Holzbohrer
- Zwingen nach Bedarf
- Klebeband
- Schleifklotz und Schleifpapier, 180er bis 320er Körnungen
- Staubbindetuch
- Fotokopierte Mustervorlagen
- Schere
- Bleistift
- Lineal
- Tischlerleim
- Klebestift
- Acrylfarben: grün, rot und schwarz
- Malpinsel
- Weiches, fusselfreies Tuch
- Acrylklarlack, matt

Auf den Punkt gebracht

Die Fingerzinken an diesem Werkstück müssen genau passen, aber Sie sollten sich dadurch nicht abschrecken lassen – es ist nicht so schwierig, wie es aussieht. Wenn man die Zinken geschnitten hat, muss man vielleicht ein zweites Mal an die Säge gehen, um die Ecken zu versäubern und sicherzustellen, dass sie rechtwinklig sind. Kontrollieren Sie danach die Passung, und verputzen Sie sorgfältig alle vorstehenden Stellen. Sauber geschnittene Fingerzinken können ein eigenständiges Schmuckelement darstellen.

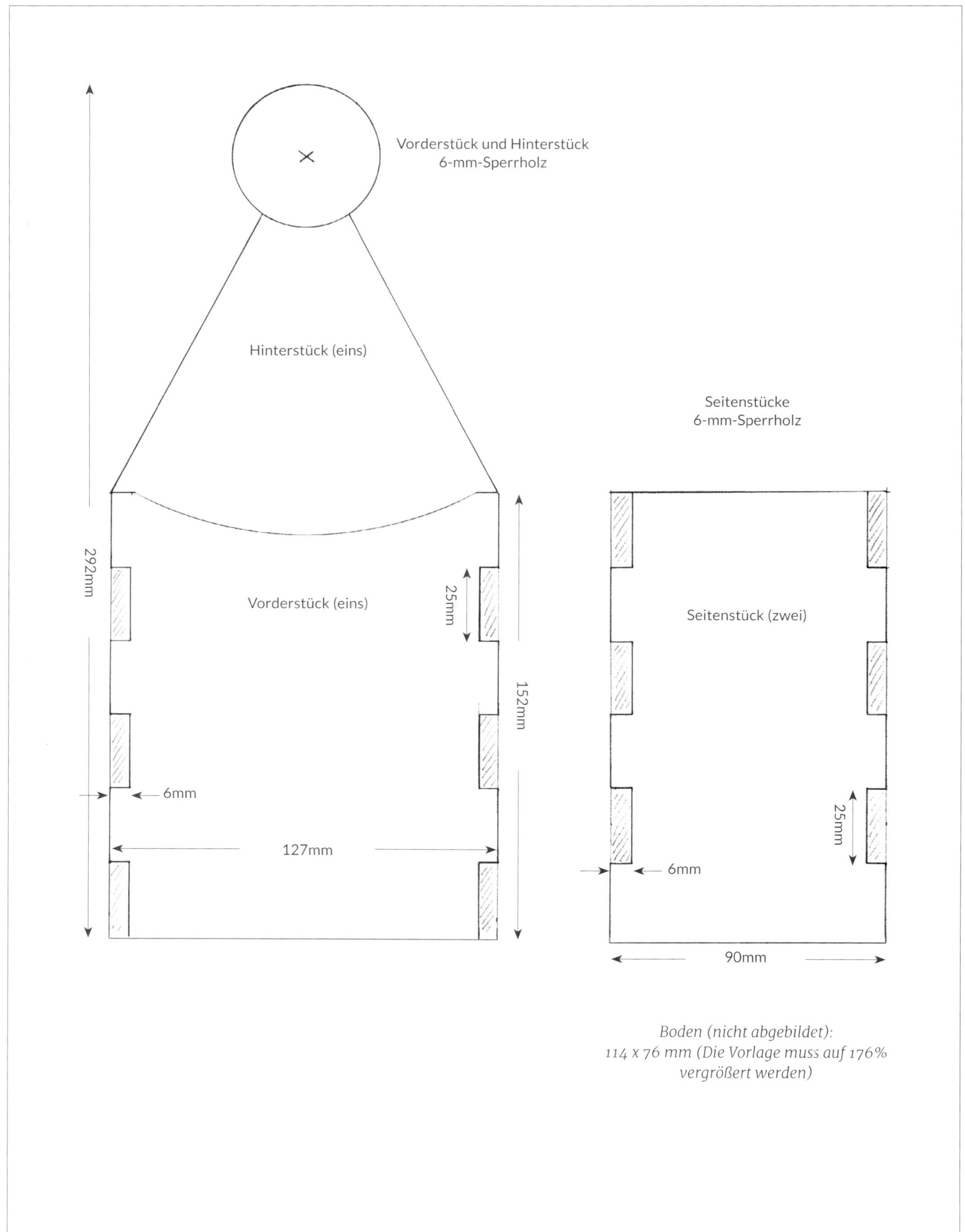

Boden (nicht abgebildet):
114 x 76 mm (Die Vorlage muss auf 176% vergrößert werden)

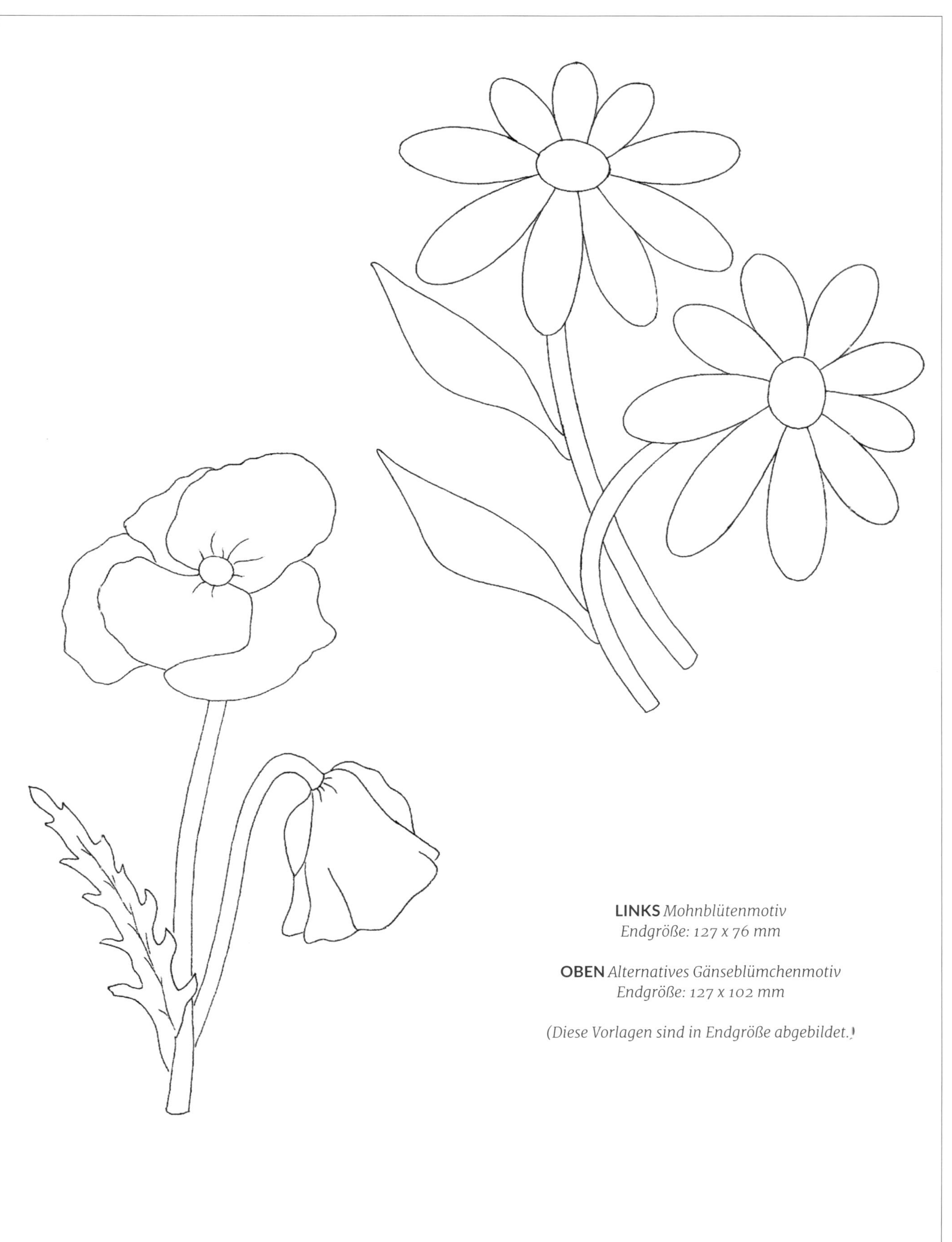

LINKS *Mohnblütenmotiv*
Endgröße: 127 x 76 mm

OBEN *Alternatives Gänseblümchenmotiv*
Endgröße: 127 x 102 mm

(Diese Vorlagen sind in Endgröße abgebildet.)

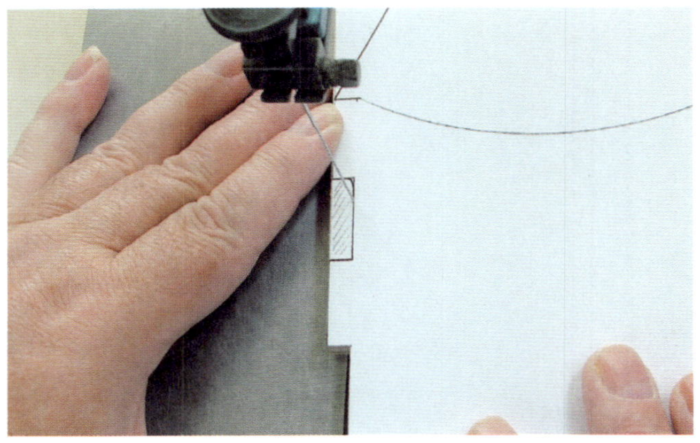

1 Vergrößern Sie die beiden Mustervorlagen für den Utensilienkasten auf die angegebene Größe. Sägen Sie das Sperrholz in vier gleich große Teile von 305 x 125 mm. Legen Sie die Teile jeweils paarweise zusammen – ein paar für das Vorder- und Hinterstück, das andere für die beiden Seitenstücke – und kleben Sie sie mit Klebeband zusammen. Bringen Sie mit Klebestift die Mustervorlagen auf dem Sperrholz an. Schneiden Sie die Teile aus. Achten Sie darauf, die Fingerzinken möglichst präzise und rechtwinklig auszuschneiden.

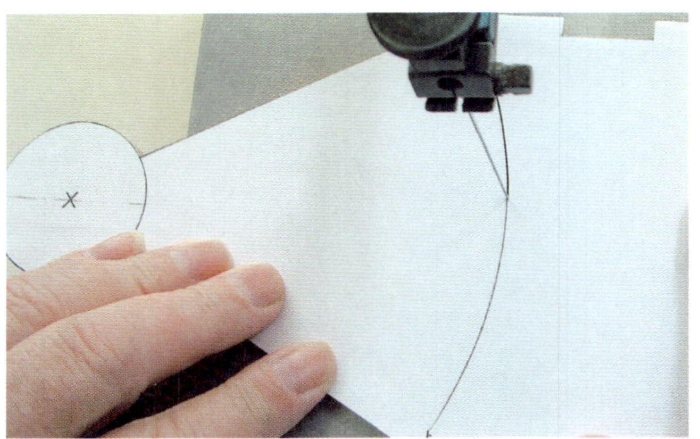

2 Entfernen Sie das Klebeband, um die Teile voneinander trennen zu können. Zu diesem Zeitpunkt hat das Vorderstück die gleiche Form wie das Hinterstück, Sie müssen also das nicht benötigte obere Teil des Vorderstücks absägen. Setzen Sie einen 6-mm-Bohrer in eine Bohrmaschine (vorzugsweise eine Ständerbohrmaschine) ein, und bohren Sie das Loch in das Oberteil des Hinterstücks, an dem der Utensilienkasten aufgehängt wird. Schneiden Sie aus dem verbliebenen Sperrholz den Kastenboden zu.

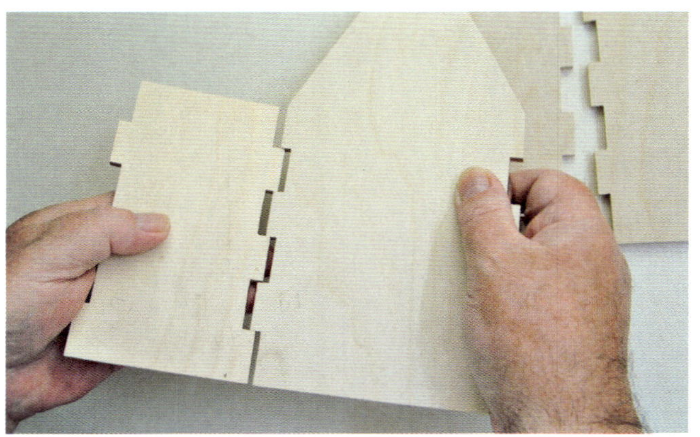

3 Nehmen Sie die Vorlagen ab, und kontrollieren Sie die Passung der Teile. Markieren Sie vorstehende Stellen mit Bleistift, und entfernen Sie schmale Streifen dort, wo es notwendig ist. Verleimt wird zu diesem Zeitpunkt noch nichts. Bürsten Sie den Staub ab, und entfernen Sie eventuell noch anhaftenden feinen Staub mit einem Staubbindetuch. Bringen Sie mit einem Malpinseln seidenmatten Acrylklarlack auf allen Flächen auf, die nicht verleimt werden, und lassen Sie den Lack vollkommen trocknen. Schleifen Sie die Teile leicht mit 220er Schleifpapier an.

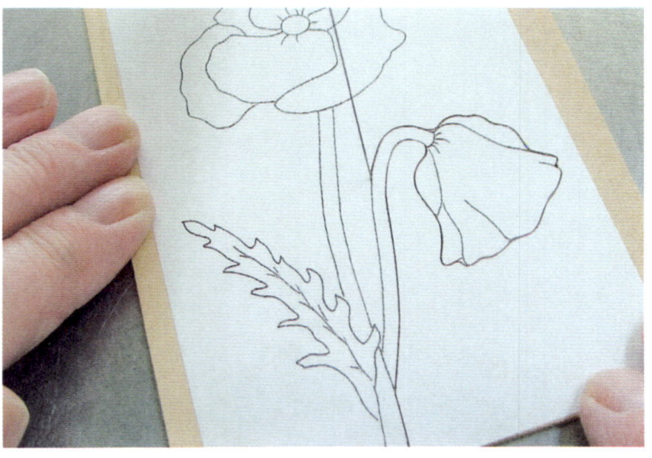

4 Fotokopieren Sie die Mustervorlage für die Mohnblüten, und befestigen Sie sie mit dem Klebestift auf dem Birkenholz. Üben Sie kräftigen Druck aus, damit die gesamte Vorlage gut haftet. Setzen Sie ein Blatt Nr.1 ein, und sägen Sie mit niedriger Geschwindigkeit (ca. 400 bis 600 Hübe/min). Sägen Sie die Mohnblüte aus. Legen Sie den Verschnitt beiseite, um ihn später als Schablone verwenden zu können. Nehmen Sie die Mustervorlage ab, wenn Sie die Blüte ausgesägt haben. Falls das schwierig sein sollte, feuchten Sie sie mit einem Tuch an, und schaben Sie das Papier vorsichtig mit einem kleinen Cuttermesser ab.

5 Man kann die Mohnblüte schon in diesem Stadium bemalen, wenn man aber erst die Einzelteile ausschneidet, erhält sie ein verstärktes plastisches Aussehen. Falls Ihre Säge nicht über einen Tischeinsatz verfügt, empfiehlt es sich, einen solchen anzufertigen, wie auf Seite 19 angegeben, damit die kleinen Teile nicht in das Loch im Arbeitstisch fallen. Kennzeichnen Sie die Unterseite jedes Teils nach dem Aussägen, um Verwirrung zu vermeiden. Schleifen Sie die Kanten leicht mit 320er Schleifpapier, und entfernen Sie dann eventuell anhaftenden feinen Staub mit einem Staubbindetuch.

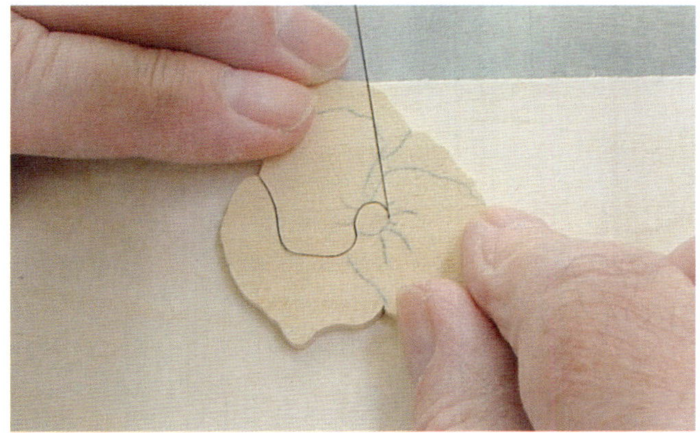

6 Legen Sie die Teile nach Farben zusammen, mischen Sie die Farben und die Malmittel wie auf Seite 36 angeben an, und tragen Sie die Farbe auf. Lassen Sie die Farbe gut trocknen, und schleifen Sie leicht mit einem 320er Schleifpapier nach, da der Farbauftrag vielleicht dazu geführt hat, dass sich die Holzfasern aufrichten. Nehmen Sie den feinen Staub mit einem Staubbindetuch ab, und tragen Sie dann eine Schicht matten Acrylklarlack auf. Trocknen lassen.

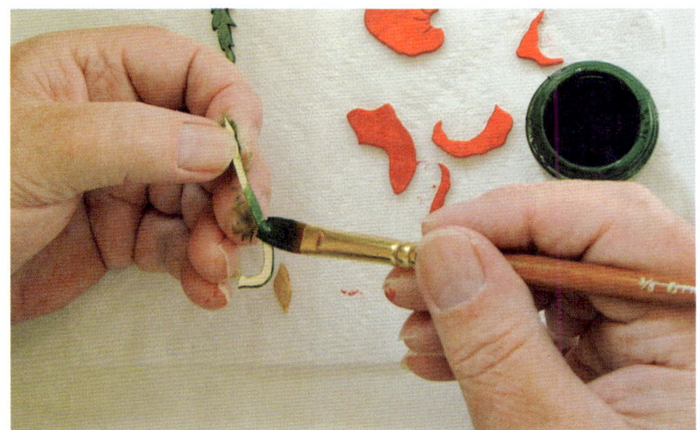

7 Legen Sie das Vorderstück des Kastens auf eine ebene Unterlage, positionieren Sie die Schablone (der Verschnitt, der beim Aussägen der Mohnblüte zurückblieb) auf der Mitte, und befestigen Sie sie mit Klebeband. Geben Sie jetzt nacheinander an jedes Teil einen Tupfer Tischlerleim, und leimen Sie es an der vorgesehenen Stelle fest. Nehmen Sie am Ende die Schablone vorsichtig ab, und entfernen Sie überschüssigen Leim mit einem kleinen feuchten Tuch oder einem alten Malerpinsel. Lassen Sie den Leim trocknen.

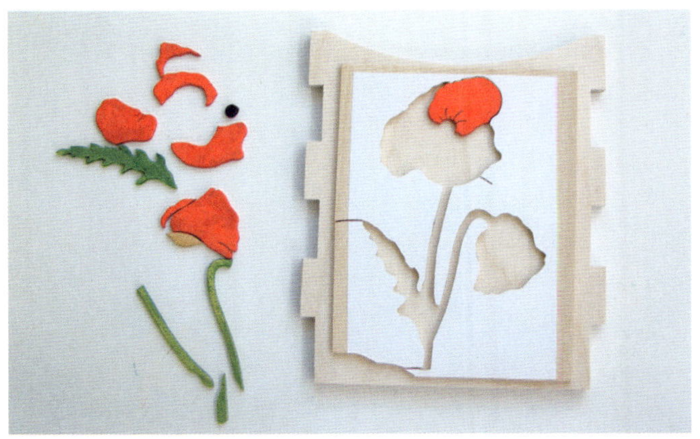

8 Legen Sie die Teile des Kastens für das Verleimen zurecht, geben Sie Tischlerleim an den Verbindungsstellen an, und spannen Sie den Kasten ein, bis der Leim getrocknet ist. Wenn der Leim trocken ist, leimen Sie die kleinen Profilleisten an der inneren Unterkante an. Auf ihnen ruht der Kastenboden, lässt sich aber leicht herausnehmen, um den Kasten zu reinigen.

Jetzt können Sie Ihre Utensilien in den Kasten stellen und diesen entweder an einer Wand aufhängen oder freistehend aufstellen.

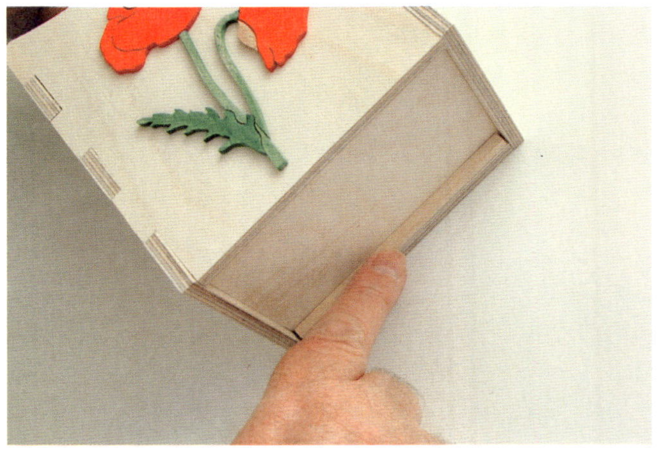

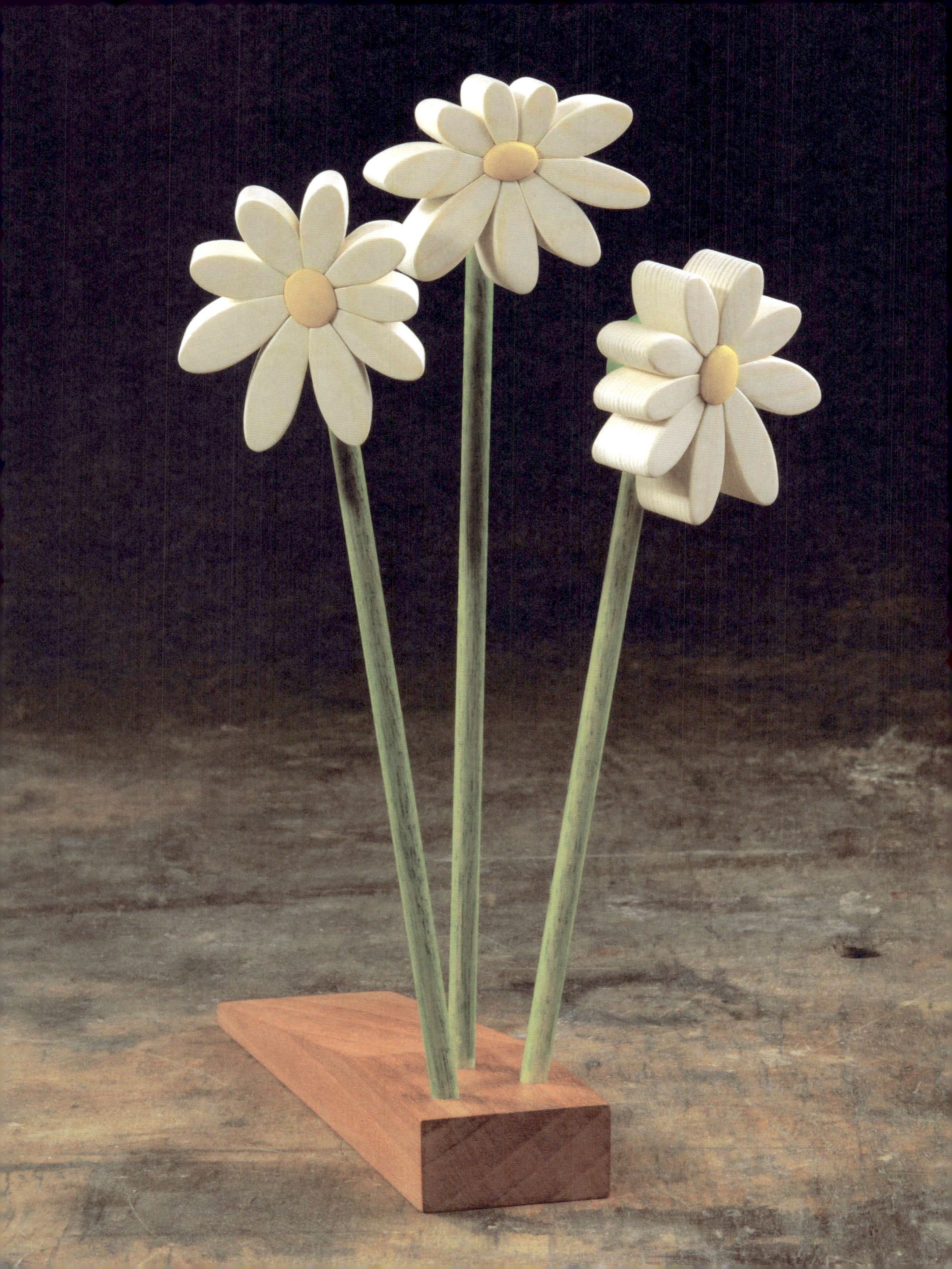

2.3
Türstopper mit Gänseblümchen

Die meisten Türstopper sind rein funktionale Gegenstände. Es gibt jedoch keinen Grund, warum sie nicht auch ansprechende gestaltet werden sollten, und dieses Modell mit Gänseblümchen zieht bestimmt Aufmerksamkeit auf sich. Als Alternative zu den Gänseblümchen geben wir auch Mustervorlagen für Mohnblütenmotive. Man könnte auch beide Blumenarten kombinieren und sie in einer Vase zur Schau stellen.

Was man braucht:

- Laubholz für den Keil, 180 x 45 x 25 mm
- Ein kleines Stück Kiefernholz für die Gänseblümchen, 305 x 100 x 20 mm
- Dübelstange aus Laubholz, 6 mm Durchmesser, 610 mm lang
- Dekupiersäge mit einem Nr.-7-Blatt
- Tellerschleifer
- Trommelschleifmaschine und Multifunktionswerkzeug mit biegsamer Welle, Auswahl an Schleifzylindern
- Schleifklotz und Schleifpapier, 120er bis 320er Körnungen
- Ständerbohrmaschine mit 6-mm-Holzbohrer
- Fotokopierte Mustervorlagen
- Schere
- Klebeband
- Frischhaltefolie
- Bleistift
- Lineal
- Tischlerleim (gute Qualität)
- Klebestift
- Acrylfarben: weiß, gelb und grün
- Acrylklarlack, seidenmatt
- Malpinsel
- Wachspolitur und weiches Poliertuch
- Staubbindetuch

Sicherheitshinweise:

- Sie müssen ihre Maschinen und Werkzeuge gut kennen; lesen Sie immer die Bedienungsanleitungen des Herstellers.
- Schutz der Augen und des Gehörs ist unverzichtbar.
- Staub kann ein Gesundheitsrisiko darstellen: Tragen Sie immer eine Atemschutzmaske oder ein Atemschutzgerät. Die Investition für eine Staubabsauganlage oder einen Staubsauger irgendeiner Art ist sicher auch gut angelegt.

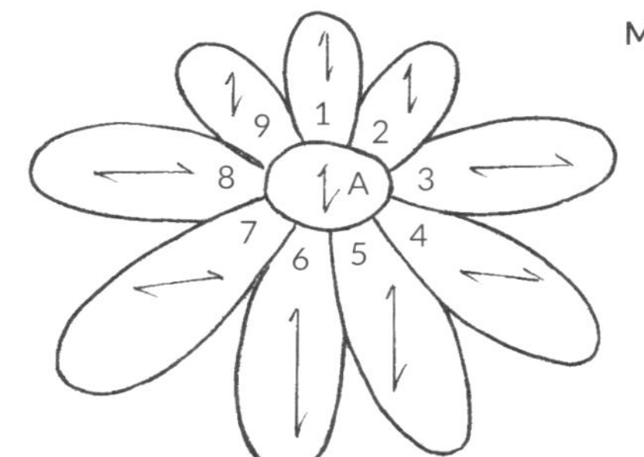

Mittleres Gänseblümchen und Träger

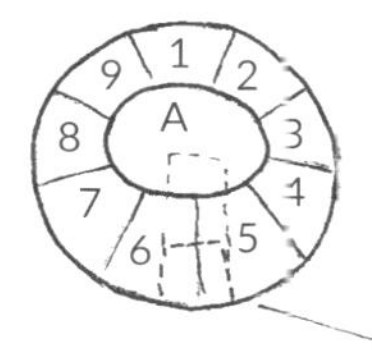

Stiellänge: 230 mm

6-mm-Bohrloch, 13 mm tief

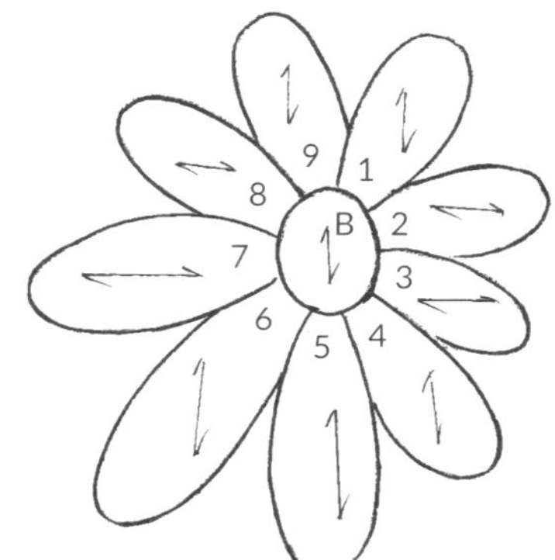

Linkes Gänseblümchen und Träger

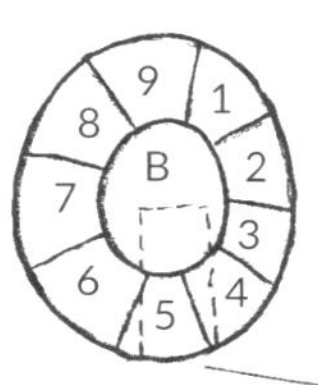

Stiellänge: 200 mm

6-mm-Bohrloch, 13 mm tief

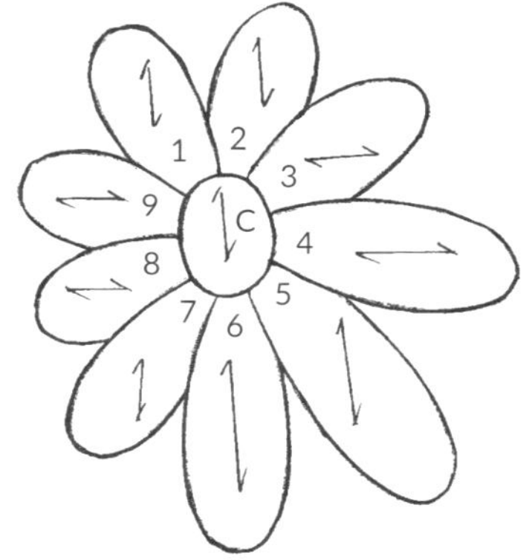

Rechtes Gänseblümchen und Träger

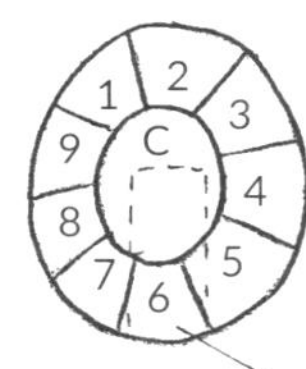

Stiellänge: 180 mm

6-mm-Bohrloch, 13 mm tief

Faserverlauf

Position des Stiels

(Mustervorlagen für die Gänseblümchen müssen auf 125% vergrößert werden.)

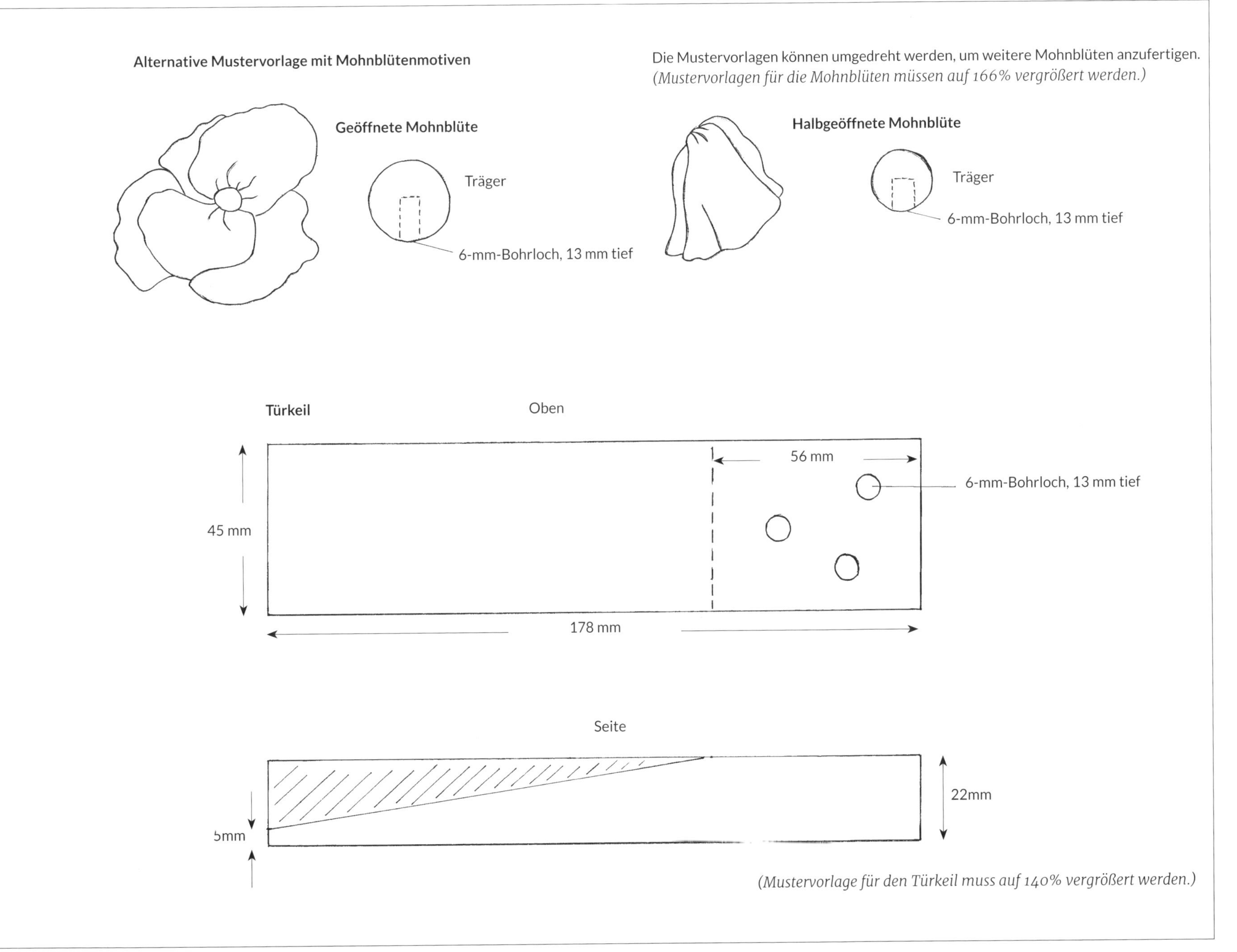
Alternative Mustervorlage mit Mohnblütenmotiven
Die Mustervorlagen können umgedreht werden, um weitere Mohnblüten anzufertigen.
(Mustervorlagen für die Mohnblüten müssen auf 166% vergrößert werden.)
Geöffnete Mohnblüte
Träger
6-mm-Bohrloch, 13 mm tief
Halbgeöffnete Mohnblüte
Träger
6-mm-Bohrloch, 13 mm tief
Türkeil
Oben
56 mm
6-mm-Bohrloch, 13 mm tief
45 mm
178 mm
Seite
22mm
5mm
(Mustervorlage für den Türkeil muss auf 140% vergrößert werden.)

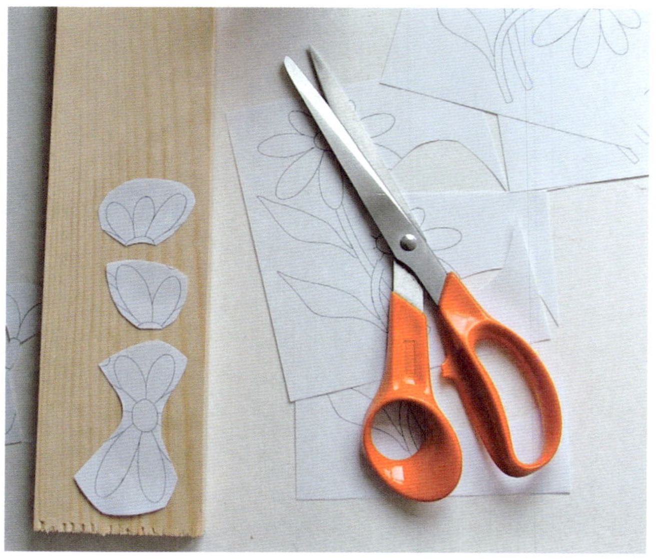

1 Jede Blüte hat an der Rückseite einen Träger, an dem die Blütenblätter und das Mittelstück angeleimt werden. Stellen Sie zuerst eine Fotokopie von jedem der Träger und zwei Kopien jeder Gänseblümchenblüte her. Beachten Sie, dass der Faserverlauf jeweils mehr oder weniger in Längsrichtung der Blütenblätter verläuft. Teilen Sie für das erste (mittlere) Gänseblümchen eine der Mustervorlagen so auf, dass Sie die drei oberen Blütenblätter (Blütenblätter 9, 1, 2) und das Mittelstück mit den beiden unteren Blütenblättern (Blütenblätter 5, 6) erhalten. Aus der zweiten Mustervorlage schneiden Sie die verbliebenen seitlichen Blütenblätter (3, 4, 8, 7). Richten Sie die Blütenblätter am Faserverlauf aus, und befestigen Sie die Mustervorlagen mit Klebestift am Holz. Gehen Sie bei den anderen Gänseblümchen auf die gleiche Weise vor.

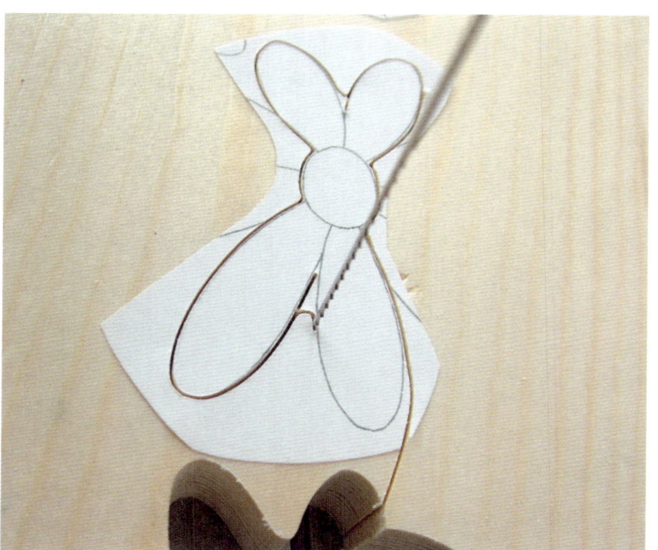

2 Spannen Sie ein Blatt Nr. 7 in die Dekupiersäge ein. Sägen Sie zuerst den Hauptteil des Gänseblümchens aus. Lassen Sie vorerst die Blütenblätter am Mittelteil. Schneiden Sie in das V zwischen den Blütenblättern, und führen Sie dann das Sägeblatt gerade so weit zurück, dass Sie das Holz drehen können, um das nächste Blütenblatt zu sägen.

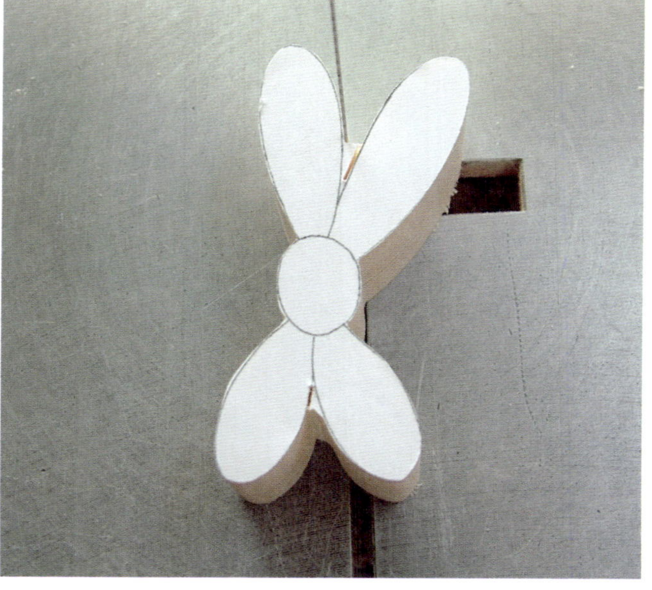

3 Entfernen Sie danach den Verschnitt. Sie sollten ein Stück 180er Schleifpapier zur Hand haben, um laufend den Grat von der Unterseite des Schnitts abzunehmen.

4 Legen Sie diesen Hauptteil über die seitlichen Blütenblätter, um zu kontrollieren, dass die Form noch passt. Falls Sie von der Schnittlinie abgekommen sind, übertragen Sie den Umriss auf das nächste Teil, das geschnitten werden soll, und schneiden Sie dann an dieser neuen Linie entlang. Wenn Sie alle Teile ausgeschnitten haben, kontrollieren Sie nochmals, dass sie gut zusammenpassen.

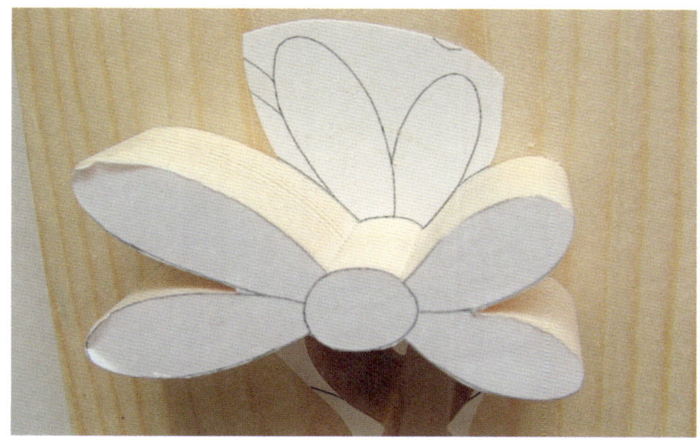

5 Sägen Sie jetzt die einzelnen Blütenblätter aus. Nummerieren Sie alle Blütenblätter auf der Unterseite, bevor Sie die Mustervorlage abnehmen. Die Nummern sollten dicht am inneren, dem Mittelstück benachbarten Rand liegen, damit sie verdeckt sind, wenn der Träger angeleimt wird. Markieren Sie auch die Position des ersten Blütenblatts am Mittelstück. Schneiden Sie auf die gleiche Weise die beiden anderen Gänseblümchen aus. Es empfiehlt sich, sie gleich zu kennzeichnen und die drei Sätze Blütenblätter getrennt aufzubewahren.

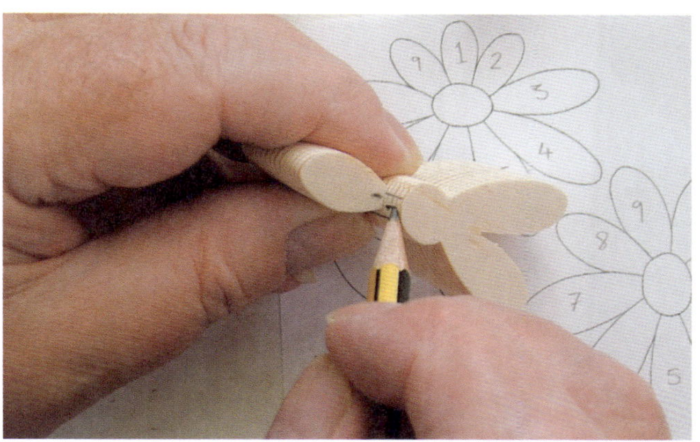

6 Schneiden Sie die drei Träger aus. Belassen Sie die Mustervorlagen auf dem Holz, bis Sie mit dem Verleimen beginnen. Schneiden Sie aus der Dübelstange drei Stiele mit 230, 200 und 180 mm Länge. Spannen Sie einen 6-mm-Bohrer in die (Ständer-) Bohrmaschine ein. Verwenden Sie eine Zwinge, um den Träger so zu halten, dass der Bohrer an der entsprechenden Markierung der Mustervorlage ausgerichtet ist und etwa 6 mm hinter der Vorderseite des Trägers liegt. Halten Sie die Zwinge sicher, und bohren Sie vorsichtig bis zu einer Tiefe von 13 mm.

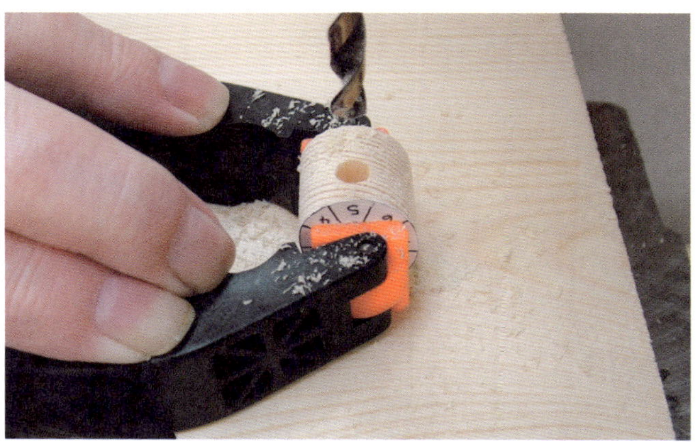

7 Verjüngen Sie jedes Blütenblatt an der Tellerschleifmaschine um etwa 2 bis 3 mm zur Mitte der Blüte hin. Runden Sie die drei Träger so gut wie möglich ab, ohne die Mustervorlage abzunehmen. Setzen Sie das Abrunden an der Zylinderschleifmaschine fort.

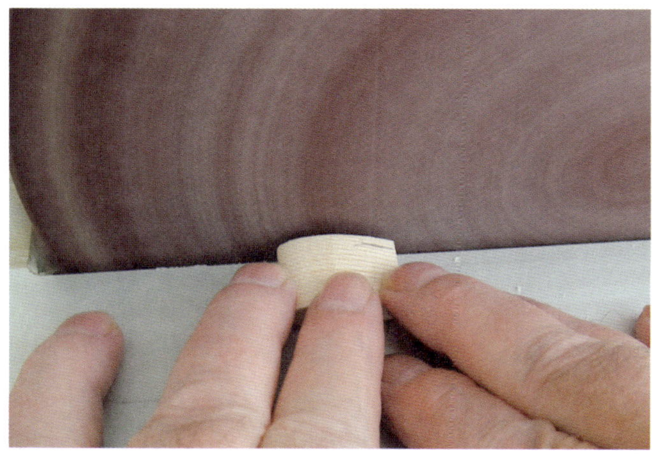

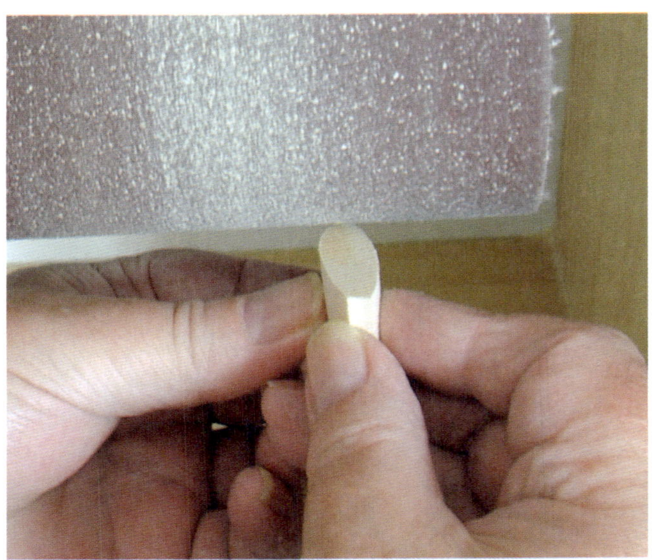

8 Runden Sie auch die Blütenblätter an der Zylinderschleifmaschine ab. Schleifen Sie immer in Faserrichtung.

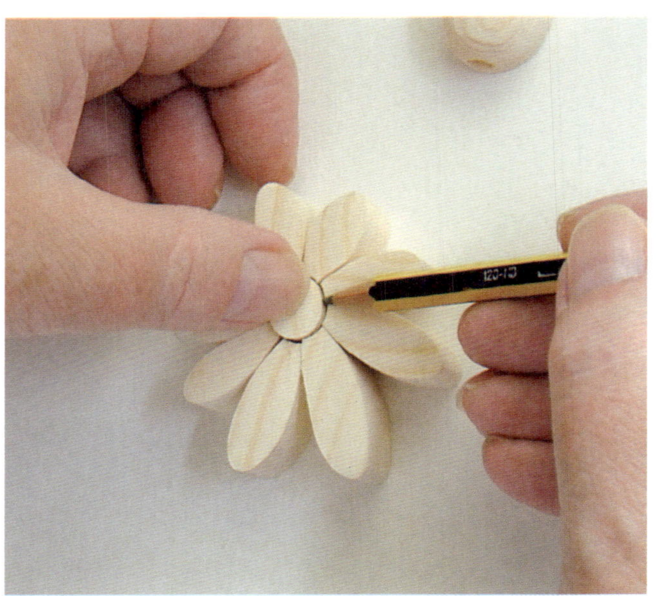

9 Übertragen Sie die Stärke jedes Blütenblatts auf das Mittelstück, und runden Sie dann das Mittelstück bis zu dieser Linie ab. Verwenden Sie 180er bis 280 Schleifpapiere, um alle Teile mit der Hand glatt zu schleifen. Nehmen Sie den feinen Staub von allen Teilen mit einem Staubbindetuch ab, bevor Sie sie bemalen.

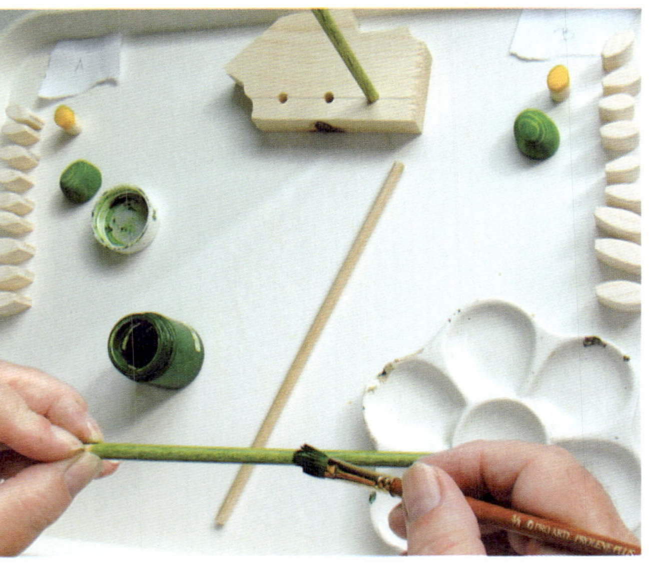

10 Legen Sie die Teile nach Blüten getrennt zu Gruppen gleicher Farbe zusammen. Die Farben werden wie auf Seite 36 beschrieben mit Malmittel angemischt. Tragen Sie Farbe auf die Vorderseite, Seite und sichtbaren Teile der Rückseite jedes Blütenblatts auf, und nehmen Sie den Überstand mit einem weichen Tuch ab, um die Maserung durchscheinen zu lassen. Bemalen Sie die Mittelstücke mit einem kräftigen Gelb, und die Träger sowie Stiele mit Grün, das sie mit Malmittel gemischt haben. Lassen Sie die Farbe – möglichst über Nacht – trocknen. Schleifen Sie die Teile dann leicht mit 320er Schleifpapier nach, nehmen Sie wieder den Staub mit einem Staubbindetuch ab, tragen Sie Klarlack auf alle Teile auf, und lassen Sie sie trocknen. Geben Sie Politur an, und polieren Sie zu einem schönen Oberflächenglanz.

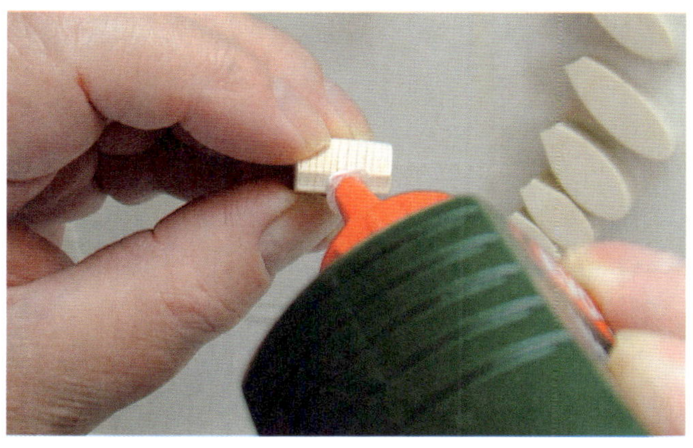

11 Befestigen Sie ein Stück Frischhaltefolie mit Klebeband auf Ihrer Arbeitsfläche, damit die Blüten nicht daran haften bleiben. Verwenden Sie die Nummerierung auf der Unterseite, um die Blütenblätter in der richtigen Anordnung um das Mittelstück zu arrangieren. Leimen Sie die Blütenblätter Stück für Stück mit kräftigem Druck an. Falls Leim austreten sollte, nehmen Sie ihn mit einem feuchten Tuch und einem alten Pinsel ab. Verleimen Sie alle drei Blüten, und lassen Sie sie auf der Frischhaltefolie trocknen.

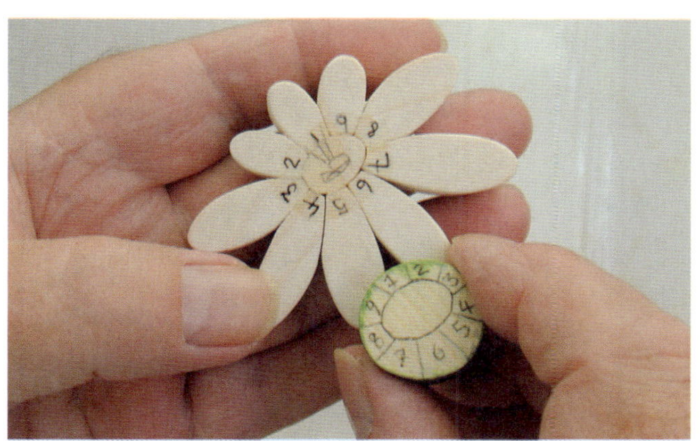

12 Bringen Sie nach dem Trocknen den jeweils zugehörigen Träger an den Blüten an. Richten Sie dabei das vorgebohrte Loch an der richtigen Blütenblattnummer aus, wie in der Zeichnung angegeben. Geben Sie etwas Leim an, drücken Sie die Teile fest zusammen, und lassen Sie die Montage gut trocknen.

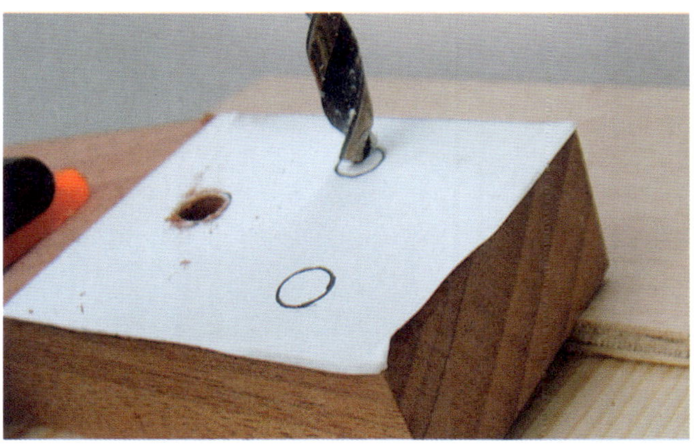

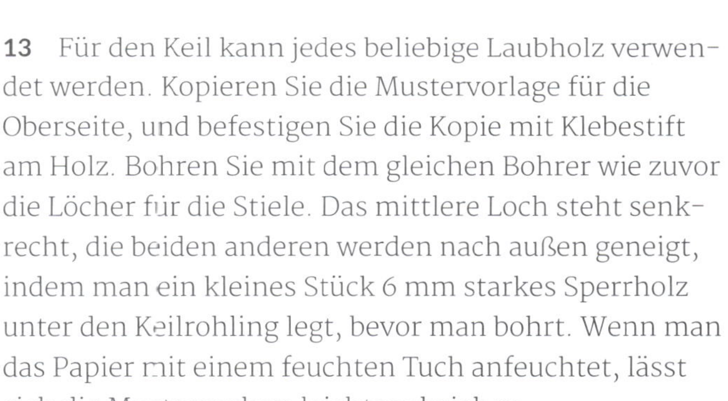

13 Für den Keil kann jedes beliebige Laubholz verwendet werden. Kopieren Sie die Mustervorlage für die Oberseite, und befestigen Sie die Kopie mit Klebestift am Holz. Bohren Sie mit dem gleichen Bohrer wie zuvor die Löcher für die Stiele. Das mittlere Loch steht senkrecht, die beiden anderen werden nach außen geneigt, indem man ein kleines Stück 6 mm starkes Sperrholz unter den Keilrohling legt, bevor man bohrt. Wenn man das Papier mit einem feuchten Tuch anfeuchtet, lässt sich die Mustervorlage leichter abziehen.

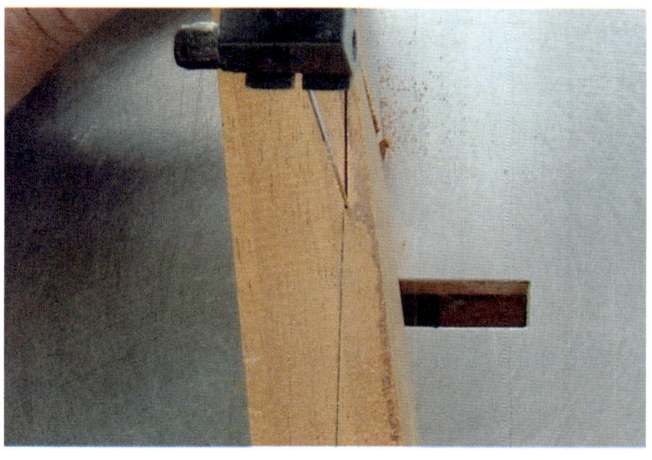

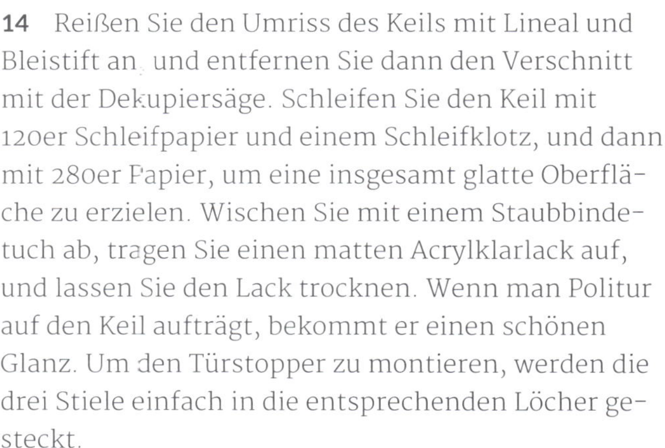

14 Reißen Sie den Umriss des Keils mit Lineal und Bleistift an, und entfernen Sie dann den Verschnitt mit der Dekupiersäge. Schleifen Sie den Keil mit 120er Schleifpapier und einem Schleifklotz, und dann mit 280er Papier, um eine insgesamt glatte Oberfläche zu erzielen. Wischen Sie mit einem Staubbindetuch ab, tragen Sie einen matten Acrylklarlack auf, und lassen Sie den Lack trocknen. Wenn man Politur auf den Keil aufträgt, bekommt er einen schönen Glanz. Um den Türstopper zu montieren, werden die drei Stiele einfach in die entsprechenden Löcher gesteckt.

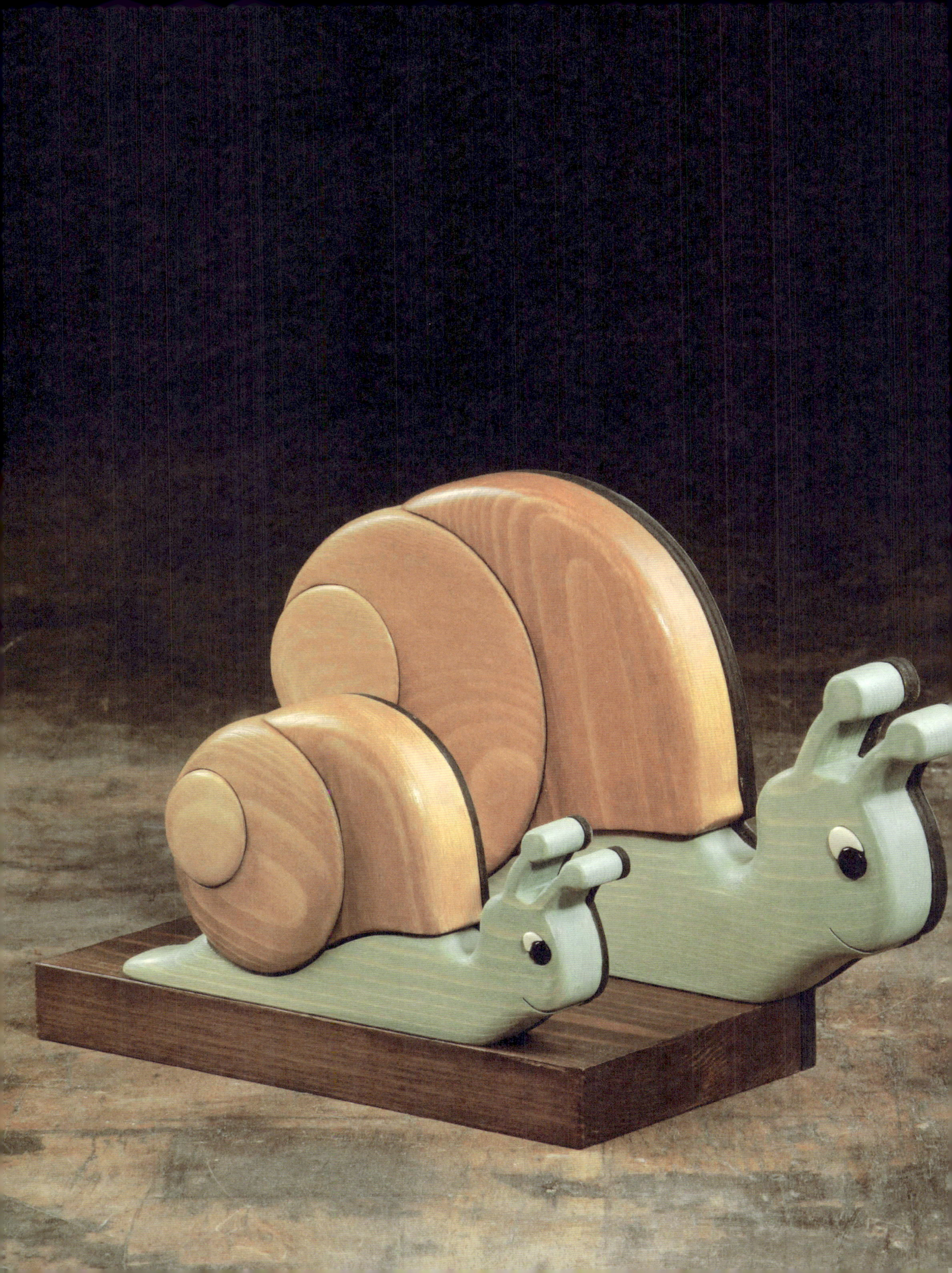

2.4
Briefhalter für die Schneckenpost

Mit diesen beiden frechen Weichtieren gehen die Briefe, die der Briefträger noch bringt, nicht mehr verloren. Die beiden Schnecken gleichen einander wie ein Ei dem anderen, weil sie auf derselben Mustervorlage beruhen, die einmal vergrößert, einmal verkleinert wurde. Falls Sie möchten, können Sie auch eine einzelne Schnecke herstellen und sie als Wandschmuck verwenden.

Was man braucht:

- Kiefernholz, 610 x 150 x 20 mm
- 6-mm-Sperrholz, 255 x 150 mm
- 3-mm-Sperrholz, 140 x 80 mm
- Sehr kurze Abschnitte Laubholz-Dübelstange mit 6 mm und 8 mm Durchmesser
- Dekupiersäge mit Nr. 1 und Nr. 7 Blättern
- Tellerschleifer
- Trommelschleifmaschine und Multifunktionswerkzeug mit biegsamer Welle, Auswahl an Schleifzylindern
- Schleifklotz und Schleifpapier, 120er bis 320er Körnungen
- Ständerbohrmaschine mit 6-mm- und 8-mm-Bohrern.
- Fotokopierte Mustervorlagen
- Schere
- Klebeband
- Bleistift
- Lineal
- Tischlerleim
- Klebestift
- Acrylfarben: weiß, grün und schwarz
- Acrylmalmittel
- Beizen (Eiche hell und Nussbaum mittel) oder verdünnte Acrylfarbe
- Acrylklarlack seidenmatt und hochglänzend
- Acrylschleifgrund
- Malpinsel
- Brandmalkolben
- Wachspolitur und weiches Poliertuch
- Staubbindetuch
- D-Ring
- kleine Schraube

Auf den Punkt gebracht

Schätzen Sie die kreativen Möglichkeiten des Fotokopierers nicht zu gering ein! Ein und dieselbe Mustervorlage auf verschiedene Abmessungen zu vergrößern oder verkleinern ist ein einfaches Verfahren, noch mehr aus Ihren Entwürfen zu machen. Wenn Sie Ihrer Entwürfe auf Transparentpapier zeichnen, können Sie zudem Fotokopien von beiden Seiten her anfertigen, um spiegelverkehrte Versionen herzustellen. So investieren Sie nur Arbeit für einen Entwurf, erhalten aber dafür gleich mehrere.

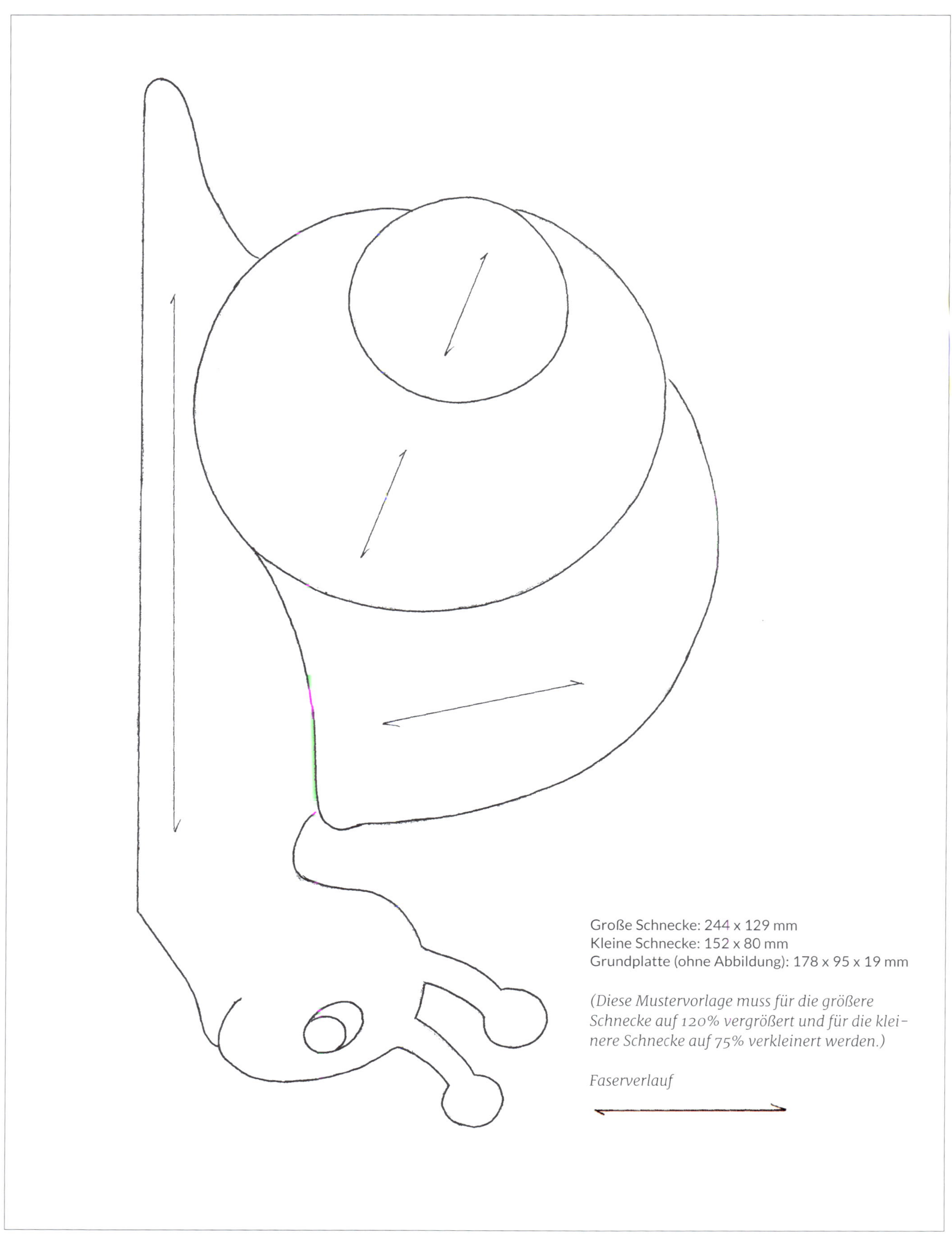

Große Schnecke: 244 x 129 mm
Kleine Schnecke: 152 x 80 mm
Grundplatte (ohne Abbildung): 178 x 95 x 19 mm

(Diese Mustervorlage muss für die größere Schnecke auf 120% vergrößert und für die kleinere Schnecke auf 75% verkleinert werden.)

Faserverlauf

1 Stellen Sie drei Fotokopien der Mustervorlage in jeder der beiden Größenvarianten her. Schneiden Sie für jede Schnecke drei getrennte Vorlagen – Körper, äußeres Gehäuse und inneres Gehäuse – aus, jeweils mit einem 10 mm breiten Rand. Arrangieren Sie die Vorlagen so auf dem Holz, dass die Faserrichtung mit den Pfeilen übereinstimmt, und befestigen Sie sie mit Klebestift.

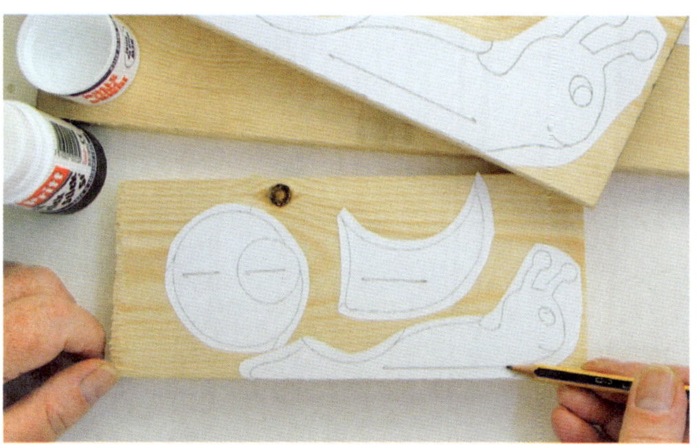

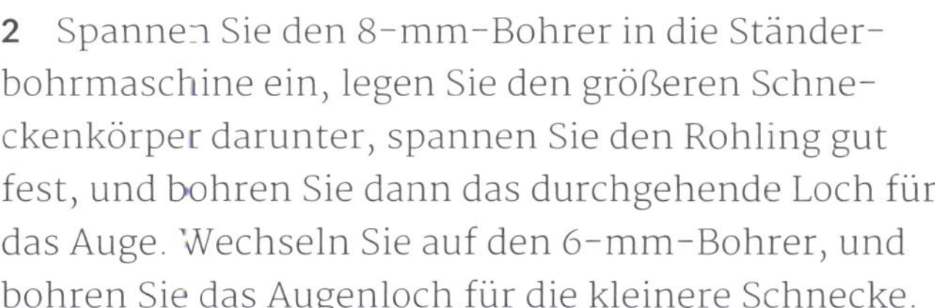

2 Spannen Sie den 8-mm-Bohrer in die Ständerbohrmaschine ein, legen Sie den größeren Schneckenkörper darunter, spannen Sie den Rohling gut fest, und bohren Sie dann das durchgehende Loch für das Auge. Wechseln Sie auf den 6-mm-Bohrer, und bohren Sie das Augenloch für die kleinere Schnecke.

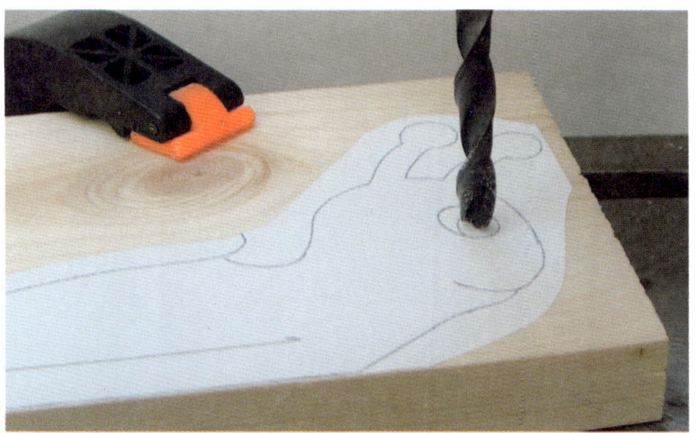

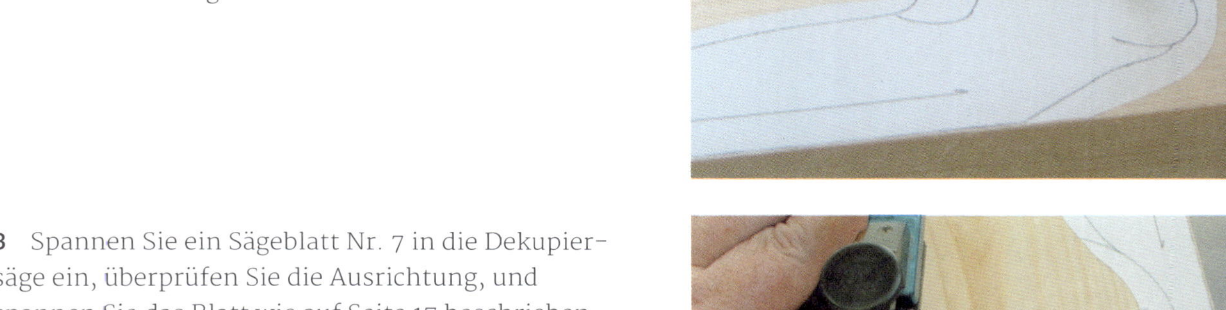

3 Spannen Sie ein Sägeblatt Nr. 7 in die Dekupiersäge ein, überprüfen Sie die Ausrichtung, und spannen Sie das Blatt wie auf Seite 17 beschrieben. Sägen Sie zuerst das äußere (rechte) Gehäuseteil aus. Halten Sie ein Stück 180er Schleifpapier griffbereit, um den Grat an jedem Teil gleich nach dem Schneiden zu entfernen.

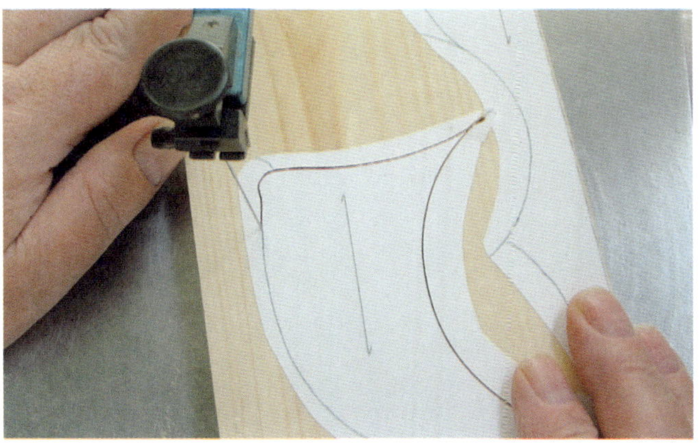

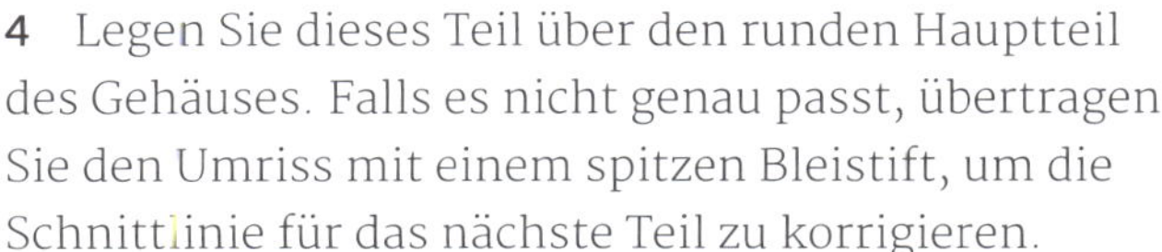

4 Legen Sie dieses Teil über den runden Hauptteil des Gehäuses. Falls es nicht genau passt, übertragen Sie den Umriss mit einem spitzen Bleistift, um die Schnittlinie für das nächste Teil zu korrigieren.

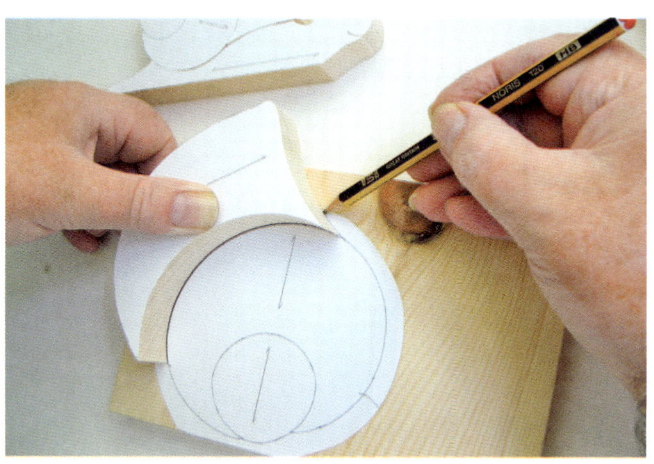

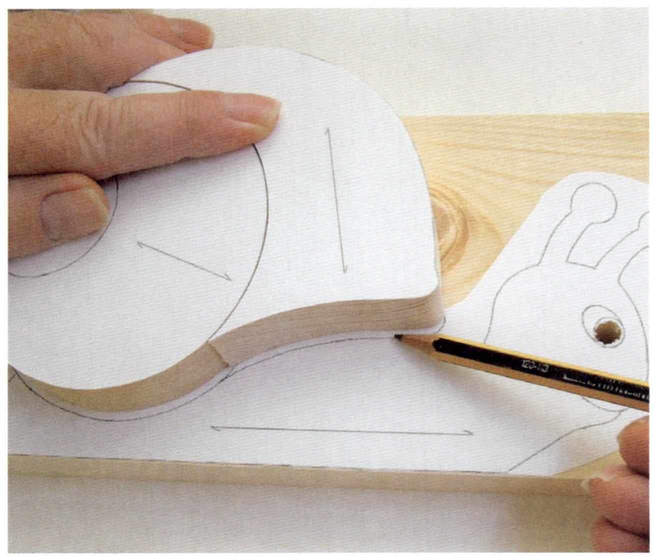

5 Sägen Sie den runden Hauptteil des Gehäuses aus, und dann den kleineren Innenkreis, wie er im Foto 7 im Hintergrund zu erkennen ist. Richten Sie beide Teile des Gehäuses auf dem Körper der Schnecke aus, übertragen Sie den Umriss wie zuvor, und sägen Sie dann den Schneckenkörper aus.

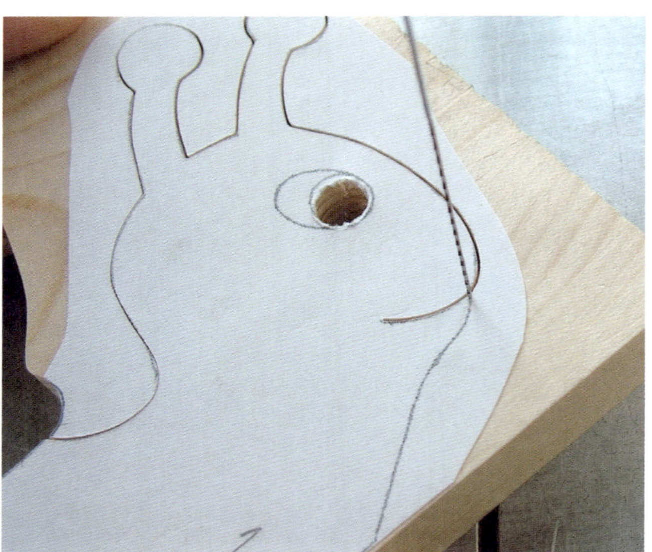

6 Wenn Sie zum Mund kommen, sägen Sie bis zum Mundwinkel ein, bringen das Sägeblatt wieder ganz heraus, und sägen dann am Umriss des Halses weiter.

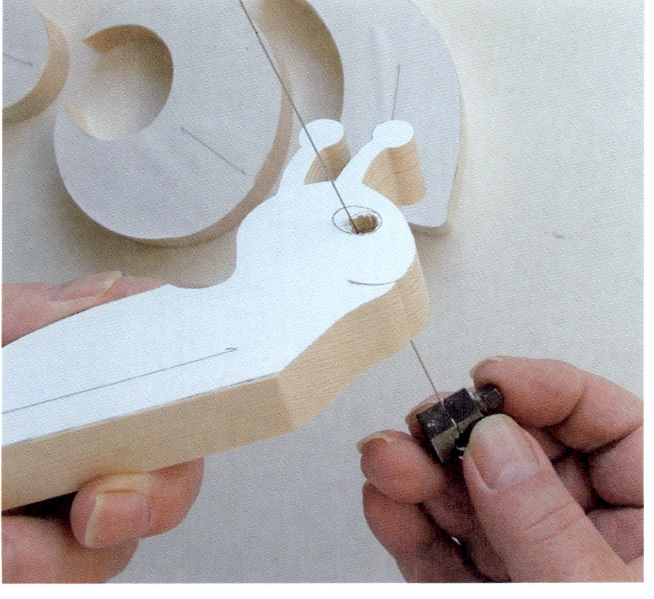

7 Um das Weiße des Auges auszuschneiden, nehmen Sie die Spannung vom Sägeblatt, lösen ein Ende des Blattes aus seiner Klemme, und führen das Sägeblatt durch das vorgebohrte Loch. Spannen Sie das Blatt dann wieder auf die übliche Weise ein. Stellen Sie die Dekupiersäge auf eine niedrigere Geschwindigkeit ein, etwa 600 Hübe pro Minute, und schneiden Sie vorsichtig dieses kleine Stück aus.

Kennzeichnen Sie die Unterseite jedes Einzelteils, damit Sie wissen, welche Seite geschliffen werden muss. Bringen Sie auch eine Bleistiftlinie an den Kanten an, an denen die Einzelteile aufeinandertreffen, und gehen Sie dort beim Schleifen vorsichtig zu Werk.

8 Verwenden Sie den Tellerschleifer, um unterschiedliche Reliefhöhen zu erzeugen. Schleifen Sie den Körper am Kopfende etwa 3 mm dünner, und in Richtung Schwanz noch etwas mehr. Schleifen Sie dann das äußere Gehäuseteil um 3 mm ab, und verringern Sie danach die Stärke des großen Kreises um etwa 2 mm. Der kleinere Innenkreis wird nicht verdünnt. Jetzt gewinnt die Schnecke schon langsam ein dreidimensionales Aussehen.

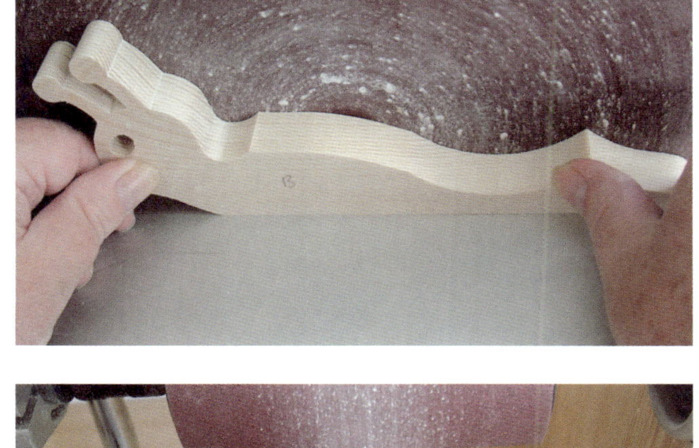

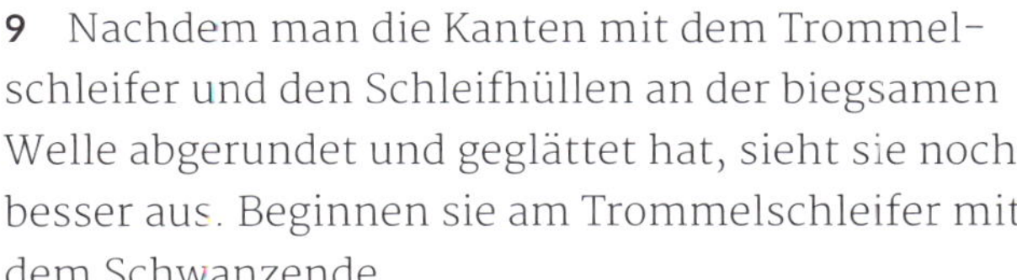

9 Nachdem man die Kanten mit dem Trommelschleifer und den Schleifhüllen an der biegsamen Welle abgerundet und geglättet hat, sieht sie noch besser aus. Beginnen sie am Trommelschleifer mit dem Schwanzende.

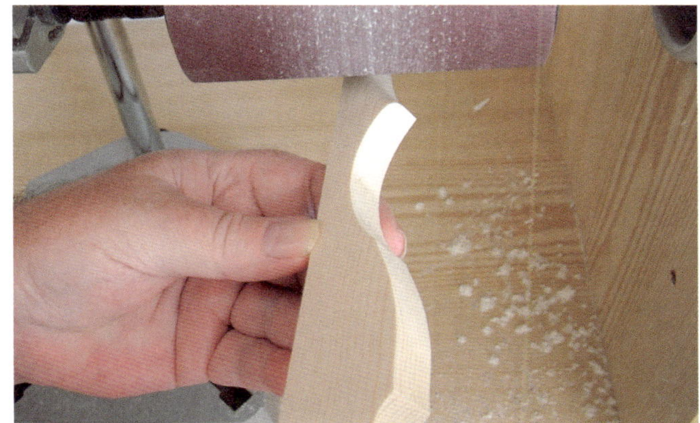

10 Verwenden Sie dann das kleine Multifunktionswerkzeug mit biegsamer Welle, um die kleinen Kurven in der Nähe des Kopfes zu schleifen.

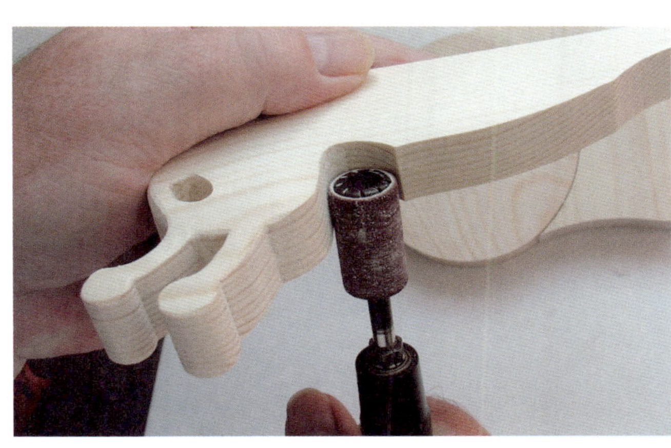

11 Übertragen Sie die Stärke jedes Stücks, das Sie geformt haben, auf das Nachbarstück, und schleifen Sie dort nicht über diese Markierung nach unten. Schleifen Sie auch nicht die Innenkante des äußeren Gehäuseteils, wo es auf dem runden Hauptteil trifft und nicht die Innenkante des Hauptteils, wo er auf den kleineren Kreis trifft. Der kleine Kreis muss nur sehr wenig geschliffen werden, da er der dickste Teil des Werkstücks ist.

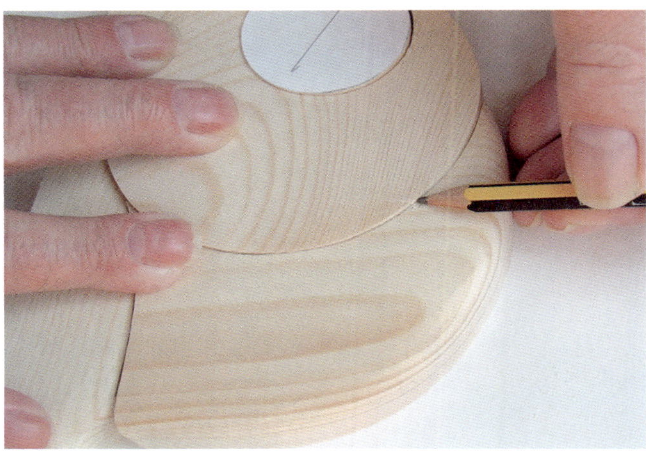

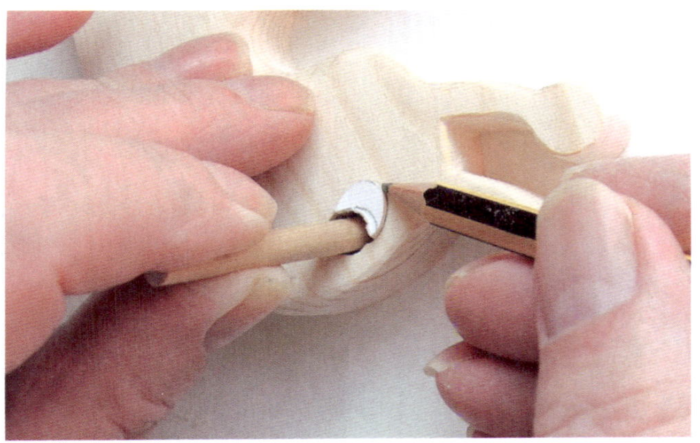

12 Übertragen Sie die Stärke des Kopfes auf das Stück, das zum Weißen des Auges werden wird (ein kleiner Dübel ist dabei behilflich, das Stück währenddessen zu fixieren) und auf das Stück Dübelstange, das als Pupille dienen soll. Runden Sie die Kanten dieser Augenteile bis knapp über die Bleistiftmarkierung ab. Schleifen Sie alle Stücke in Handarbeit mit 180er und dann mit 220er Schleifpapier. Bürsten Sie den Staub mit einer weichen Bürste ab, und nehmen Sie den feinen Staub mit einem Staubbindetuch ab.

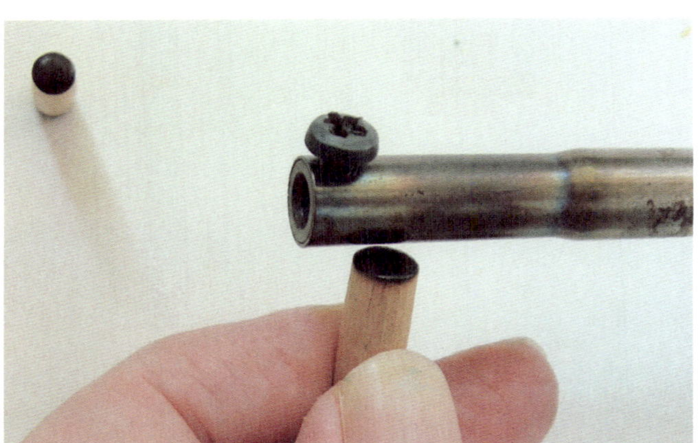

13 Brennen Sie das Ende jedes Dübels mit einem Brandmalkolben an. Dadurch wird das Hirnholz des Dübels versiegelt, und der Hochglanzklarlack kommt besser zur Geltung.

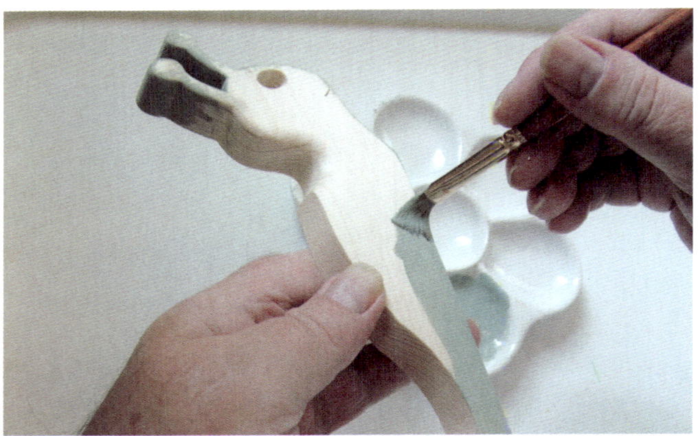

14 Wenn beide Schnecken vollständig reliefiert sind, werden die Teile nach Farben geordnet: Wir haben weiß für das Auge, grün für den Körper und Beize im Farbton Eiche hell für das Gehäuse verwendet. Mischen Sie die Farbe mit Malmittel an, tragen Sie sie mit einem Malpinsel auf, und warten Sie etwas.

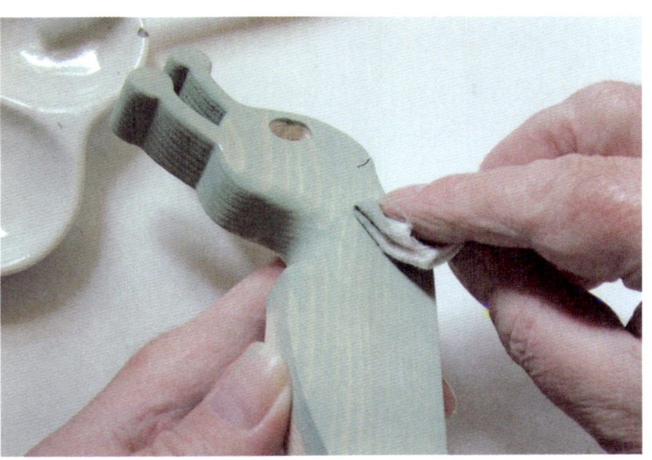

15 Nehmen Sie dann den Überstand mit einem weichen Tuch ab, um die Maserung durchscheinen zu lassen. Wenn die Farbe vollkommen trocken ist, schleifen Sie alle Teile leicht mit 320er Schleifpapier nach und nehmen den feinen Staub mit einem Staubbindetuch ab. Tragen Sie hochglänzenden Acrylklarlack auf die Augen und matten Klarlack auf alle anderen Teile auf, und lassen Sie den Lack gut trocknen. Schleifen Sie noch einmal leicht nach, und entstauben Sie mit einem Staubbindetuch. Tragen Sie eine Schicht Politur auf alle Oberflächen außer den Augen auf, und polieren Sie sie zu einem schönen Glanz.

16 Um die Träger herzustellen, befestigen Sie zuerst die kleine Schnecke auf dem dünneren Stück Sperrholz und dann die große auf dem dickeren Stück. Übertragen Sie mit einem spitzen Bleistift den Umriss jeder Schnecke auf das Sperrholz. Geben Sie an der unteren Kante der großen Schnecke 20 mm zu, um die Grundplatte anleimen zu können. Unsere Grundplatte besteht aus Kiefernholz (180 x 95 x 20 mm), ist mit Beize (Eiche mittel) getönt und klar lackiert.

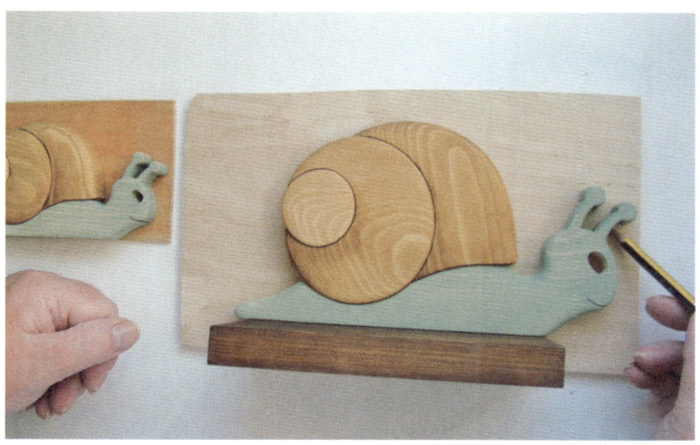

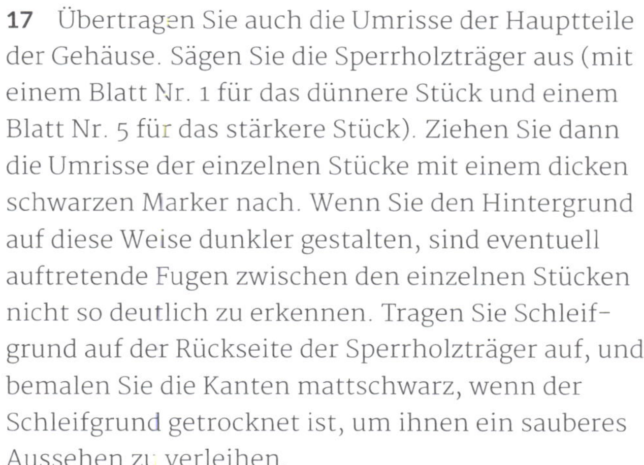

17 Übertragen Sie auch die Umrisse der Hauptteile der Gehäuse. Sägen Sie die Sperrholzträger aus (mit einem Blatt Nr. 1 für das dünnere Stück und einem Blatt Nr. 5 für das stärkere Stück). Ziehen Sie dann die Umrisse der einzelnen Stücke mit einem dicken schwarzen Marker nach. Wenn Sie den Hintergrund auf diese Weise dunkler gestalten, sind eventuell auftretende Fugen zwischen den einzelnen Stücken nicht so deutlich zu erkennen. Tragen Sie Schleifgrund auf der Rückseite der Sperrholzträger auf, und bemalen Sie die Kanten mattschwarz, wenn der Schleifgrund getrocknet ist, um ihnen ein sauberes Aussehen zu verleihen.

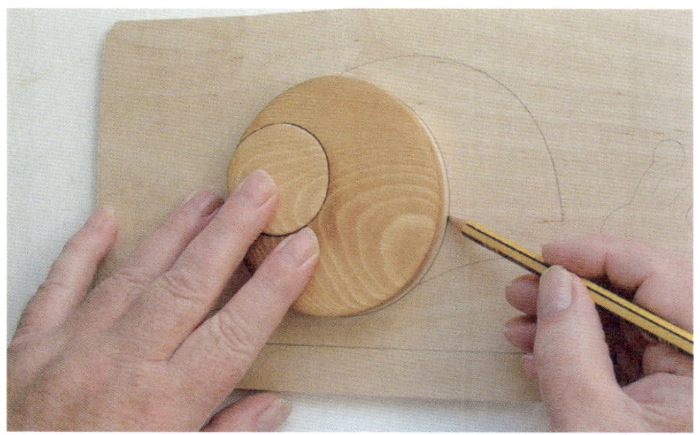

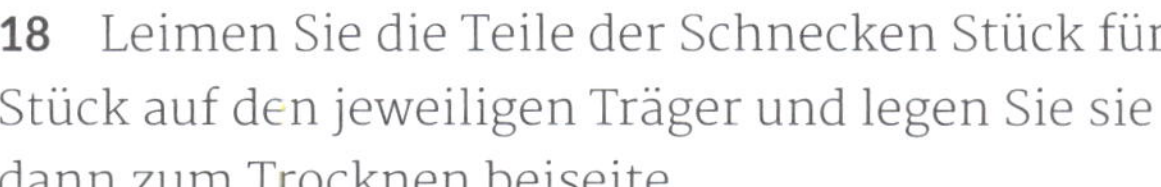

18 Leimen Sie die Teile der Schnecken Stück für Stück auf den jeweiligen Träger und legen Sie sie dann zum Trocknen beiseite.

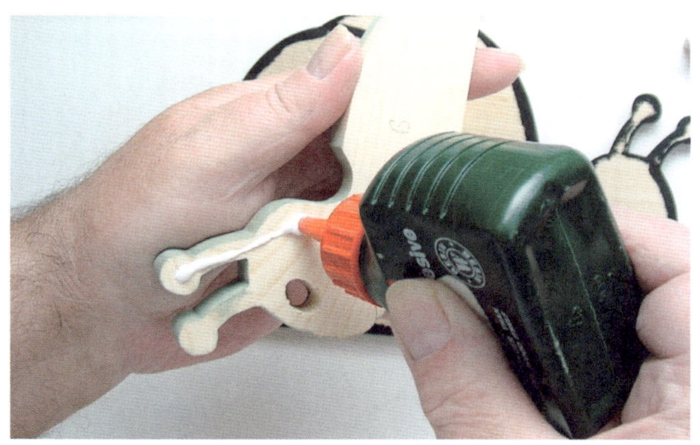

19 Geben Sie Leim an die untere Kante der großen Schnecke und die Verlängerung des Sperrholzträgers, stellen Sie sie auf die Grundplatte, und setzen Sie zwei Zwingen an, um die Montage einzuspannen, bis der Leim trocken ist. Leimen Sie die kleine Schnecke mittig an der Vorderkante der Grundplatte an, und lassen Sie die Montage wieder trocknen. Die Fotografie zeigt, wie sauber die Rückseite des fertigen Briefhalters aussieht.

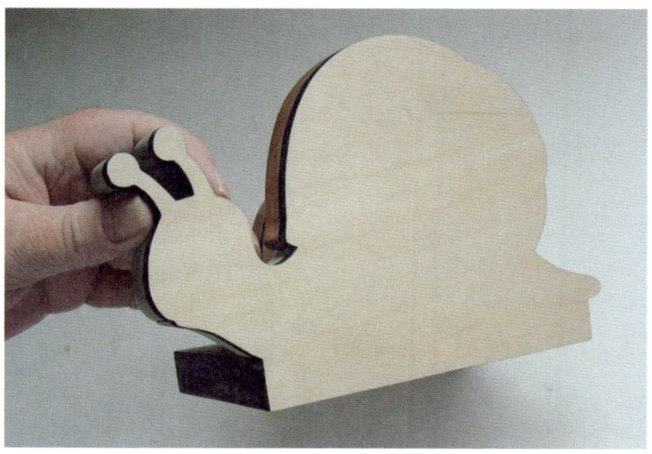

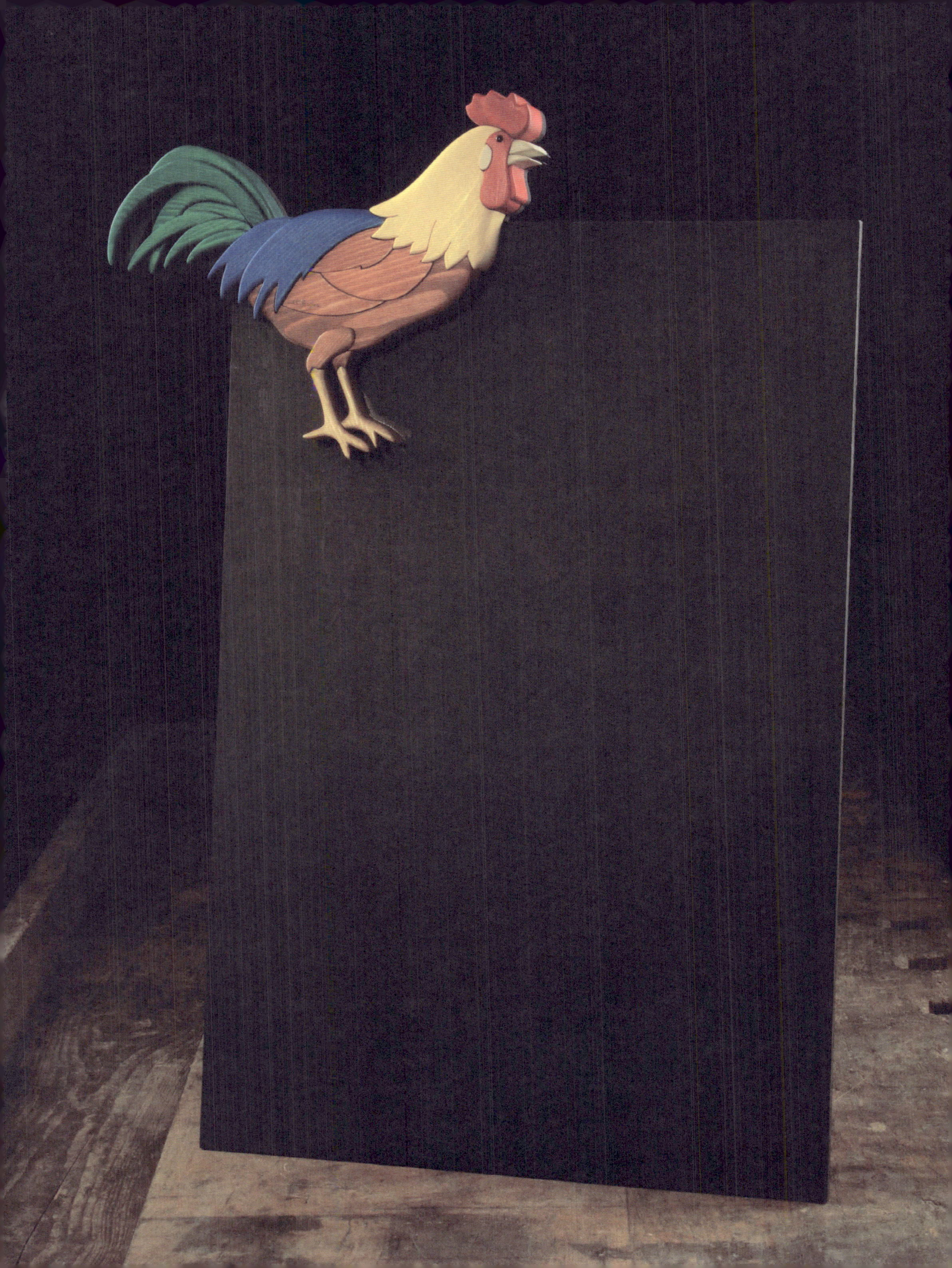

2.5
Kreidetafel mit Hahn

Mit dieser farbenfrohen Merktafel für die Küche gerät so schnell kein Einkauf mehr in Vergessenheit! Wir haben das Hahnenmotiv auf der linken Seite der Tafel platziert, wenn Sie jedoch linkshändisch sind, möchten Sie die Mustervorlage vielleicht umdrehen und den Hahn auf der rechten Seite anbringen.

Was man braucht:

- Gehobeltes Kiefernholz: 400 x 170 x 20 mm sollten mehr als genug sein.
- MDF (mitteldichte Faserplatte), 550 x 400 x 6 mm
- Leisten aus Nadel- oder Laubholz: zwei Stück zu 280 x 13 x 6 mm
- Dekupiersäge mit einem Nr.-7-Blatt
- Tellerschleifer
- Trommelschleifer
- Multifunktionswerkzeug mit flexibler Welle und Gummitrommel-Schleifaufsatz
- Ahle
- Schraubendreher
- Brandmalkolben
- Fotokopierte Mustervorlagen
- Bleistift
- Schleifklotz und Schleifpapier, 120er bis 320er Körnungen
- Malpinsel
- 25 mm breiter Pinsel
- Mattschwarzer Kreidetafellack
- Acrylfarben: gelb, rot, pergamentbeige, blau, grün
- Beize (Eiche hell, Kirsch, Zeder) oder verdünnte Acrylfarbe
- Langsam trocknendes Acrylmalmedium
- Acrylklarlack, matt oder seidenmatt
- Weiches Tuch
- Tischlerleim
- Sprühkleber
- Staubbindetuch
- schwarze Permanentmarker, fein und breit
- zwei D-Ringe
- zwei kleine Schrauben
- Aufhängedraht oder -faden

Sicherheitshinweise:

- Sie müssen ihre Maschinen und Werkzeuge gut kennen; lesen Sie immer die Bedienungsanleitungen des Herstellers.
- Schutz der Augen und des Gehörs ist unverzichtbar.
- Staub kann ein Gesundheitsrisiko darstellen: Tragen Sie immer eine Atemschutzmaske oder ein Atemschutzgerät. Die Investition für eine Staubabsauganlage oder einen Staubsauger irgendeiner Art ist sicher auch gut angelegt.

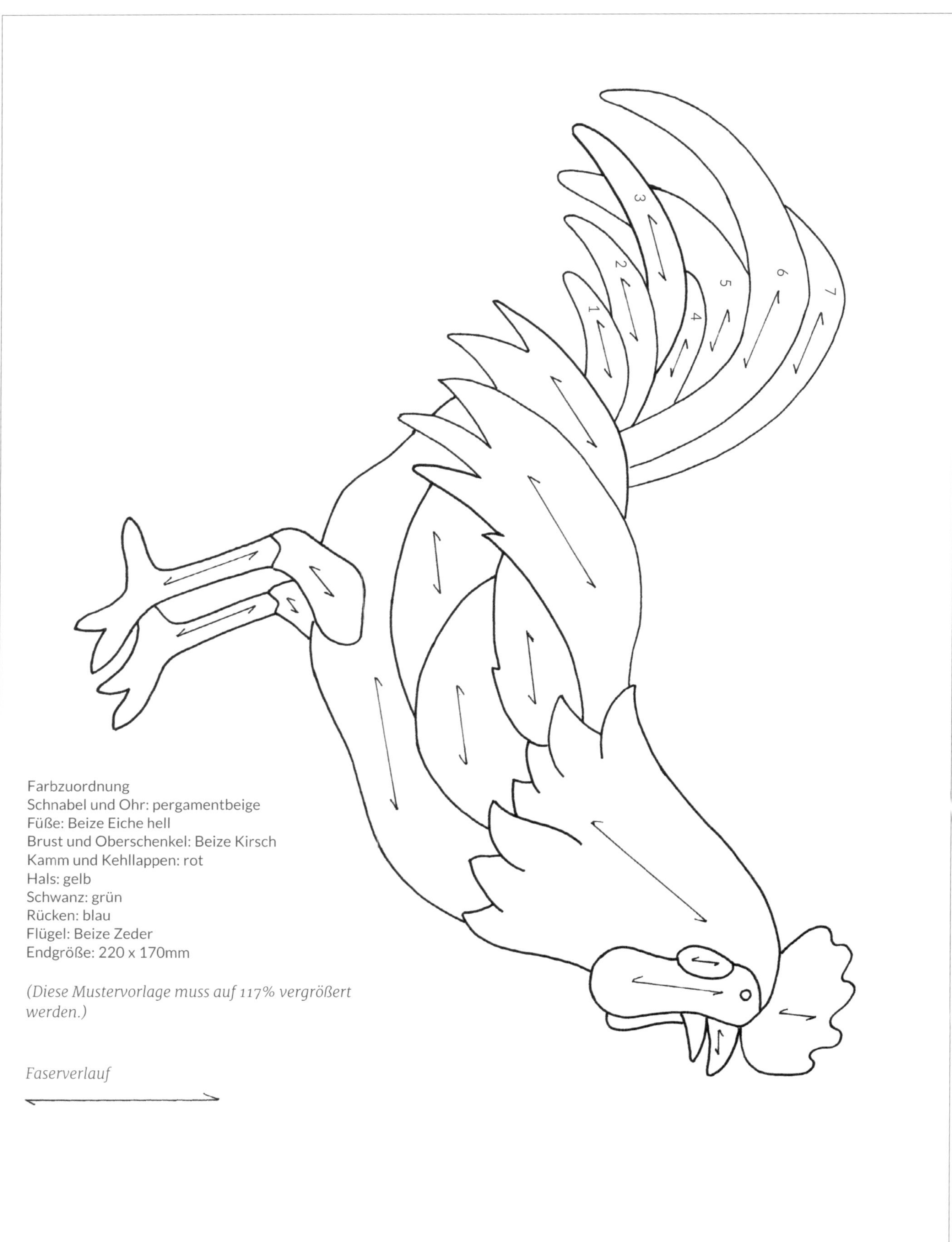
1
2
3
4
5
6
7
Farbzuordnung
Schnabel und Ohr: pergamentbeige
Füße: Beize Eiche hell
Brust und Oberschenkel: Beize Kirsch
Kamm und Kehllappen: rot
Hals: gelb
Schwanz: grün
Rücken: blau
Flügel: Beize Zeder
Endgröße: 220 x 170mm
(Diese Mustervorlage muss auf 117% vergrößert werden.)
Faserverlauf

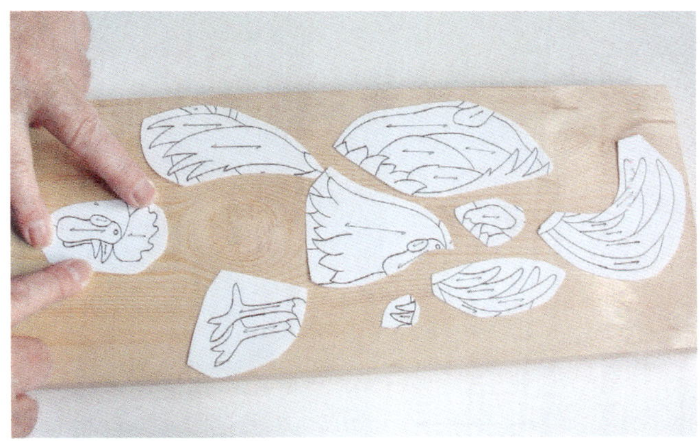

1 Drucken Sie fünf Kopien der Mustervorlage für den Hahn aus, und schneiden Sie die neun Teile des Musters mit der Schere so aus, dass jeweils ein schmaler Rand stehen bleibt. Befestigen Sie die Musterteile mit Sprühkleber so auf dem Holz, dass dessen Faserverlauf mit den Pfeilen übereinstimmt und sie nicht auf Aststellen liegen. Drücken Sie das Papier fest an und lassen Sie den Kleber trocknen.

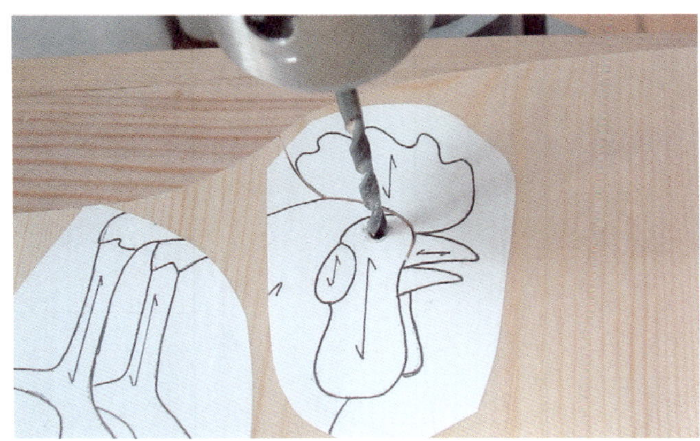

2 Bohren Sie das Auge mit einem 3-mm-Bohrer.

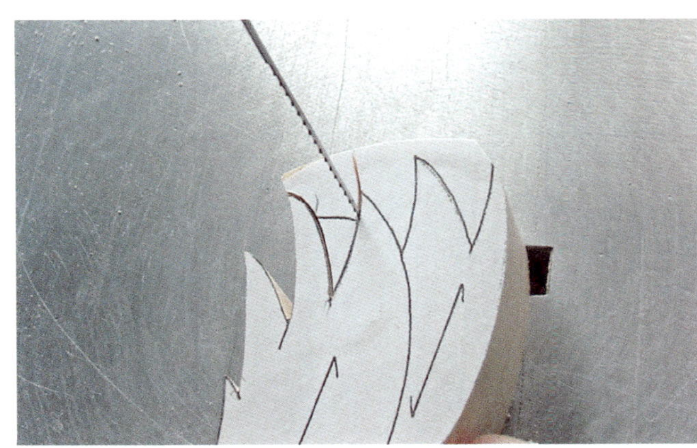

3 Richten Sie das Sägeblatt in der Dekupiersäge senkrecht aus, spannen Sie es, und sägen Sie alle Teile des Musters aus. Um die Zickzacklinie der Rückenfedern des Hahns zu schneiden, führen Sie das Blatt zuerst an einer Seite des V bis zu dessen Spitze und dann wieder ganz aus dem Schnitt heraus, um dann von der anderen Seite einzuschneiden und den Verschnitt freizusägen.

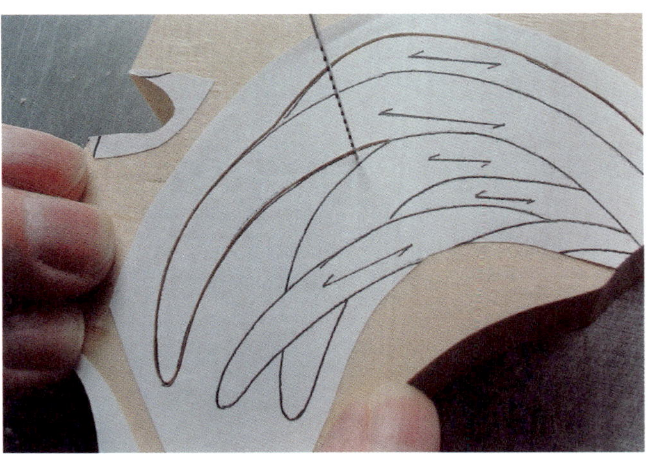

4 Alternativ kann man auch, wie hier am Beispiel der Schwanzfedern zu sehen, von einer Seite bis zur Spitze des V sägen und dann das Blatt nur soweit zurückführen, dass man das Werkstück drehen und weiterschneiden kann.

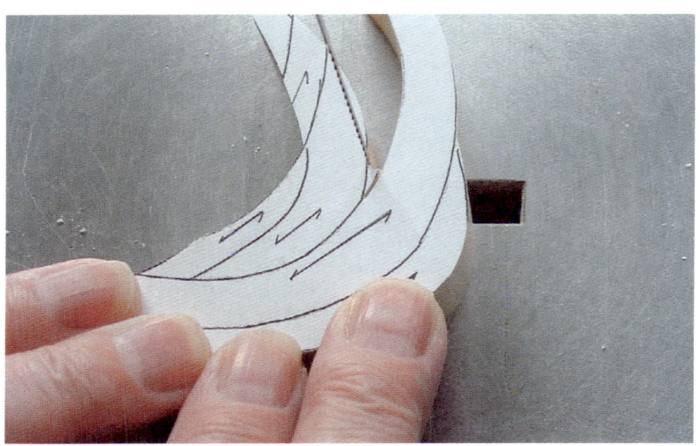

5 Entfernen Sie danach den Verschnitt.

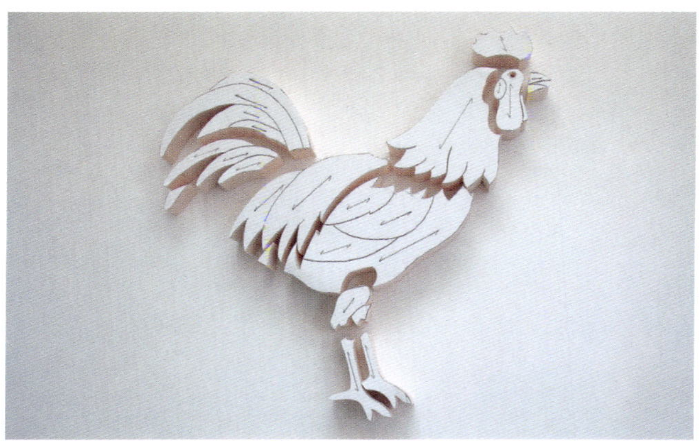

6 Insgesamt sollten Sie jetzt 13 Teile ausgeschnitten haben. Legen Sie sie zusammen, um die Passung zu prüfen. Jetzt können Sie beginnen, die einzelnen Teile einschließlich der beiden Bestandteile des Schnabels auszusägen.

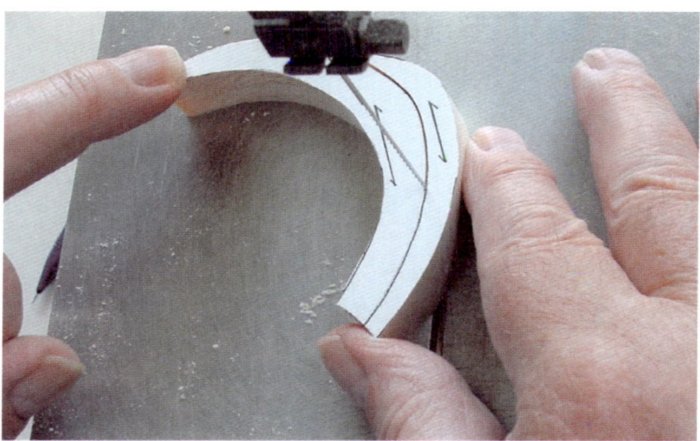

7 Nummerieren Sie nach dem Aussägen jede der einzelnen Schwanzfedern auf der Unterseite wie in der Mustervorlage vorgegeben. Kennzeichnen Sie alle anderen Teile auf der Unterseite – wir haben „B“ für „bottom“ („Unterseite“) darauf geschrieben –, damit Sie wissen, welche Seite geschliffen werden muss.

Es ist auch hilfreich, Bleistiftstriche an den Kanten anzubringen, an denen ein Stück an das nächste grenzt, um sie später leichter erkennen zu können.

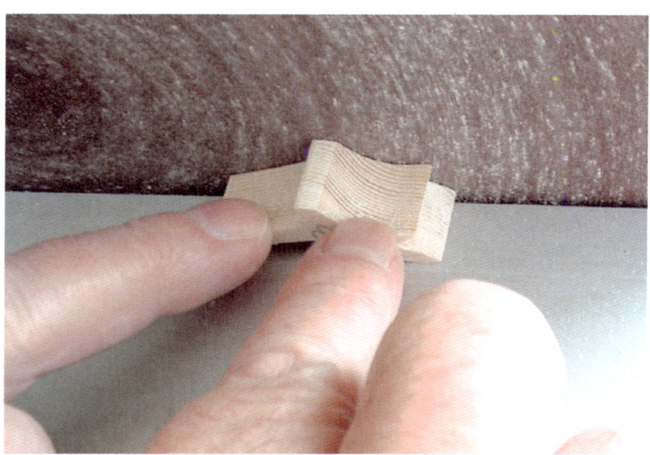

8 Schleifen Sie mit dem Tellerschleifer unterschiedliche Reliefhöhen an, um die Grundlage für ein dreidimensionales Aussehen des Hahns zu schaffen. Verringern Sie zuerst die Stärke des rechten Fußes auf etwa 15 mm. Der linke Fuß wird um ein Geringes stärker gelassen.

9 Übertragen Sie die Stärke des rechten Fußes auf den rechten Oberschenkel, und schleifen Sie den Oberschenkel bis kurz oberhalb dieser Markierung herunter. Machen Sie auf diese Weise weiter, indem Sie die Stärke des Oberschenkels auf die Unterkante der Brust übertragen und die Brust dann bis zu dieser Markierung, aber nicht über sie hinaus, abschleifen.

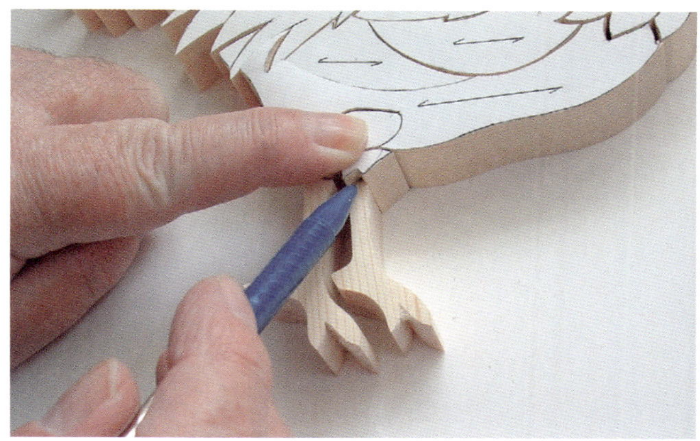

10 Das kleine Fragment der Brust, das zwischen den Rückenfedern zu sehen ist, muss die gleiche Stärke wie der Hauptteil der Brust haben, damit der Eindruck einer durchgehenden Oberfläche entsteht. Übertragen Sie die Höhe der Bruststücke auf die drei Flügelstücke; diese werden nur so angeschliffen, dass die Mustervorlage entfernt wird.

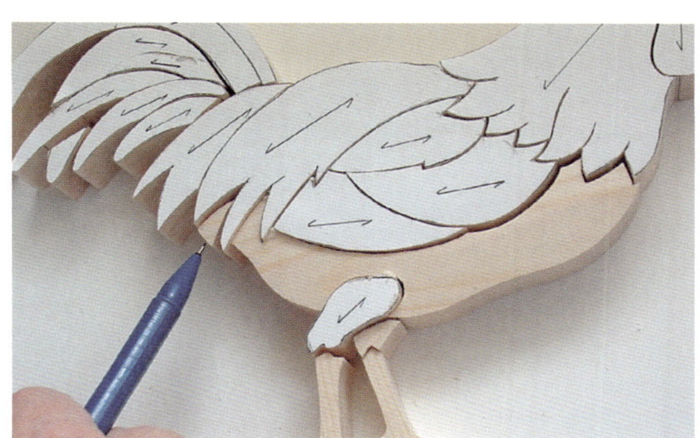

11 Beginnen Sie, den Schwanz am Tellerschleifer zu formen, indem Sie die Federn 4 und 5 auf etwa 15 mm Stärke reduzieren. Übertragen Sie Stärke dieser beiden Stücke auf die benachbarten Federn 3 und 6, und schleifen Sie Nr. 3 dann bis knapp oberhalb dieser Linie ab. Übertragen Sie die Stärke dieses Stückes auf Nr. 2, und schleifen Sie dieses bis knapp oberhalb der Markierung ab. Wiederholen Sie den Vorgang mit Nr. 1. Die Nr. 7 und 6 werden verjüngt zugeschliffen, sie sind an der Stelle dünner, an der sie auf den Rücken treffen.

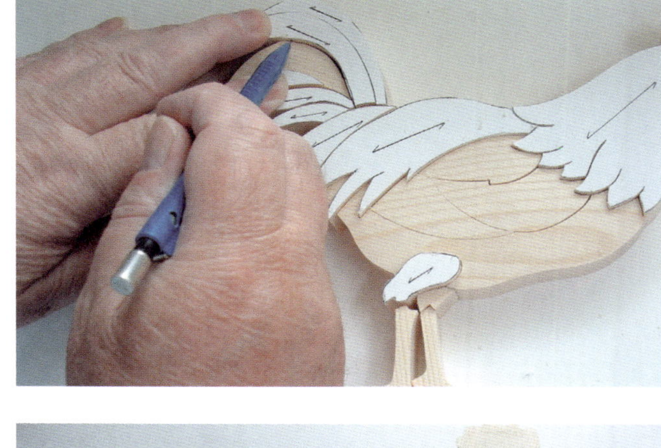

12 Übertragen Sie die Stärken der Schwanzteile auf das kleinere Rückenstück, und schleifen Sie bis kurz oberhalb der Markierung. Wiederholen Sie dies mit dem größeren Rückenstück, und übertragen Sie dann die Stärke der Körperstücke auf den Hals. Schleifen Sie den Hals, das Gesicht und die Kammstücke am Trommelschleifer gerade soweit ab, dass die Mustervorlage entfernt wird. Der Schnabel kann etwas stärker abgeschliffen werden. Übertragen Sie schließlich die Stärke um den linken Oberschenkel herum, und schleifen Sie bis knapp über die Markierung.

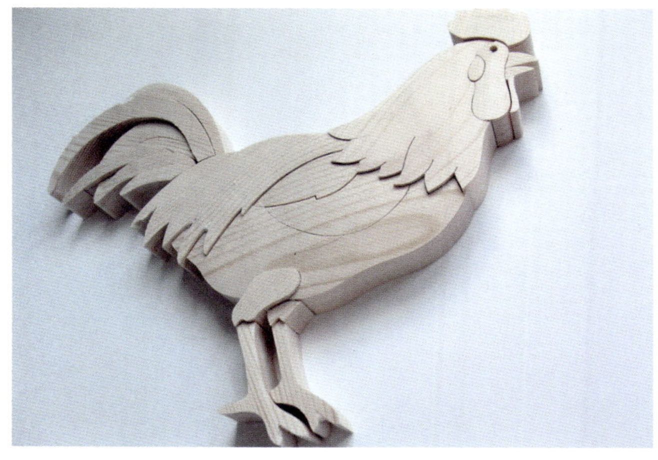

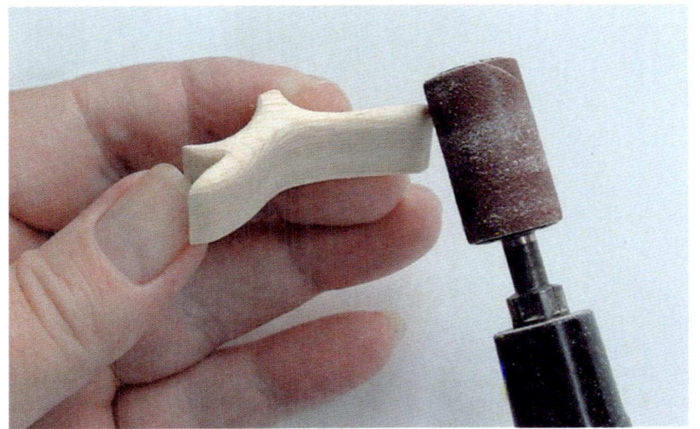

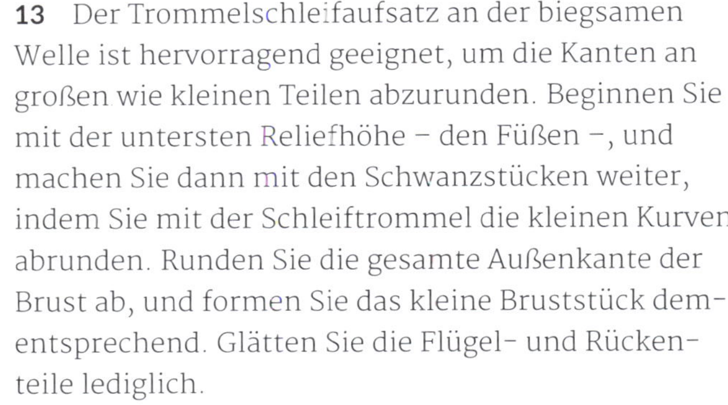

13 Der Trommelschleifaufsatz an der biegsamen Welle ist hervorragend geeignet, um die Kanten an großen wie kleinen Teilen abzurunden. Beginnen Sie mit der untersten Reliefhöhe – den Füßen –, und machen Sie dann mit den Schwanzstücken weiter, indem Sie mit der Schleiftrommel die kleinen Kurven abrunden. Runden Sie die gesamte Außenkante der Brust ab, und formen Sie das kleine Bruststück dementsprechend. Glätten Sie die Flügel- und Rückenteile lediglich.

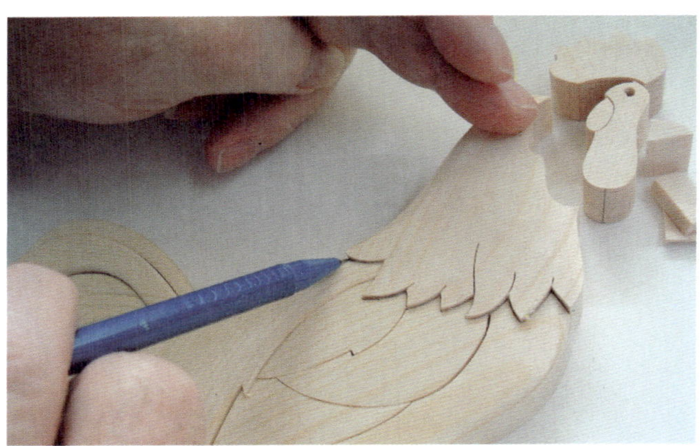

14 Übertragen Sie mit einem Bleistift die Stärke der jetzt abgerundeten Körperstücke auf das Halsstück, und schleifen Sie bis zu dieser Linie. An den Kehllappen müssen nur die Kanten geglättet werden. Das kleinere Stück wird etwas flacher geschliffen, damit der Eindruck entsteht, es läge weiter hinten. Schleifen Sie die Kanten der Schnabelstück glatt. Schleifen Sie alle Stücke in Handarbeit mit 180er und dann mit 220er Schleifpapier glatt.

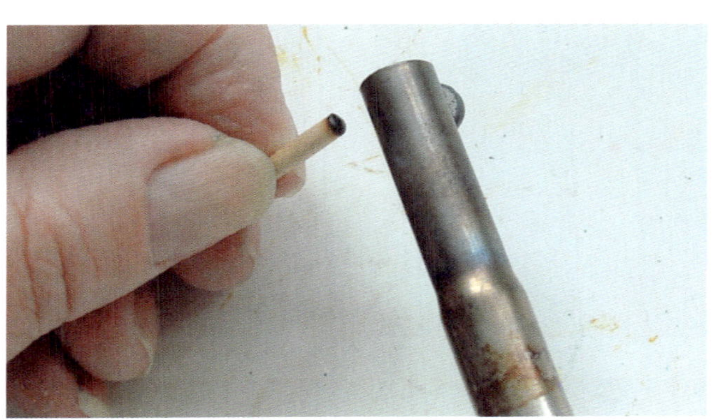

15 Rollen Sie ein kleines Stück 280er Schleifpapier zusammen, und säubern Sie das Bohrloch für das Auge. Schneiden Sie die Dübelstange auf Länge, und runden Sie das Ende mit 280er Schleifpapier ab. Versiegeln Sie das Ende des Dübels mit einem Brandmalkolben, und tragen Sie mit einem weichen Pinsel seidenmatten Klarlack auf. Lassen Sie den Lack trocknen.

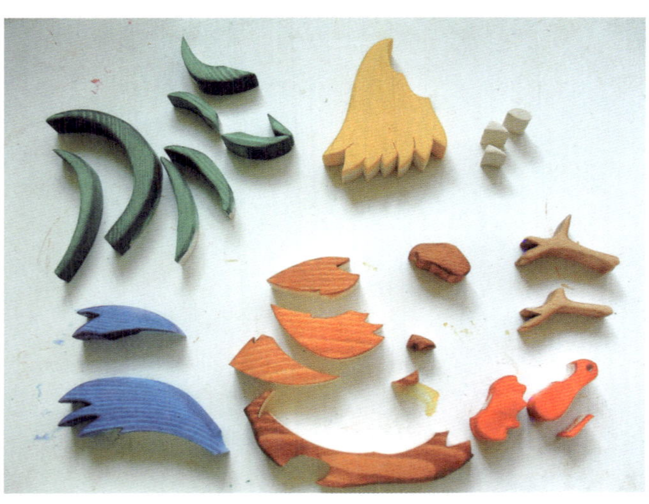

16 Wenn Sie die Farben und Beizen mit einem langsam trocknenden Malmittel mischen, verlängert sich die Zeit, in der Sie diese verarbeiten können. Jeder der Farben wird aufgetragen, und man nimmt nach einem Augenblick den Überstand mit einem weichen, fusselfreien Tuch wieder ab. Dann werden die Stücke mit einem 280er Schleifpapier leicht angeschliffen, man entfernt den feinen Staub mit einem Staubbindetuch und trägt einen glänzenden oder seidenmatten Klarlack auf. Eventueller Überstand wird abgewischt. Gut trocknen lassen.

17 Reißen Sie an der unteren rechten Ecke der MDF-Platte eine Rechteck mit 460 x 300 mm an. Legen Sie den Hahn so auf die Platte, dass der Kopf und der Schwanz an der oberen linken Ecke des einzeichneten Rechtecks knapp über diese hinausragen, und übertragen Sie mit einem Bleistift den Umriss des Vogels auf die Platte. Schneiden Sie den gesamten Umriss in einem Stück aus. Je nach Längsdurchgang Ihrer Dekupiersäge müssen Sie das Sägeblatt vielleicht mehrmals zurückführen und den Schnitt aus unterschiedlichen Richtungen zu Ende führen.

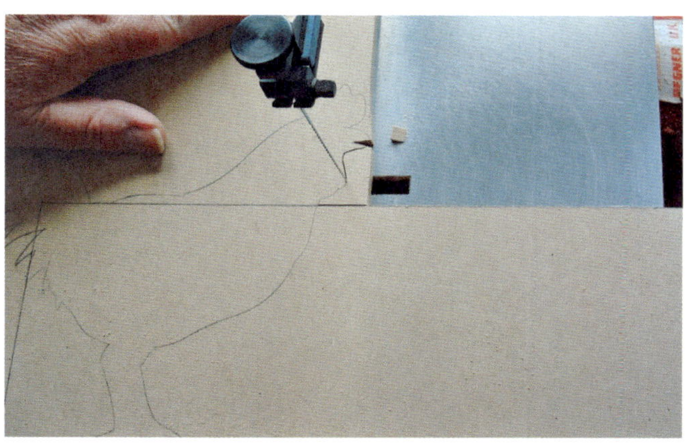

18 Ziehen Sie den Bleistiftumriss des Hahns mit einem breiten schwarzen Marker nach, und tragen Sie auf dem Rest der Platte ein oder zwei Schichten Kreidetafelfarbe auf. Lassen Sie die Farbe zwischen den Aufträgen gut trocknen.

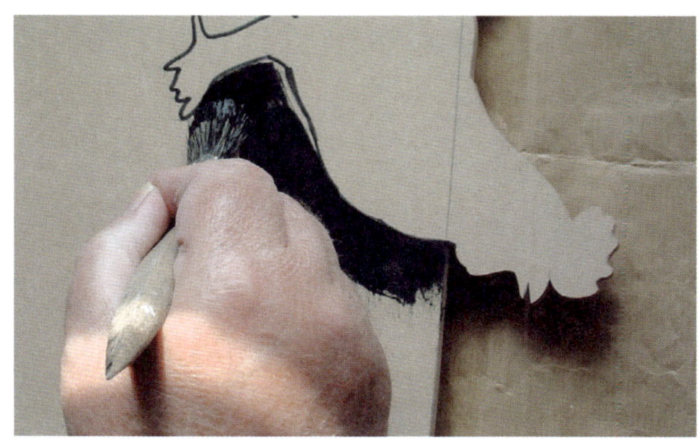

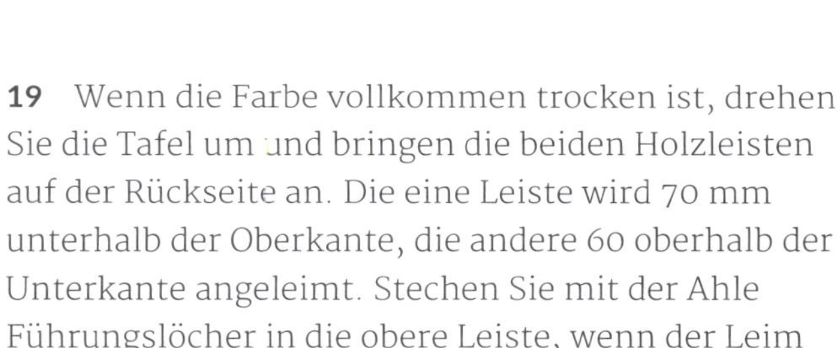

19 Wenn die Farbe vollkommen trocken ist, drehen Sie die Tafel um und bringen die beiden Holzleisten auf der Rückseite an. Die eine Leiste wird 70 mm unterhalb der Oberkante, die andere 60 oberhalb der Unterkante angeleimt. Stechen Sie mit der Ahle Führungslöcher in die obere Leiste, wenn der Leim trocken ist, und schrauben Sie die D-Ringe ein.

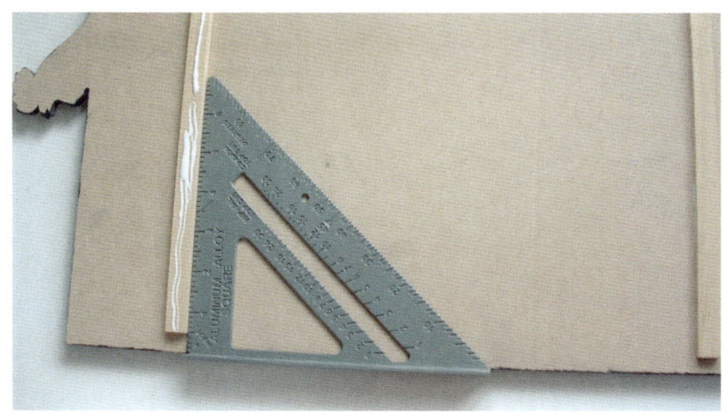

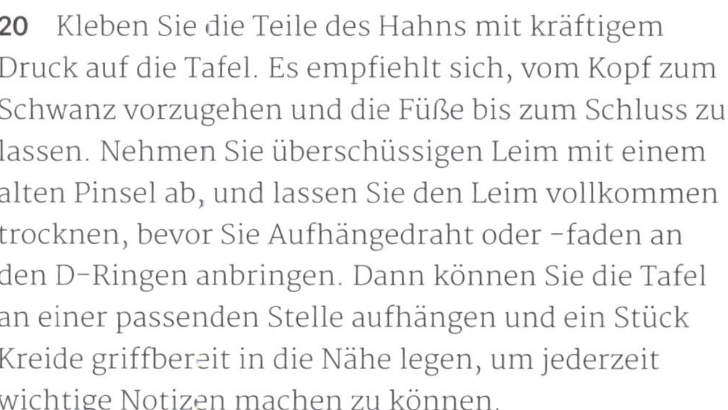

20 Kleben Sie die Teile des Hahns mit kräftigem Druck auf die Tafel. Es empfiehlt sich, vom Kopf zum Schwanz vorzugehen und die Füße bis zum Schluss zu lassen. Nehmen Sie überschüssigen Leim mit einem alten Pinsel ab, und lassen Sie den Leim vollkommen trocknen, bevor Sie Aufhängedraht oder -faden an den D-Ringen anbringen. Dann können Sie die Tafel an einer passenden Stelle aufhängen und ein Stück Kreide griffbereit in die Nähe legen, um jederzeit wichtige Notizen machen zu können.

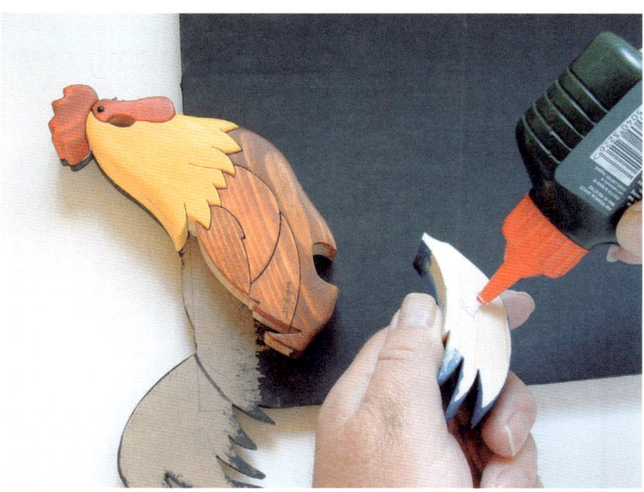

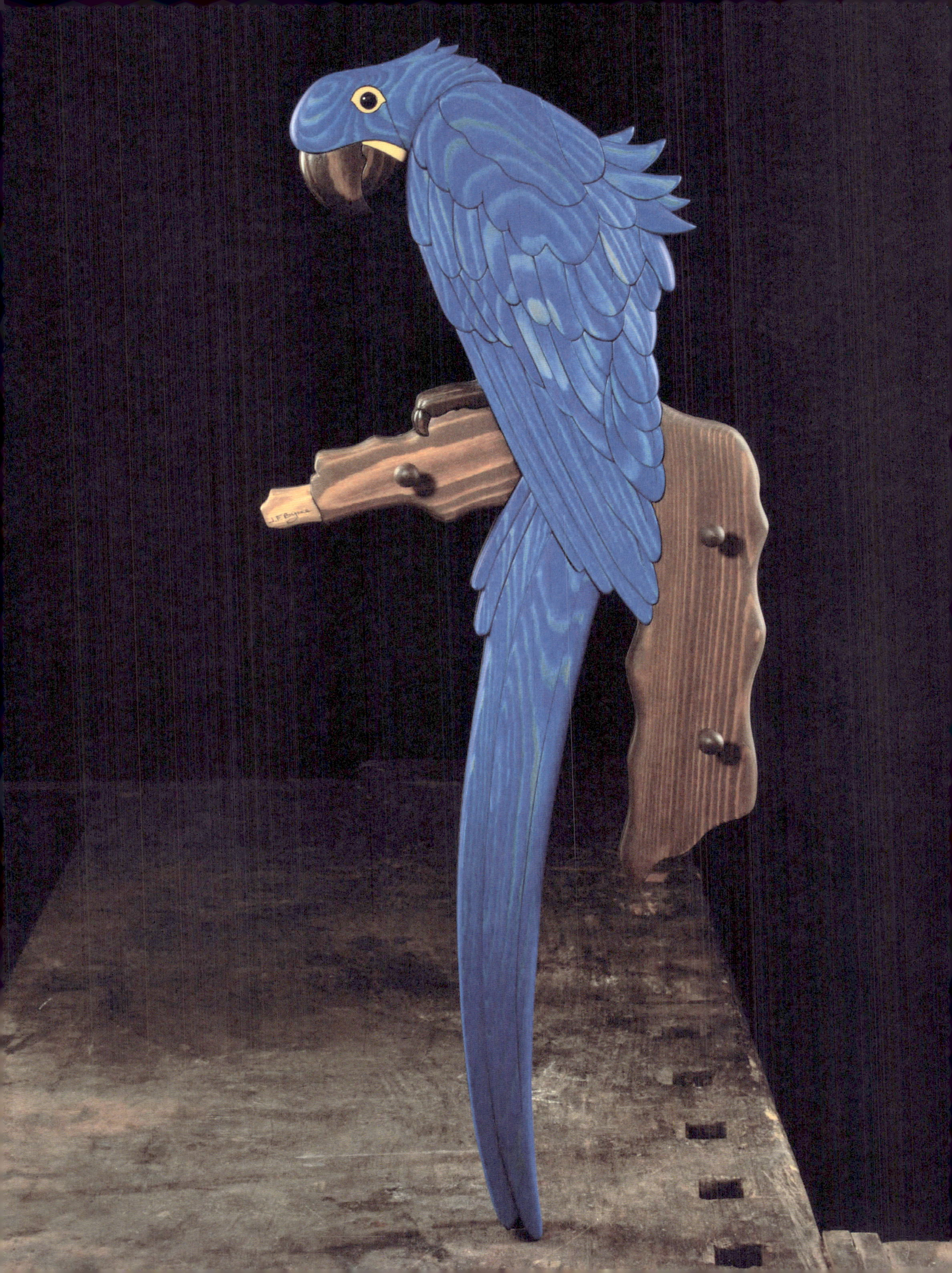

2.6 Schlüsselbrett mit Hyazinth-Ara

Die Aras sind eine extravagante Gruppe von Papageienarten aus Mittel- und Südamerika, die mit ihren kräftigen Farben zu den beeindruckendsten Vögeln der Tropen gehören. Der Hyazinth-Ara (Anodorhynchus hyacinthinus) gehört zu den spektakulärsten Vertretern, sowohl was die Größe als auch was die Färbung angeht. Sein lebhaftes Ultramarinblau setzt in jedem Innenraum kräftige Farbakzente, und wenn man Haken hinzufügt, macht sich das Werkstück auch noch als Schlüsselbrett nützlich.

Was man braucht:

- Kiefer oder ein anderes Holz nach Wahl, etwa 915 x 205 x 20mm
- 6-mm-Sperrholz, 610 x 255 mm
- 3 kleine Shaker-Haken, 28 x 10mm
- Dekupiersäge mit einem Nr.-7-Blatt
- Ständerbohrmaschine mit 6-mm- und 8-mm-Bohrern
- Tellerschleifer
- Trommelschleifer
- Multifunktionswerkzeug mit flexibler Welle und Gummitrommel-Schleifaufsatz
- Schleifzylinder, 120er Körnung
- Brandmalkolben
- Ahle
- Kreuzschlitzschraubendreher
- 6 Kopien des Ara-Vorlagenmusters
- Schleifklotz und Schleifpapier, 120er bis 320er Körnungen
- Bleistift
- Malpinsel
- Acrylfarben: ultramarinblau, gelb, schwarz
- Beize (Eiche hell, mittel und dunkel) oder verdünnte Acrylfarben
- Langsam trocknendes Acrylmalmedium
- Acrylklarlack: matt, seidenmatt und hochglänzend
- Weiche, fusselfreie Tücher
- Schleifgrund
- Tischlerleim
- Klebestift
- Staubbindetuch
- schwarze Permanentmarker, fein und breit
- Sägezahn-Bilderaufhänger und zwei kleine Schrauben

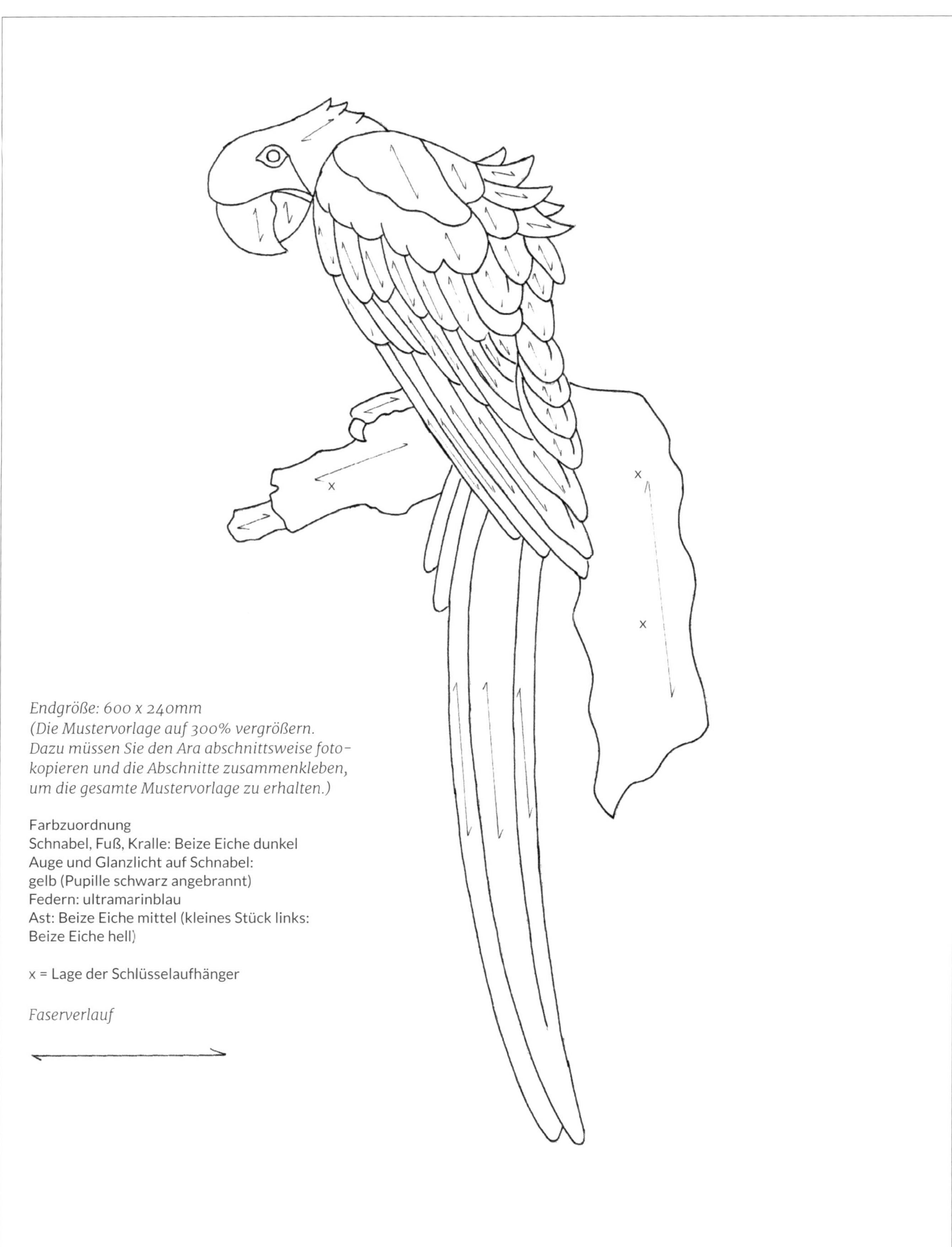

Endgröße: 600 x 240mm
(Die Mustervorlage auf 300% vergrößern. Dazu müssen Sie den Ara abschnittsweise fotokopieren und die Abschnitte zusammenkleben, um die gesamte Mustervorlage zu erhalten.)

Farbzuordnung
Schnabel, Fuß, Kralle: Beize Eiche dunkel
Auge und Glanzlicht auf Schnabel:
gelb (Pupille schwarz angebrannt)
Federn: ultramarinblau
Ast: Beize Eiche mittel (kleines Stück links:
Beize Eiche hell)

x = Lage der Schlüsselaufhänger

Faserverlauf

1 Vergrößern Sie die Mustervorlage wie angegeben (kleben Sie gegebenenfalls mehrere Blatt Papier zusammen), und stellen Sie sechs Fotokopien davon her. Legen Sie eine der Kopien als Vergleichszeichnung zurück. Sie können die Nummern der Federstücke darauf eintragen, um sie identifizieren zu können, wenn alle Stücke ausgeschnitten worden sind. Beachten Sie, dass die Mustervorlage aus acht Teilen mit je unterschiedlichem Faserverlauf besteht.

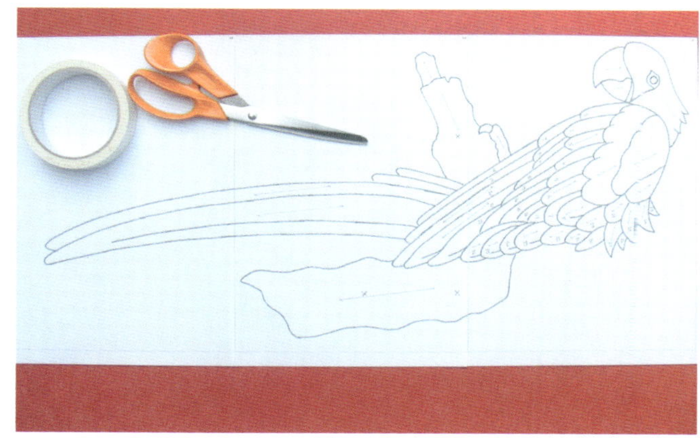

2 Schneiden Sie die acht Teile der Vorlage aus den verbliebenen fünf Kopien aus. Lassen Sie einen Rand von etwa 10 mm um jedes Teil stehen. Legen Sie die Teile so auf dem Holz aus, dass die Pfeile mit dem Faserverlauf übereinstimmen. Falls möglich, sollten Sie ein Gebiet im Holz mit geraden Fasern für die Schwanzfedern auswählen und eines, in dem die Fasern eher im Bogen verlaufen für die Oberseite des Flügels und für den Kopf. Wenn Sie mit der Anordnung zufrieden sind, befestigen Sie alle Teile sorgfältig mit einem Klebestift am Holz.

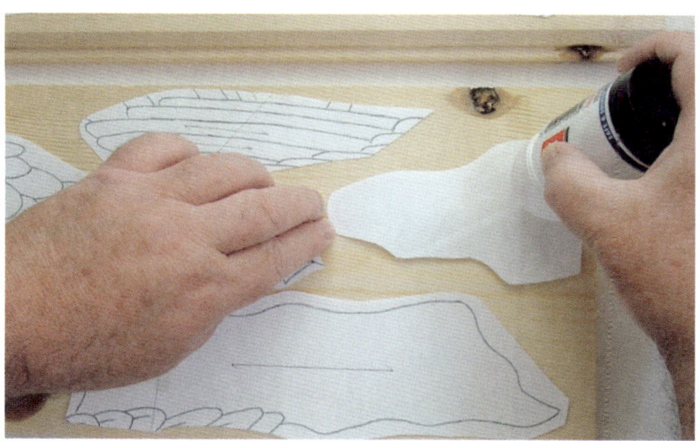

3 Es empfiehlt sich, das Holz in Stücke handhabbarer Größe aufzuteilen, bevor man die Umrisse der einzelnen Teile aussägt. Bevor man den Kopf aussägt, wird mit der Ständerbohrmaschine und einem 8-mm-Bohrer ein Loch für das Auge gebohrt.

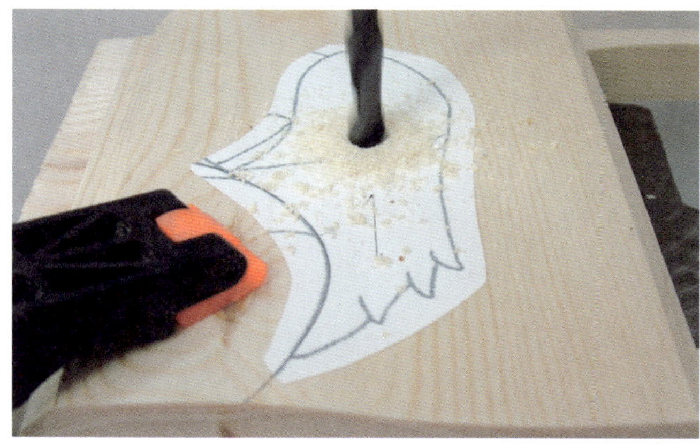

4 Spannen Sie ein Blatt Nr. 7 in die Dekupiersäge ein. Es ist wichtig, dass das Holz eben ist und das Sägeblatt senkrecht und gespannt ist, wie auf Seite 17 beschrieben. Schneiden Sie zuerst das Körper-/Flügel-Hauptteil aus. Entgraten Sie dieses und jedes folgende Stück nach dem Aussägen mit 120er Schleifpapier, um sicherzustellen, dass die Stücke flach liegen, wenn sie zusammengefügt werden.

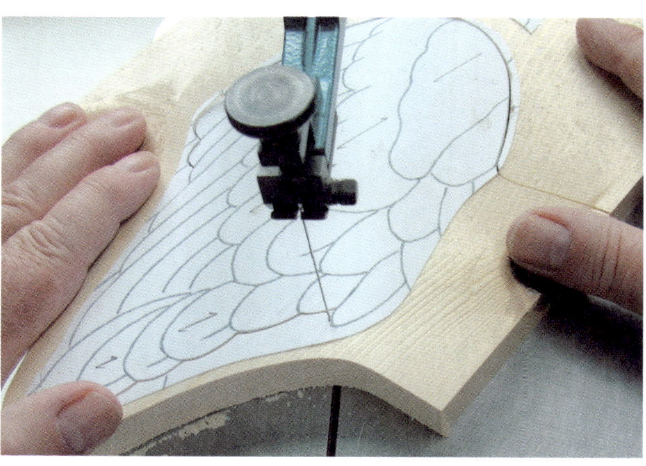

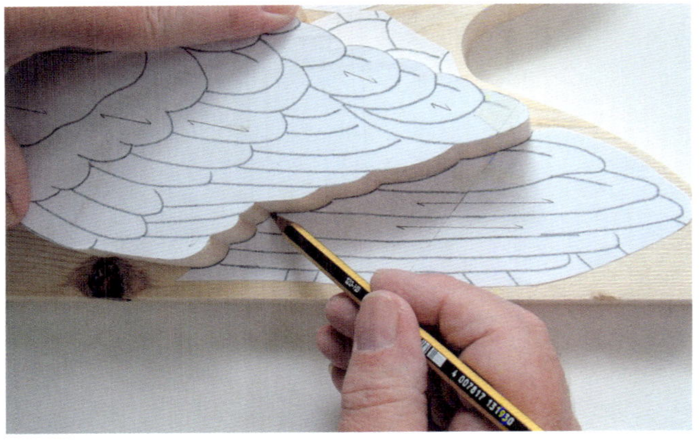

5 Legen Sie das zuletzt ausgesägte Stück auf das nächste Stück, das geschnitten werden soll (in diesem Fall die längeren Federn im Flügel), und übertragen Sie gegebenenfalls bei Abweichungen den Umriss auf das neue Stück. Kontrollieren Sie die Passung dieser beiden Stücke, bevor Sie mit dem nächsten weitermachen.

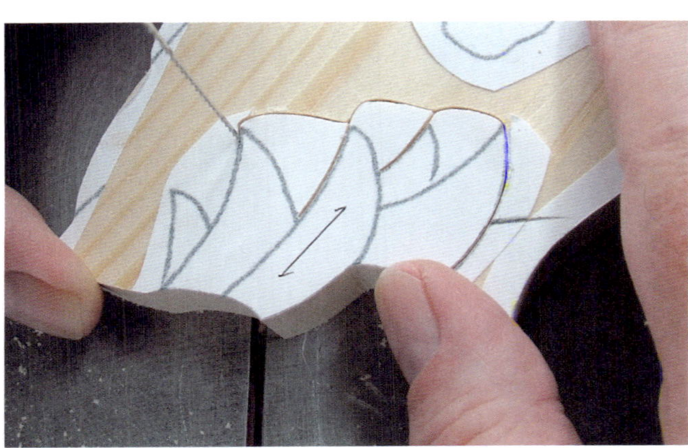

6 Schneiden Sie bei den kleinen Flügelstücken am Rücken des Aras in das V ein, führen Sie das Blatt aus dem Schnitt, und schneiden Sie das nächste V, bis Sie zum Schluss gekommen sind.

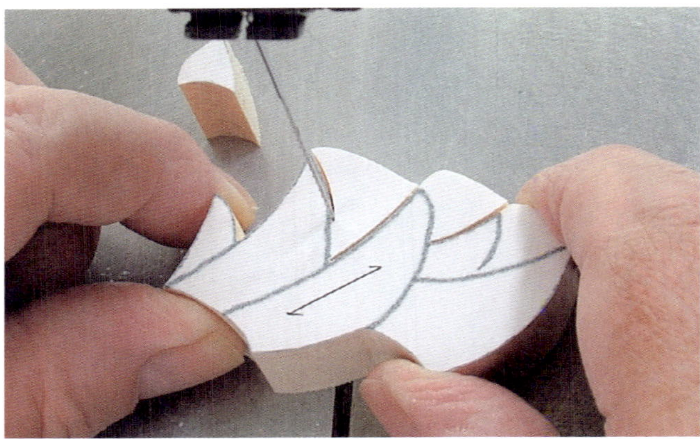

7 Kehren Sie dann zurück, und schneiden Sie den Verschnitt frei.

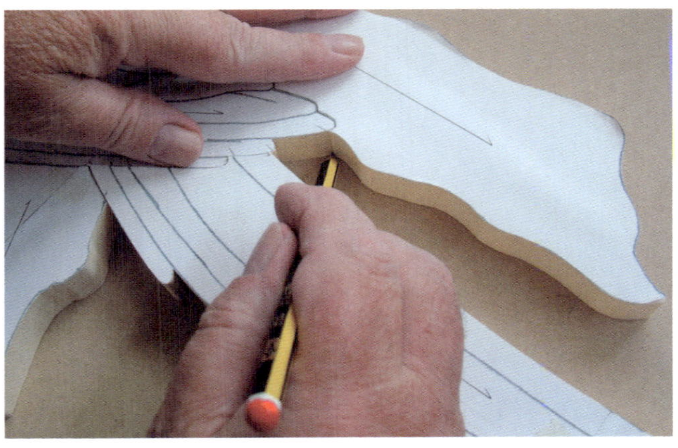

8 Wenn Sie alle acht Stücke ausgesägt haben, legen Sie sie zusammen, um die Passung zu überprüfen, und markieren mit einem Bleistift alle Stellen, an denen ein Stück auf ein anderes trifft.

9 Sägen Sie als nächstes aus den acht Stücken die einzelnen Teile: die Federn, den Fuß, die Kralle, das Auge und den oberen und unteren Teil des Schnabels. Kennzeichnen Sie die Unterseite jedes Teils, um sicherzustellen, dass Sie die richtige Seite schleifen. Nummerieren Sie die Federn, um sie leichter anordnen zu können, und tragen Sie diese Nummern auf der sechsten Kopie der Mustervorlage ein, um sie abgleichen zu können.

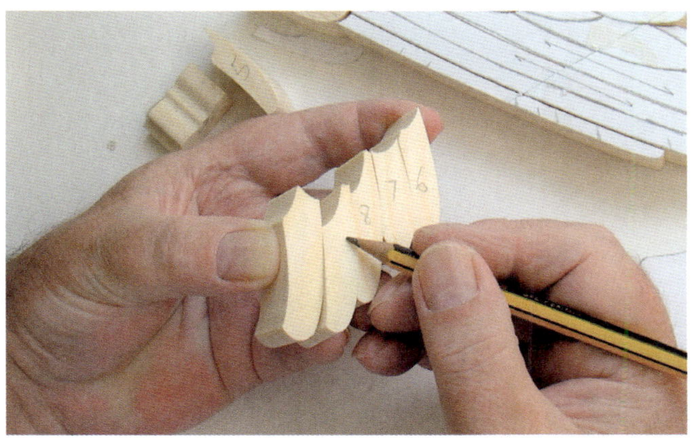

10 Entfernen Sie in Handarbeit so viel von der Mustervorlage wie möglich. Eventuelle Reste lassen sich im nächsten Schritt leicht maschinell abschleifen.

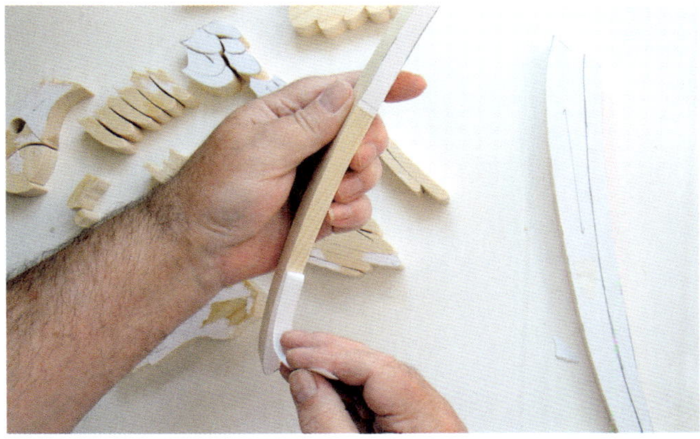

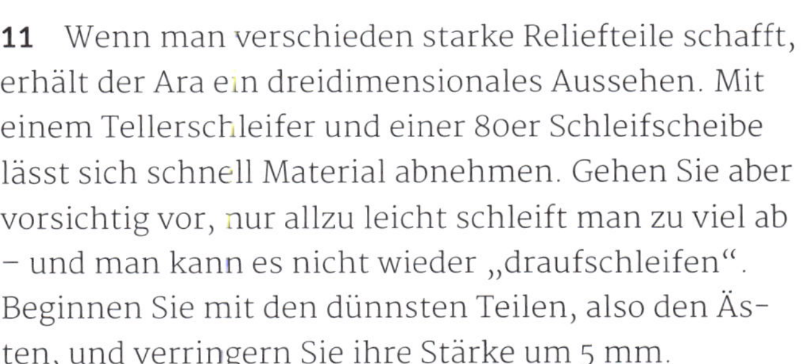

11 Wenn man verschieden starke Reliefteile schafft, erhält der Ara ein dreidimensionales Aussehen. Mit einem Tellerschleifer und einer 80er Schleifscheibe lässt sich schnell Material abnehmen. Gehen Sie aber vorsichtig vor, nur allzu leicht schleift man zu viel ab – und man kann es nicht wieder „draufschleifen“. Beginnen Sie mit den dünnsten Teilen, also den Ästen, und verringern Sie ihre Stärke um 5 mm.

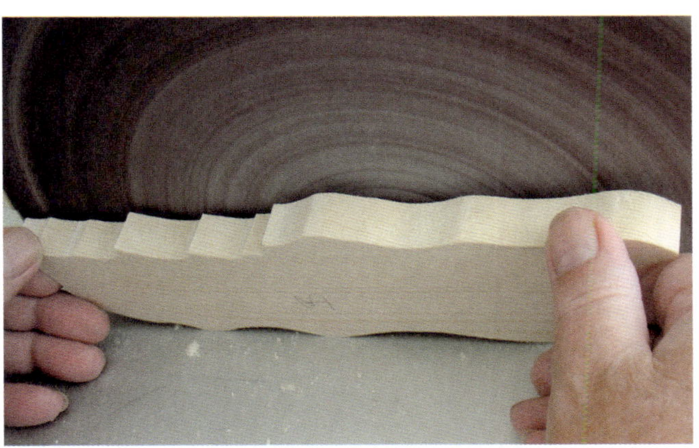

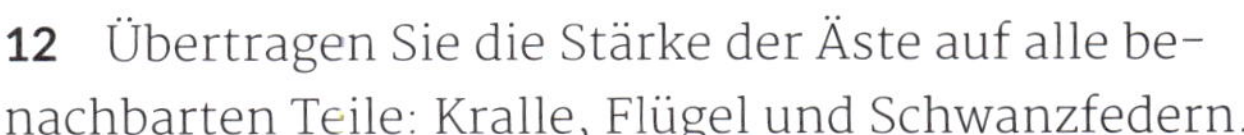

12 Übertragen Sie die Stärke der Äste auf alle benachbarten Teile: Kralle, Flügel und Schwanzfedern.

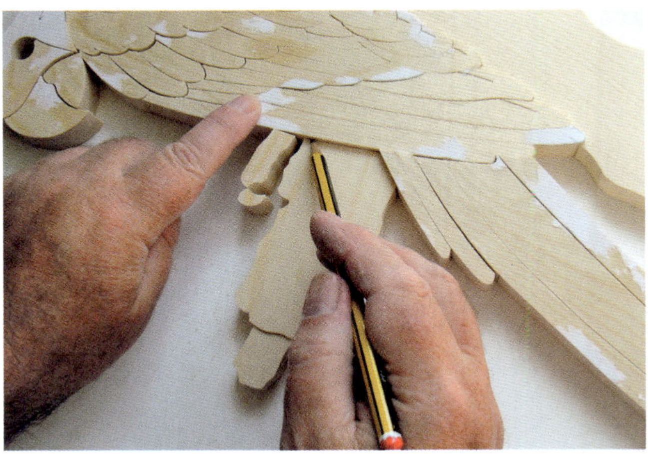

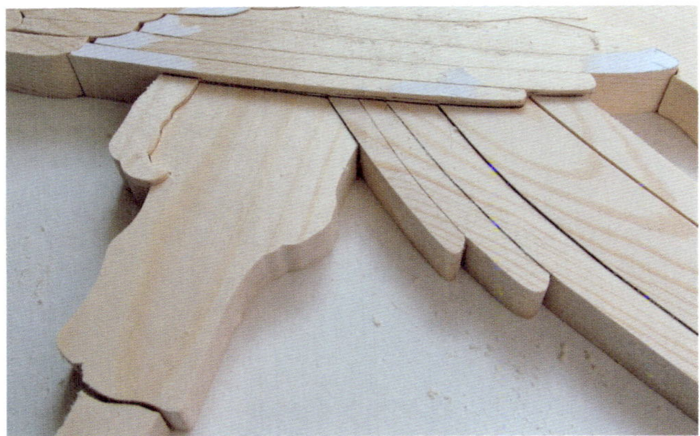

13 Reduzieren Sie dann die Stärke der Kralle um etwa 4 mm. Dann werden die Schwanzteile bearbeitet, zuerst jenes, das dem kleinen Ast am nächsten liegt: Es wird um etwa 3 mm abgeschliffen. Danach werden die restlichen Schwanzteile jeweils um ein geringes weniger abgeschliffen.

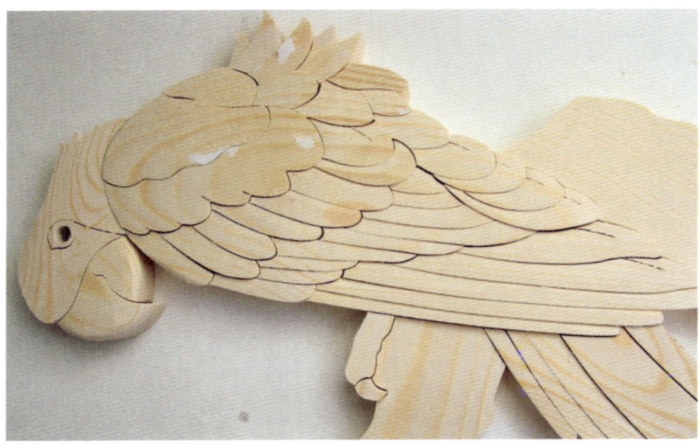

14 Die Federn im Flügel und am Körper müssen nur sehr wenig geschliffen werden; bei einigen der inneren Teile geht es nur darum, das Papier der Mustervorlage abzunehmen. Schleifen Sie den Kopf etwa 2 mm dünner als den Kopf. Jetzt nimmt der Ara schon allmählich eine dreidimensionale Wirkung an.

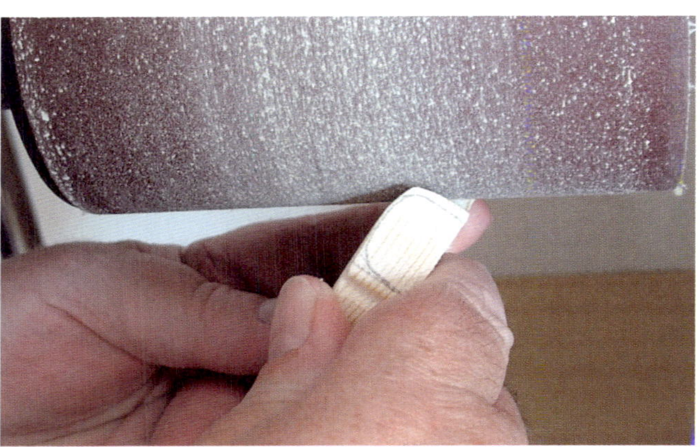

15 Die Trommelschleifmaschine und das Multifunktionswerkzeug mit biegsamer Welle sind sehr nützlich, wenn es darum geht, die Kanten der Einzelteile abzurunden. Schleifen Sie dabei immer mit der Faser, um Spuren des Tellerschleifers abzuschleifen. Wie beim Vorschleifen werden auch hier die dünnsten Teile zuerst bearbeitet – die Äste und der Schwanz.

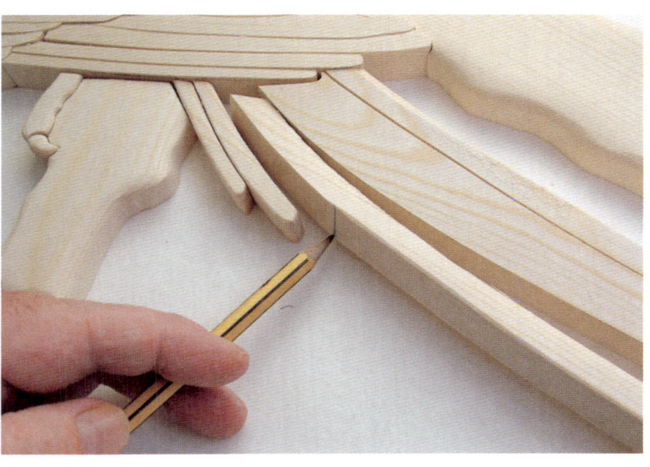

16 Passen Sie die Stärkemarkierungen bei jedem Teil an, das Sie schleifen, und denken Sie daran, nicht bis unter diese Markierungen zu schleifen. Achten Sie auch auf die Bleistiftstriche, die zeigen, wo ein Teil an ein anderes grenzt. Scheuen Sie nicht davor zurück, zu einem bereits bearbeiteten Teil zurückzukehren und etwas mehr abzuschleifen, achten Sie aber darauf, nicht zu viel Material abzunehmen, vor allem an den mittleren Teilen des Flügels. Schleifen Sie lieber weniger, aber häufiger, und legen Sie zwischendurch das Teil immer wieder an, um das Aussehen zu überprüfen.

17 Die Randfedern können kräftiger abgerundet werden. Übertragen Sie auch bei ihnen die Stärke und Form jeder Feder auf das nächste Teil.

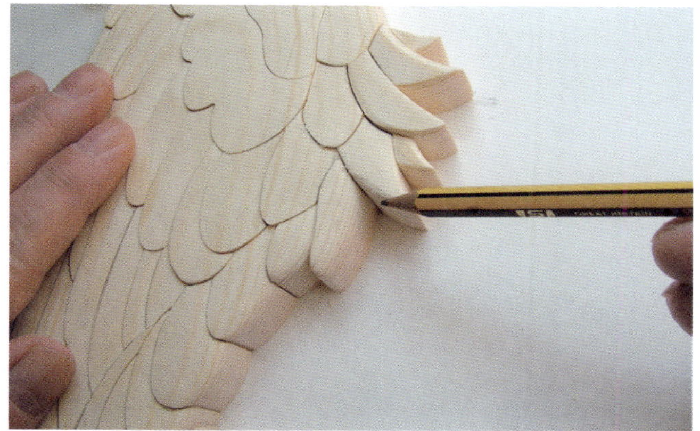

18 Schleifen Sie den Schnabel dünner, und runden Sie ihn ab, legen Sie ihn wieder auf, um seinen Umriss auf den Kopf zu übertragen. Runden Sie dann seine Kanten bis zur Stärkenmarkierung ab. Das gelbe Glanzlicht wird in diesem Stadium abgeschnitten, in der Abbildung sieht man, wie es angerissen wird.

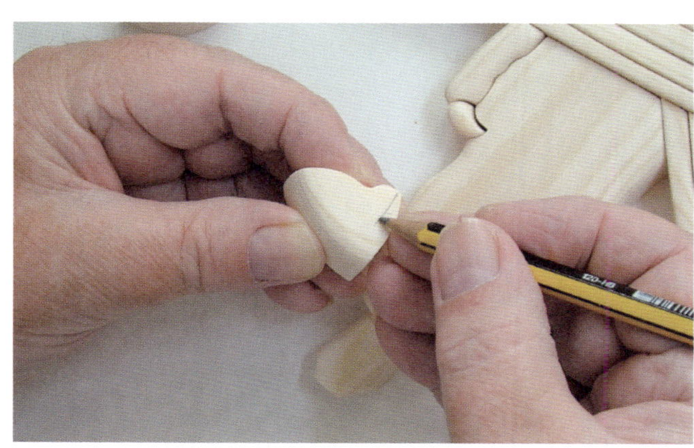

19 Stecken Sie ein Stück 8-mm-Dübelstange in das vorgebohrte Augenloch, markieren Sie die Tiefe mit einem Bleistift und sägen Sie die Dübelstange so ab, dass sie geringfügig über den Augapfel herausragt. Runden Sie eines der Dübelenden mit 180er Schleifpapier ab.

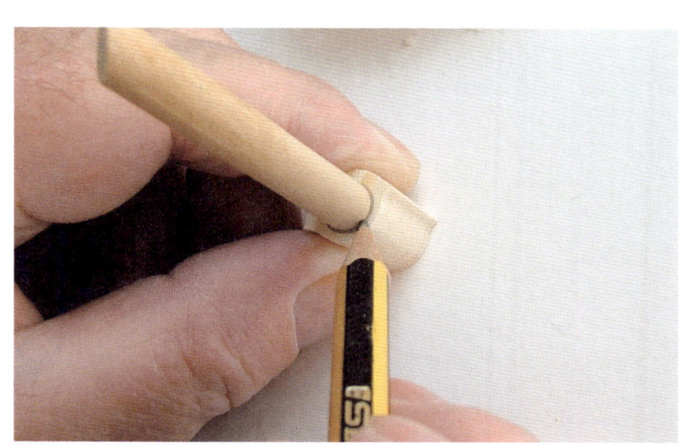

20 Brennen Sie dann das Ende mit einem Brandmalkolben an. Dadurch wird das Hirnholz besser versiegelt als mit einer Beize, sodass das Auge eine höhere Oberflächengüte erhält. Tragen Sie mit einem weichen Malpinsel zwei Schichten hochglänzenden Acrylklarlack auf, um dem Auge zusätzlichen Glanz zu verleihen. Lassen Sie die erste Schicht trocknen, bevor Sie die zweite auftragen.

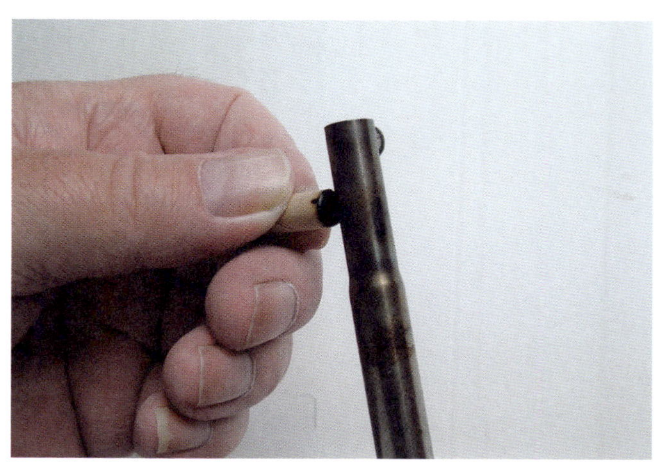

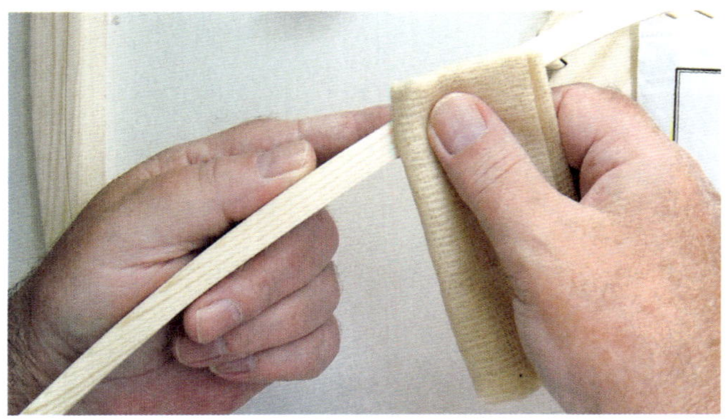

21 Schleifen Sie jetzt alle Teile mit der Hand. Verwenden Sie dazu zuerst den Schleifklotz mit 120er bis 180er Schleifpapier, um eventuell vom Trommelschleifen verbliebene Spuren zu beseitigen. Fahren Sie dann mit einem 220er Papier fort und runden Sie alle Kanten jedes Teils bis ab, bis Sie eine glatte Oberfläche erzielt haben. Entfernen Sie schließlich den Staub mit einer kleinen weichen Bürste und einem Staubbindetuch von den Teilen.

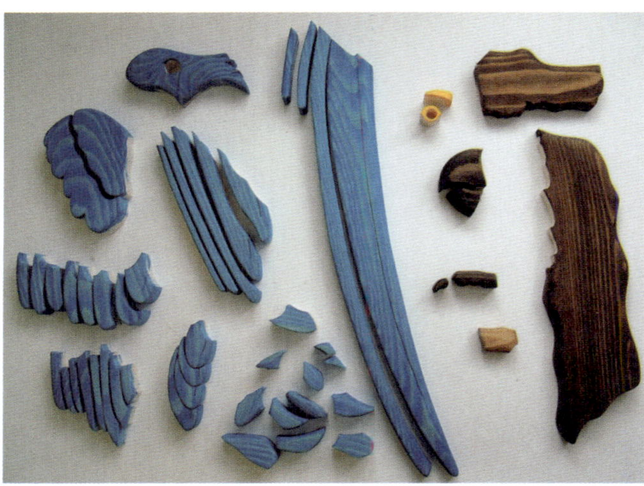

22 Sortieren Sie die Teile nach Farben, so wie in der Farbzuordnung auf Seite 78 angegeben. Mischen Sie die Farben mit Acrylmalmittel, tragen Sie sie mit einem Malpinsel auf, und nehmen Sie dann den Überstand mit einem weichen, fusselfreien Tuch ab, um die Holzmaserung durchscheinen zu lassen. Lassen Sie die Teile gründlich trocknen, reiben Sie sie vorsichtig mit sehr feinem Schleifpapier (320er Körnung) ab, und nehmen Sie den Schleifstaub wieder mit einem Staubbindetuch ab.

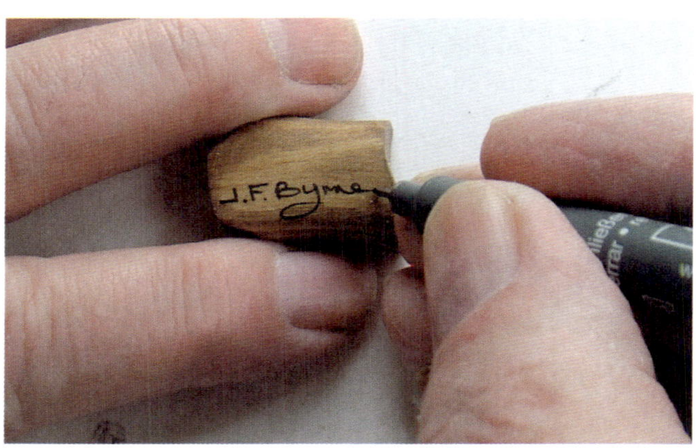

23 Stellen Sie Oberfläche fertig, indem Sie ein oder zwei Schichten matten Acrylklarlack auf die gesamte Vogelfigur auftragen. Verfahren Sie nur bei den drei Teilen des Schnabels, der Kralle und dem gelben Teil des Auges anders: Hier wird ein seidenmatter Lack verwendet, um die Teile sanft glänzen zu lassen. Lassen Sie alle Teile über Nacht trocknen. Falls Sie möchten, können Sie Ihre Arbeit zu diesem Zeitpunkt mit einem feinen schwarzen Marker signieren.

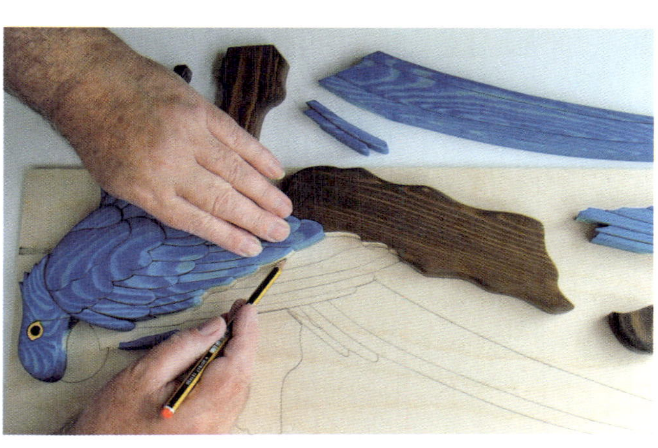

24 Legen Sie alle Teile auf die Rückplatte aus Sperrholz. Übertragen Sie mit einem spitzen Bleistift zuerst den Gesamtumriss des Vogels, nehmen Sie dann vorsichtig ein Teil nach dem anderen ab und übertragen Sie den Umriss der verbliebenen benachbarten Stücke, bis sie einen detaillierten Plan aller Teile haben. Schneiden Sie den Gesamtgrundriss mit der Dekupiersäge aus. Da das Stück recht lang ist, müssen Sie vielleicht das Blatt zurückführen und von einer anderen Richtung aus neu einschneiden, je nachdem, wie groß der Längsdurchgang Ihrer Säge ist.

25 Tragen Sie eine Schicht Schleifgrund auf der Rückseite auf, um zu verhindern, dass Feuchtigkeit durch die Rückplatte dringt und dass die Farbe an den Kanten ausblutet. Ziehen Sie die inneren Bleistiftlinien mit einem breiten schwarzen Marker nach, um eventuell vorhandene kleine Fugen zwischen den Teilen zu verstecken, und bemalen Sie dann die Kanten der Rückplatte mit schwarzer Acrylfarbe. Schleifen Sie die Rückplatte nach dem Trocknen mit 180er Schleifpapier und einem Schleifklotz und die Kanten mit 320er Schleifpapier. Wischen Sie mit einem Staubbindetuch nach.

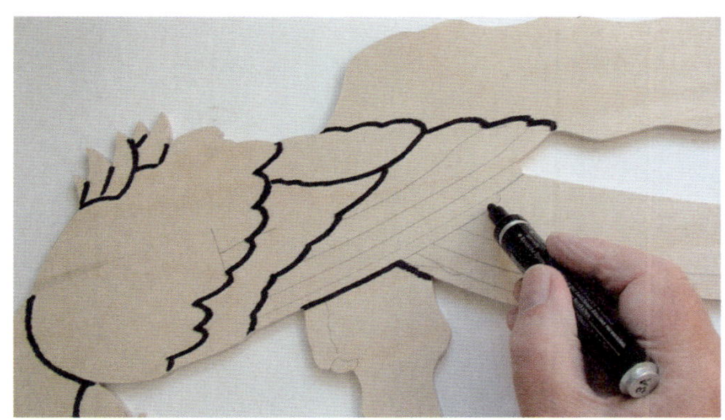

26 Legen Sie die Rückplatte auf eine ebene Fläche, und legen Sie alle Teile des Vogels darauf, um die Passung zu kontrollieren. Geben Sie Stück für Stück Leim an die Unterseite der Teile, und leimen Sie sie an; fester Druck mit den Händen sollte reichen, die Teile müssen nicht mit Zwingen festgespannt werden. Nehmen Sie überschüssigen Leim mit einem alten Malpinsel oder einem feuchten Tuch ab, und lassen Sie das Werkstück auf der ebenen Unterlage trocknen. Die Trockenzeit hängt vom verwendeten Leim ab.

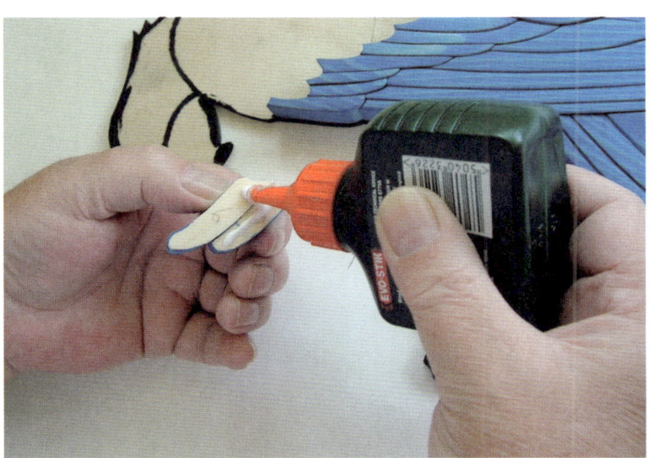

27 Halten Sie den Ara zwischen Daumen und Zeigefinger, bis er so hängt, wie Sie es möchten, und markieren Sie die Stelle, wo der Bilderaufhänger angebracht werden soll, mit einer Ahle. Legen Sie den Ara mit der Vorderseite nach unten auf ein weiches Tuch, und bringen Sie den Sägezahn-Bildaufhänger mit den beiden kleinen Schrauben an.

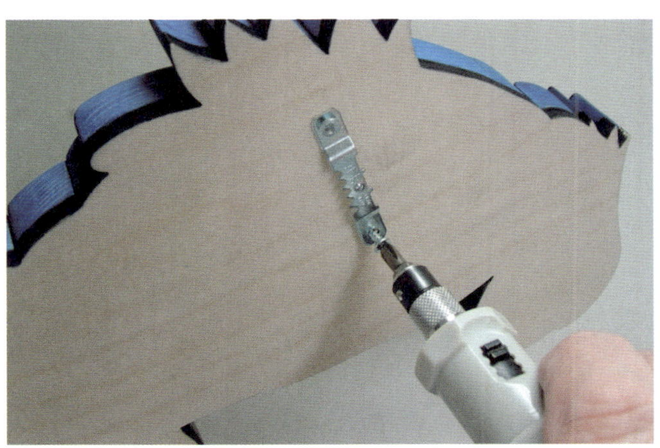

28 Beizen und lackieren Sie die Shaker-Haken so wie die Äste, und lassen Sie sie trocknen. Kleben Sie kleine Stücke Klebeband an den drei für die Haken vorgesehenen Stellen, und zeichnen Sie jeweils ein Kreuz in die Mitte. Bohren Sie die Löcher nur so tief wie nötig. Der Bohrer muss dem Durchmesser des Hakenunterteils entsprechen – in unserem Fall waren das 6 mm. Nehmen Sie das Klebeband ab, und säubern Sie die Bohrlöcher falls nötig. Geben Sie dann eine geringe Menge Leim an das untere Ende jedes Shaker-Hakens, und leimen Sie sie in die Löcher.

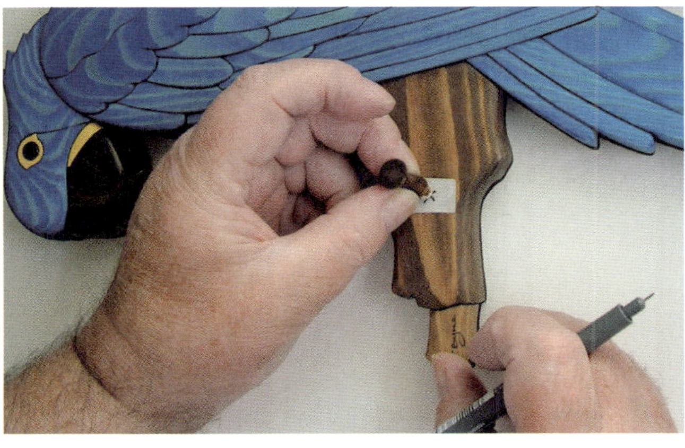

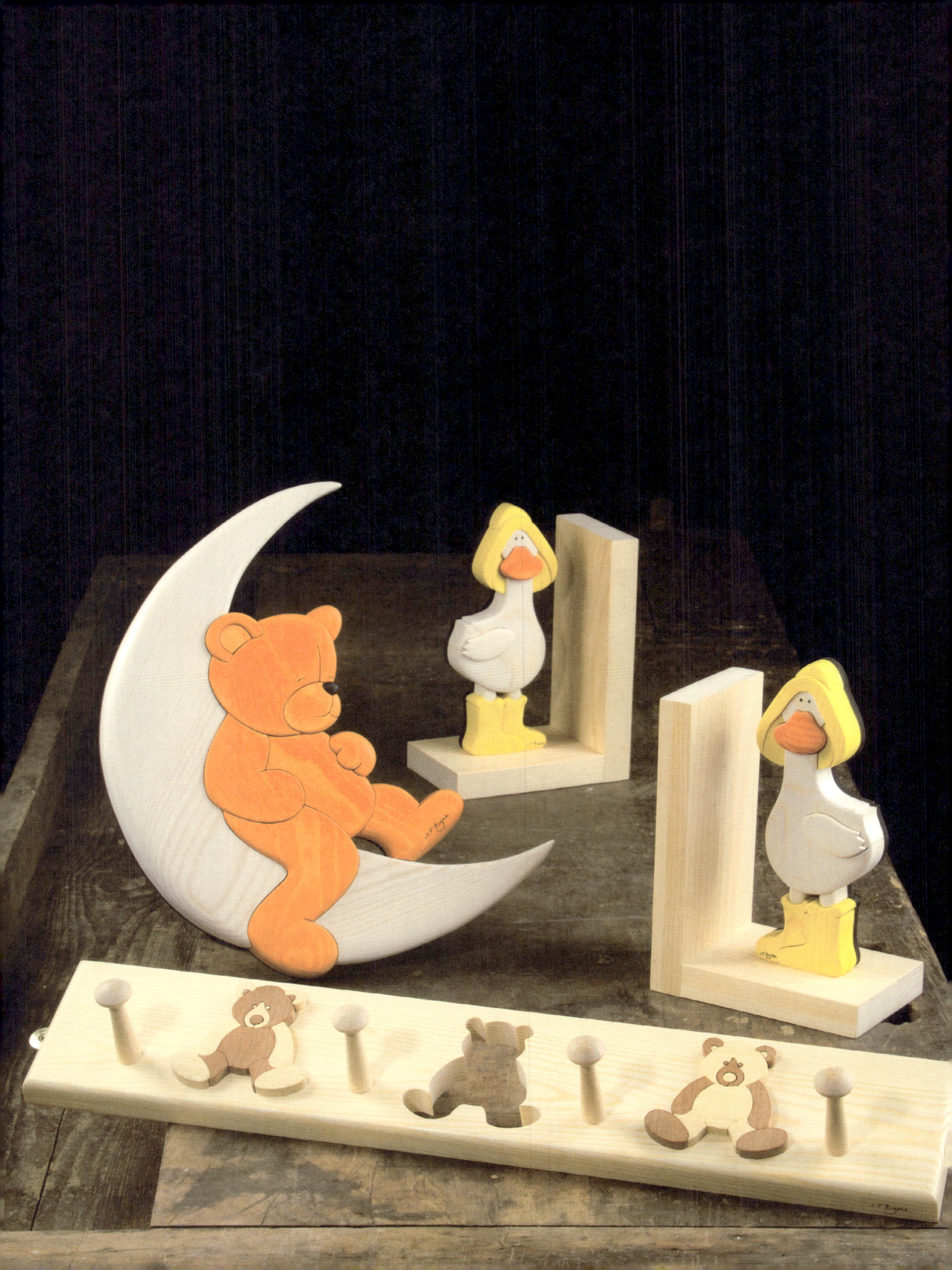

3

Werkstücke für das Kinderzimmer

3.1
Garderobe mit Teddybären

3.2
Namensschild mit Teddy

3.3
Buchstützen mit Enten

3.4
Mondträume

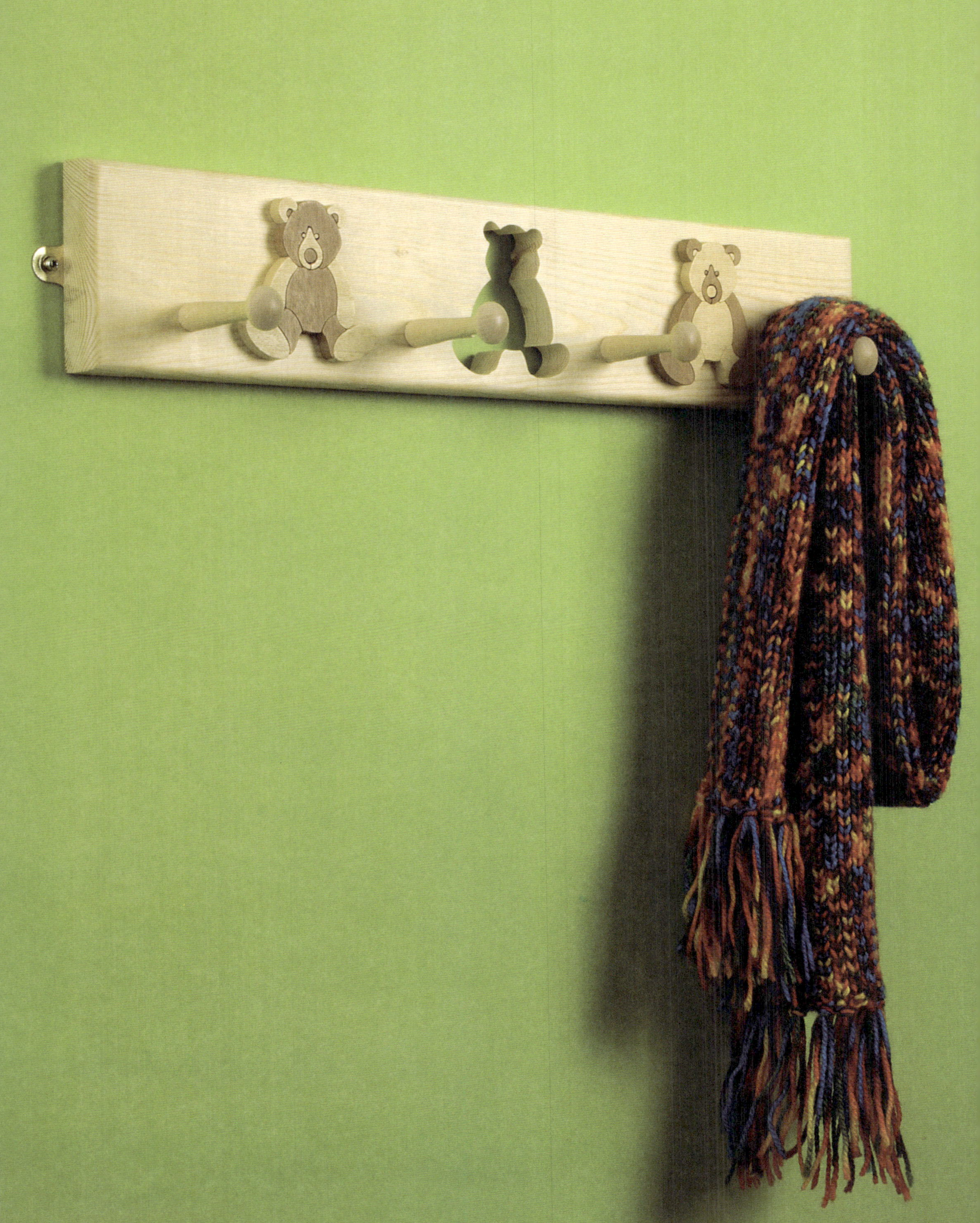

3.1
Garderobe mit Teddybären

Das Teddymotiv, das in mehreren Werkstücken von Kapitel 3 verwendet wird, kann man auf verschiedene Weise einsetzen. In dieser schlichten Garderobe sind drei kleine Teddys zu sehen. Sie ist ein praktisches und verspieltes Möbelstück für jedes Kinderzimmer. Wir haben die Wirkung abwechslungsreicher gemacht, indem wir zwischen den beiden dreidimensionalen Bären eine ausgeschnittene Bärenform platziert haben. Wenn man den gleichen Entwurf auf solche Weise unterschiedlich einsetzt, ist das eine sehr effektive Methode, um eine Arbeit abwechslungsreicher zu gestalten, ohne vom Gesamtthema abzulenken.

Was man braucht:

- Kiefernholz 490 x 95 x 20 mm
- Zwei Holzbrettchen, 100 x 100 x 6 mm: je eines in Birke und eines in Mahagoni
- Vier 65 mm lange Shaker-Haken
- Dekupiersäge mit Nr. 7 und Nr. 1 Blättern
- Ständerbohrmaschine mit 3-mm- und 9-mm-Bohrern.
- Bleistift
- Fotokopierte Mustervorlagen
- Schwarzer Permanentmarker, fein
- Tischlerleim (gute Qualität)
- Klebestift
- Schleifklotz und Schleifpapier, 120er bis 320er Körnungen
- Staubbindetuch
- Malpinsel
- Acrylklarlack, matt
- Ahle
- Schraubendreher
- Spiegelaufhängern und Schrauben

Auf den Punkt gebracht

Wir haben die Teile der Teddys nach dem Aussägen vertauscht, sodass die Farben des einen das Negativ des anderen ergeben. Das ist eine traditionelle Technik in der Marketerie, wo sie als „contre-partie“ bezeichnet wird.

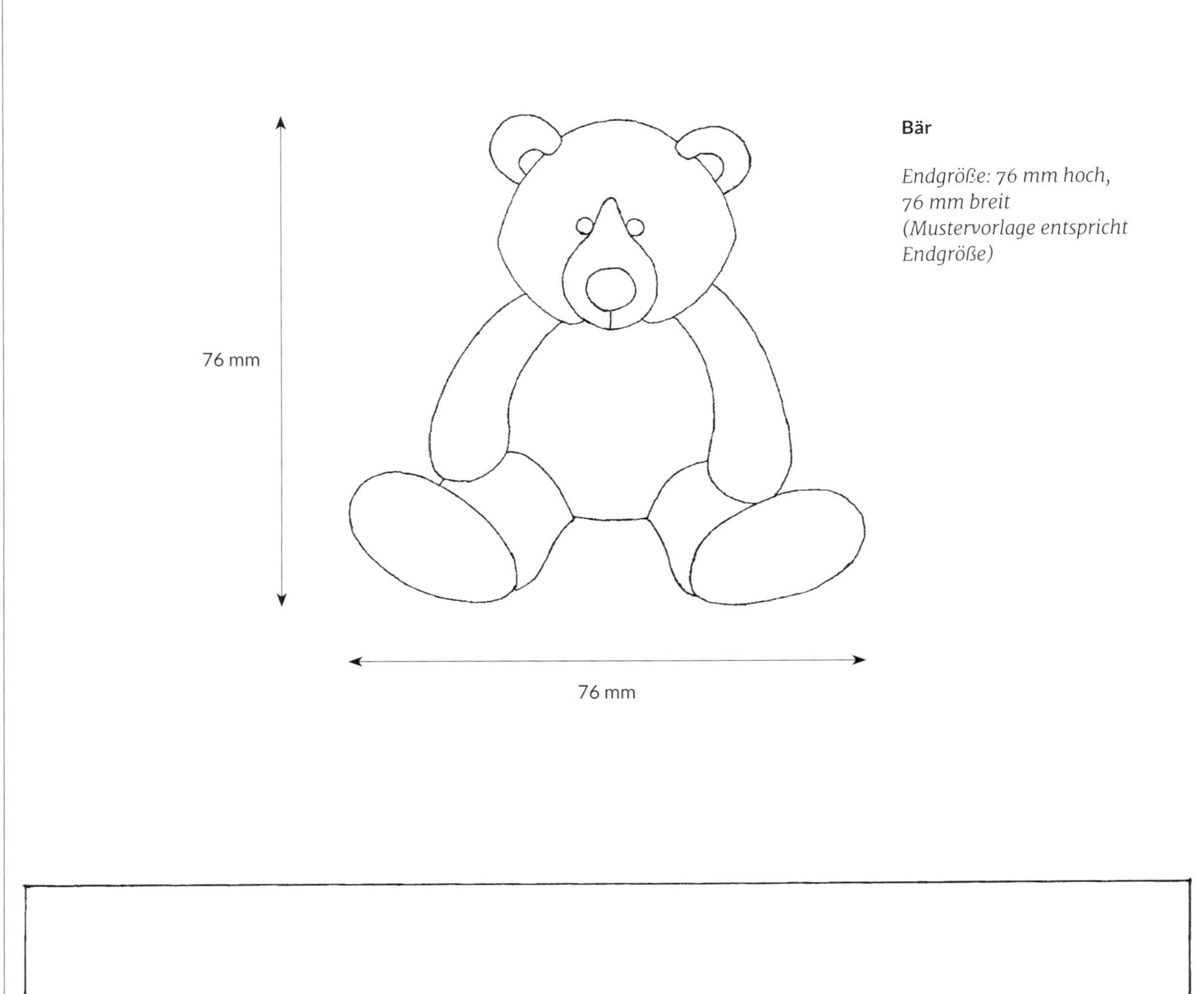

Bär

Endgröße: 76 mm hoch, 76 mm breit (Mustervorlage entspricht Endgröße)

Garderobenbrett

Endgröße: 490 x 95 x 19 mm

Hakenbohrungen: 10 mm Durchmesser, je nach Haken
127 mm Abstand zwischen Mittelpunkten,
25 oberhalb der unteren Kante

(Diese Mustervorlage muss auf 288% vergrößert werden. Dazu müssen Sie sie abschnittsweise fotokopieren und die Abschnitte zusammenkleben, um die gesamte Mustervorlage zu erhalten.)

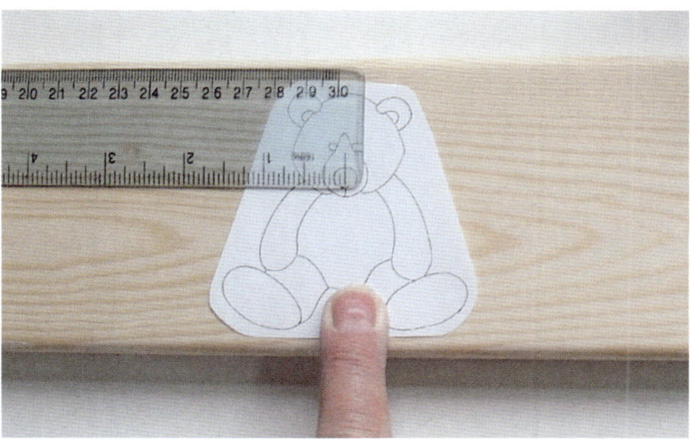

1 Bereiten Sie zuerst die Rückplatte der Garderobe vor. Wenn man die Kanten des Bretts mit einem Schleifklotz und 120er-180er Schleifpapier abrundet, wirkt es etwas gefälliger, aber das ist nicht zwingend notwendig. Fertigen Sie dann zwei Kopien der Mustervorlage her, sodass die Teddybären 75 mm hoch sind. Die erste wird für die mittlere Bärensilhouette verwendet. Schneiden Sie den Bären mit einem schmalen Rand als Zugabe aus, ermitteln Sie mit einem Lineal die Mitte der Rückplatte, und befestigen Sie die Vorlage dort mit dem Klebestift.

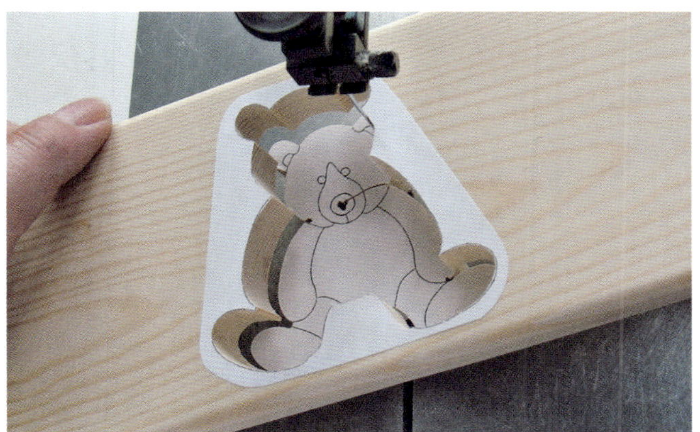

2 Spannen Sie einen 3-mm-Bohrer in die 8Ständer-) Bohrmaschine, und bohren Sie ein kleines Loch durch das Holz innerhalb des Bärenumrisses, um das Sägeblatt Nr. 7 durchfädeln zu können. Richten Sie das Sägeblatt aus und spannen Sie es wie auf Seite 17 beschrieben. Sägen Sie die Teddysilhouette aus, und entfernen Sie dann die verbliebenen Papierreste der Mustervorlage. Entfernen Sie den Grat an den Schnittkanten mit 280er Schleifpapier.

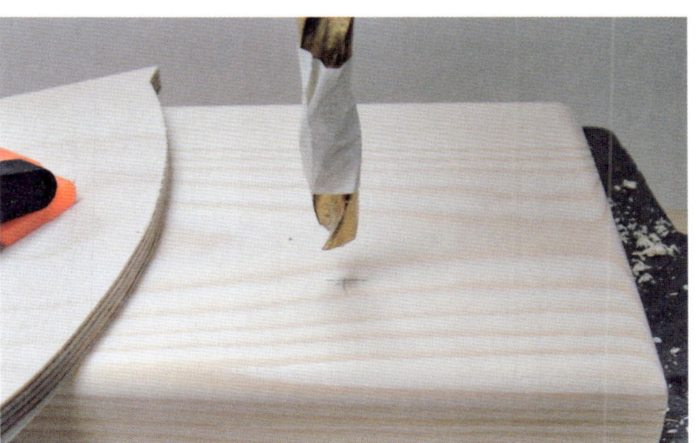

3 Messen Sie die Lage der vier Haken nach Maßgabe der Mustervorlage aus, und reißen Sie sie an. Spannen Sie einen Bohrer in die Ständerbohrmaschine ein, der auf den Durchmesser der Zapfen an den Haken abgestimmt ist. In unserem Fall betrug er 10 mm. Messen Sie die Länge der Zapfen, und bringen Sie ein Stück Klebeband in entsprechender Höhe am Bohrer als Bohrtiefenkennzeichnung an, damit Sie nicht zu tief bohren. Bohren Sie dann die Löcher.

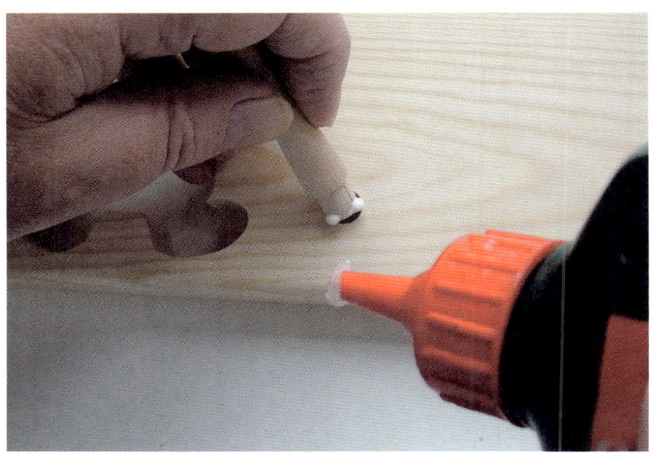

4 Geben Sie jeweils etwas Leim an die Haken, und stecken Sie sie fest in die vorgebohrten Löcher. Nehmen Sie eventuell austretenden überschüssigen Leim ab. Legen Sie die Rückplatte zum Trocknen beiseite.

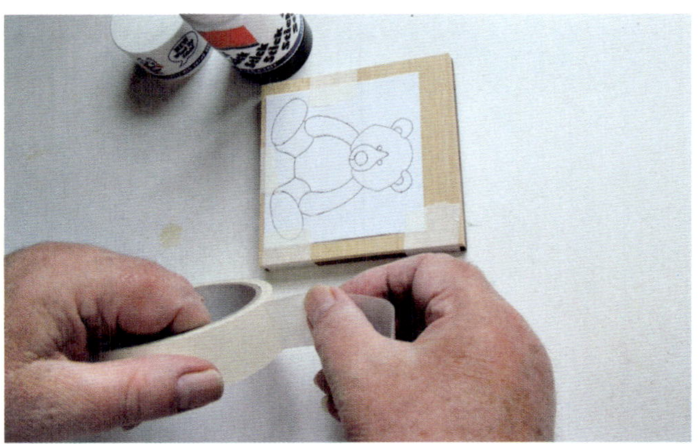

5 Schneiden Sie die zweite Mustervorlage aus, und befestigen Sie sie mit dem Klebestift so an dem Birkenholzquadrat, dass die Holzfasern waagerecht über den Teddy verlaufen. Legen Sie das Mahagoniquadrat so darunter, dass die Holzfasern senkrecht verlaufen, und kleben Sie die beiden Quadrate mit Klebeband aneinander.

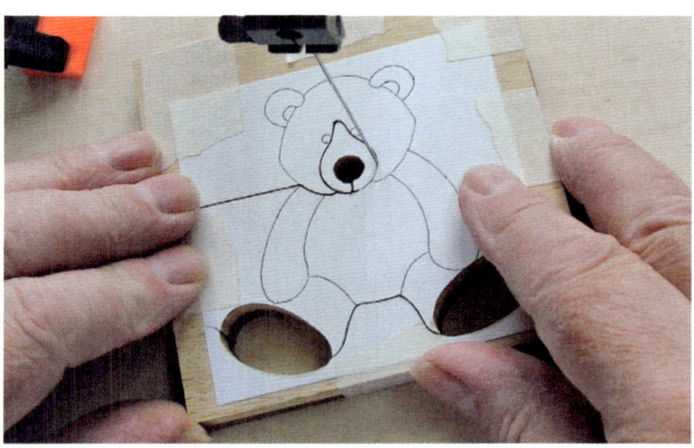

6 Spannen Sie ein Blatt Nr. 1 in die Dekupiersäge ein. Falls Ihre Säge wie unsere nicht mit einem Tischeinsatz ausgestattet ist, stellen Sie aus Sperrholz eine Tischauflage her wie auf Seite 19 beschrieben. Damit verhindern Sie, dass die sehr kleinen Stücke, die Sie gleich schneiden werden, neben dem Blatt in die Säge hineinfallen. Schneiden Sie zuerst die inneren Stücke wie Nase und Schnauze, damit die beiden Holzquadrate länger zusammenhalten, wenn Sie dazu übergehen, die äußeren Stücke zu sägen.

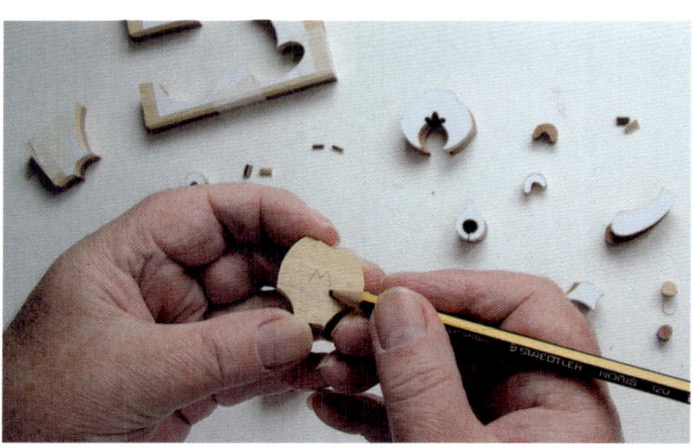

7 Legen Sie die äußeren Quadrate zurück, um sie als Schablone zu verwenden, wenn Sie die Stücke für das Verleimen ausrichten. Kennzeichnen Sie jedes Teil auf der Unterseite mit einen L oder R, um deutlich zu machen, zu welchem Bären sie gehören.

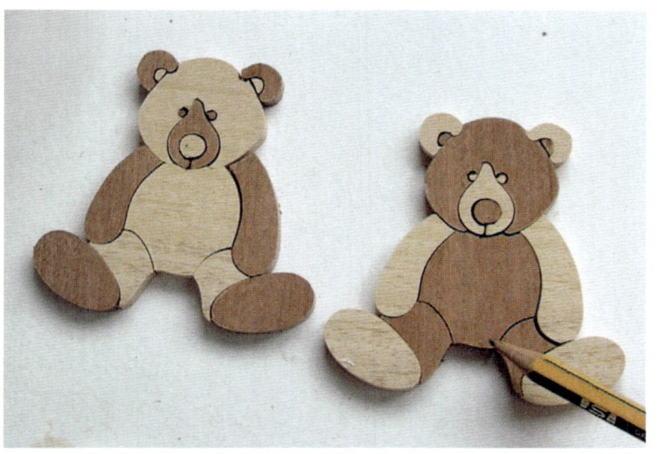

8 Jetzt können Sie die Stücke mischen, um ein Paar zweifarbiger Teddys zu erhalten. Beachten Sie den abwechselnden Faserverlauf im hellen und dunklen Holz.

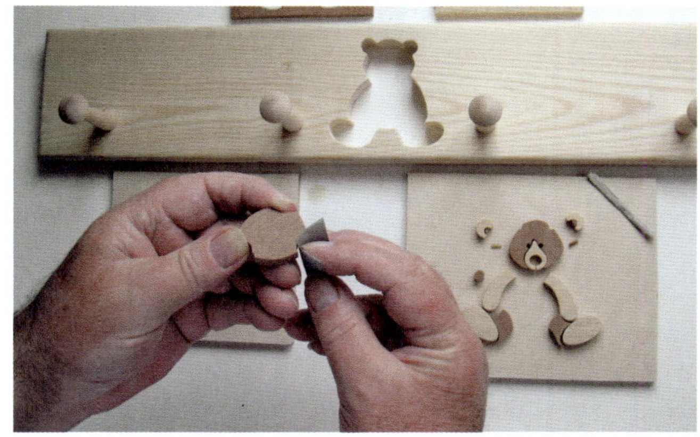

9 Schleifen Sie die Stücke in Handarbeit mit 320er Schleifpapier, um den Grat abzunehmen, und runden Sie die Kanten leicht ab. Wischen Sie die Teile mit einem Staubbindetuch ab, um den feinen Holzstaub zu entfernen. Tragen Sie einen matten Acrylklarlack auf die Stücke der Teddybären, die Rückplatte und die Haken auf, und lassen Sie den Lack gut trocknen.

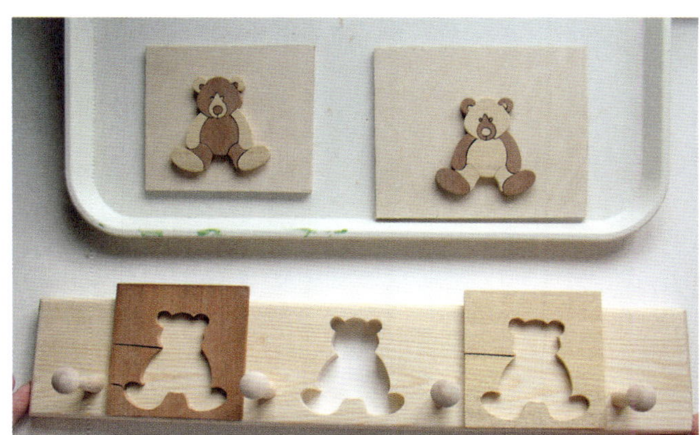

10 Bereiten Sie das Verleimen vor, indem Sie zuerst jeweils eine der Quadratschablonen zwischen dem äußeren und mittleren Haken platzieren. Legen Sie ein feuchtes Tuch und einen alten Pinsel bereit, um eventuell austretenden Leim abzunehmen. Geben Sie nacheinander an jedes Stück etwas Leim, und bringen Sie es auf der Rückplatte an. Nehmen Sie vorsichtig die Schablone ab, wenn Sie fertig sind, und kontrollieren Sie, dass die Stücke der Teddys richtig platziert sind. Legen Sie Montage beiseite, bis der Leim vollkommen trocken ist.

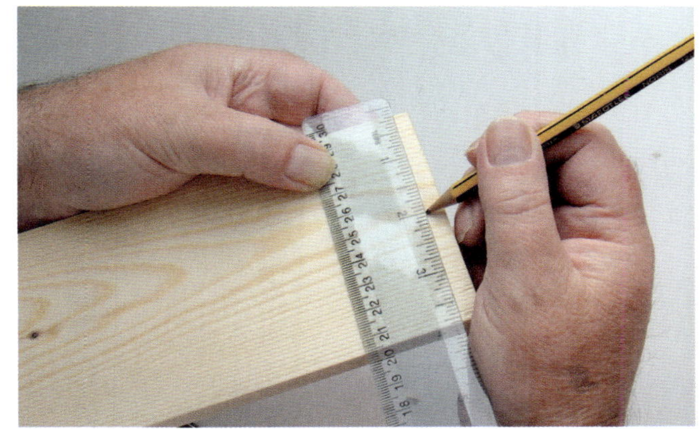

11 Drehen Sie dann die Garderobe um, und markieren Sie an jedem Ende mit Lineal und Bleistift die Mitte. Legen Sie die Spiegelaufhänger mittig auf die Bleistiftmarkierungen.

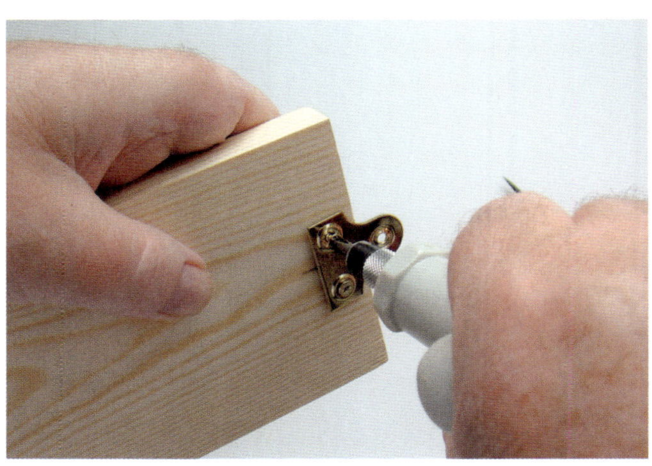

12 Stechen Sie mit einer Ahle Führungslöcher für die Schrauben, und befestigen Sie dann die Spiegelaufhängern mit den Schrauben. Jetzt müssen Sie die Garderobe nur noch an die Wand schrauben, um Ihren Kindern ein schöne und sichere Möglichkeit zu geben, Mäntel und Pullover aufzuhängen.

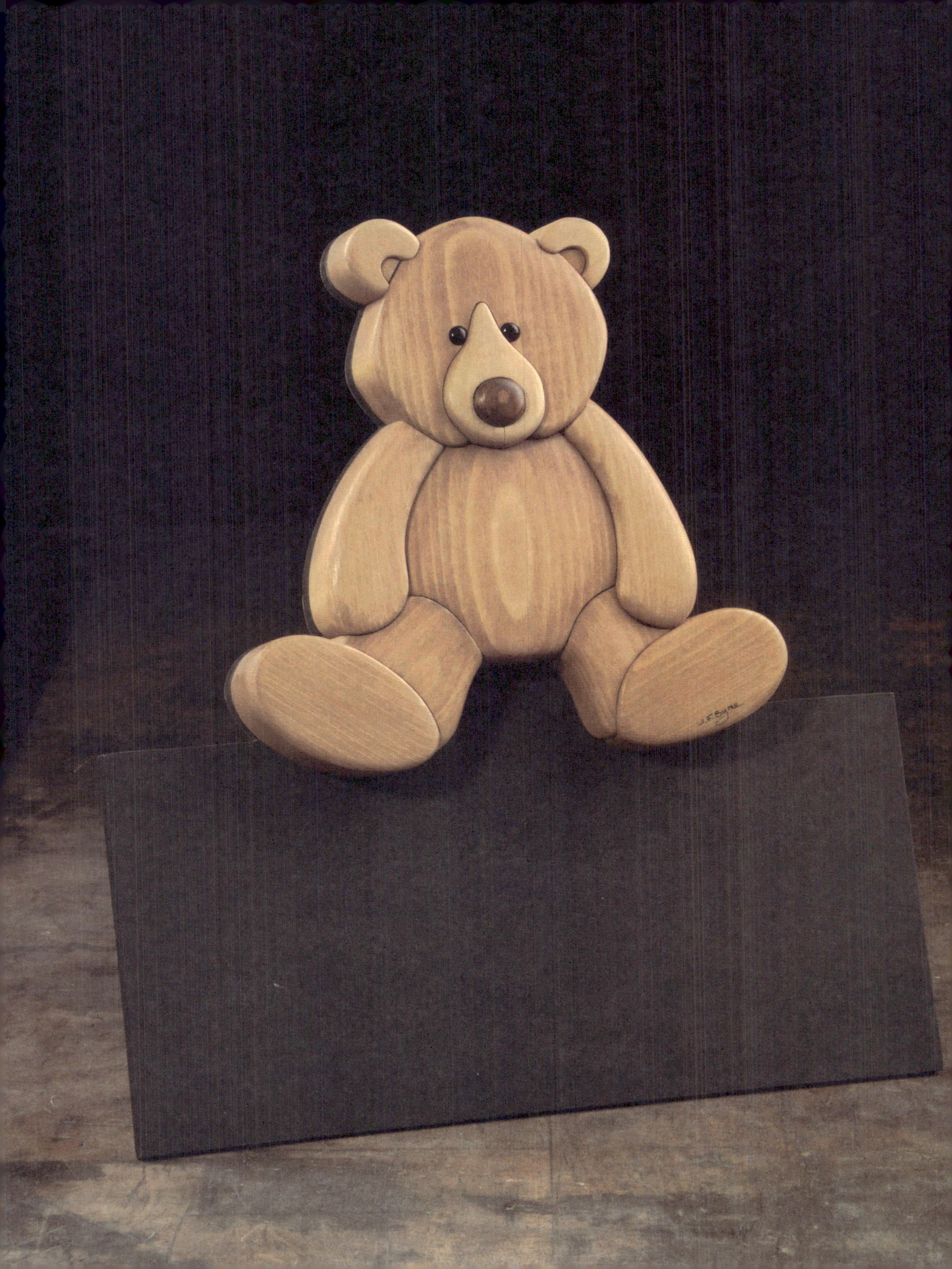

3.2
Namensschild mit Teddy

Dieses Namensschild mit Kreidetafel spricht junge wie ältere Kinder wegen des knuddligen Teddybären gleichermaßen an. Die jüngeren können lernen, ihren eigenen Namen zu schreiben, bei älteren steht vermutlich eher „Nicht stören!" auf der Tafel. Alternativ können Sie die Holzplatte auch mit einer dauerhaften Aufschrift versehen, wenn Sie das auf Seite 171 beschriebene Verfahren für ausgesägte Buchstaben verwenden.

Was man braucht:

- Birkensperrholz 300 x 280 x 6 mm
- Kiefernholz, 360 x 165 x 20 mm
- Kleines Reststück 4-mm-Sperrholz (als Unterlage für die Nase und Schnauze)
- Vier 65 mm lange Shaker-Haken
- Dekupiersäge mit Nr. 7 und Nr. 5 Blättern
- Tellerschleifer
- Trommelschleifmaschine und Multifunktionswerkzeug mit biegsamer Welle und 120er Schleifzylindern
- Schraubendreher
- Bleistift
- Fotokopierte Mustervorlagen
- Schwarzer Permanentmarker, fein
- Tischlerleim
- Klebestift
- Schleifklotz und Schleifpapier, 180er bis 320er Körnungen
- Staubbindetuch
- Brandmalkolben
- Malpinsel und 25-mm-Lackpinsel
- Mattschwarzer Kreidetafellack
- Beizen (Eiche hell und Nussbaum mittel) oder verdünnte Acrylfarbe
- Acrylfarbe, mattschwarz
- Acrylklarlack, matt
- farblose Wachspolitur
- D-Ring und Schraube(n)
- Ahle

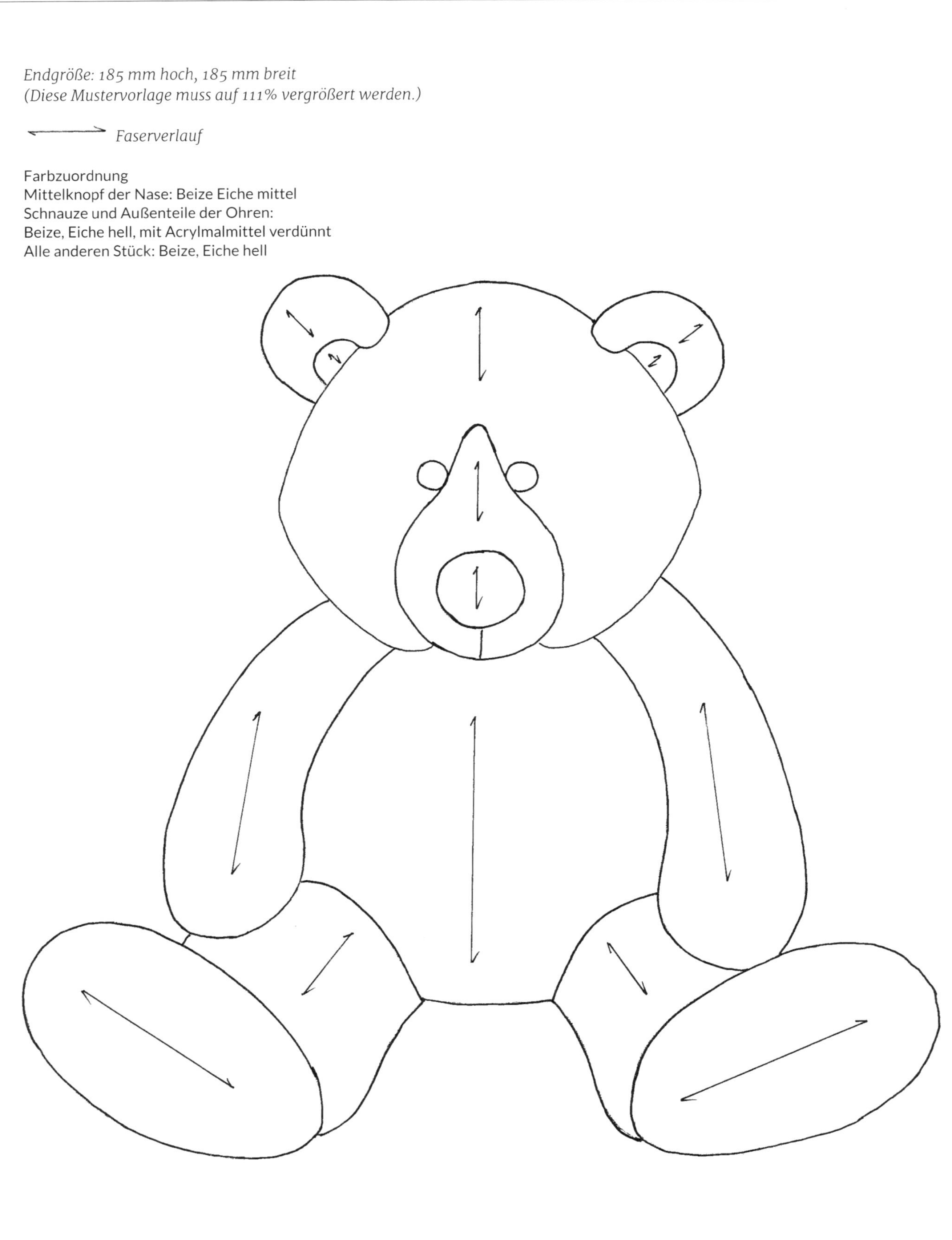
Endgröße: 185 mm hoch, 185 mm breit
(Diese Mustervorlage muss auf 111% vergrößert werden.)
Faserverlauf
Farbzuordnung
Mittelknopf der Nase: Beize Eiche mittel
Schnauze und Außenteile der Ohren:
Beize, Eiche hell, mit Acrylmalmittel verdünnt
Alle anderen Stück: Beize, Eiche hell

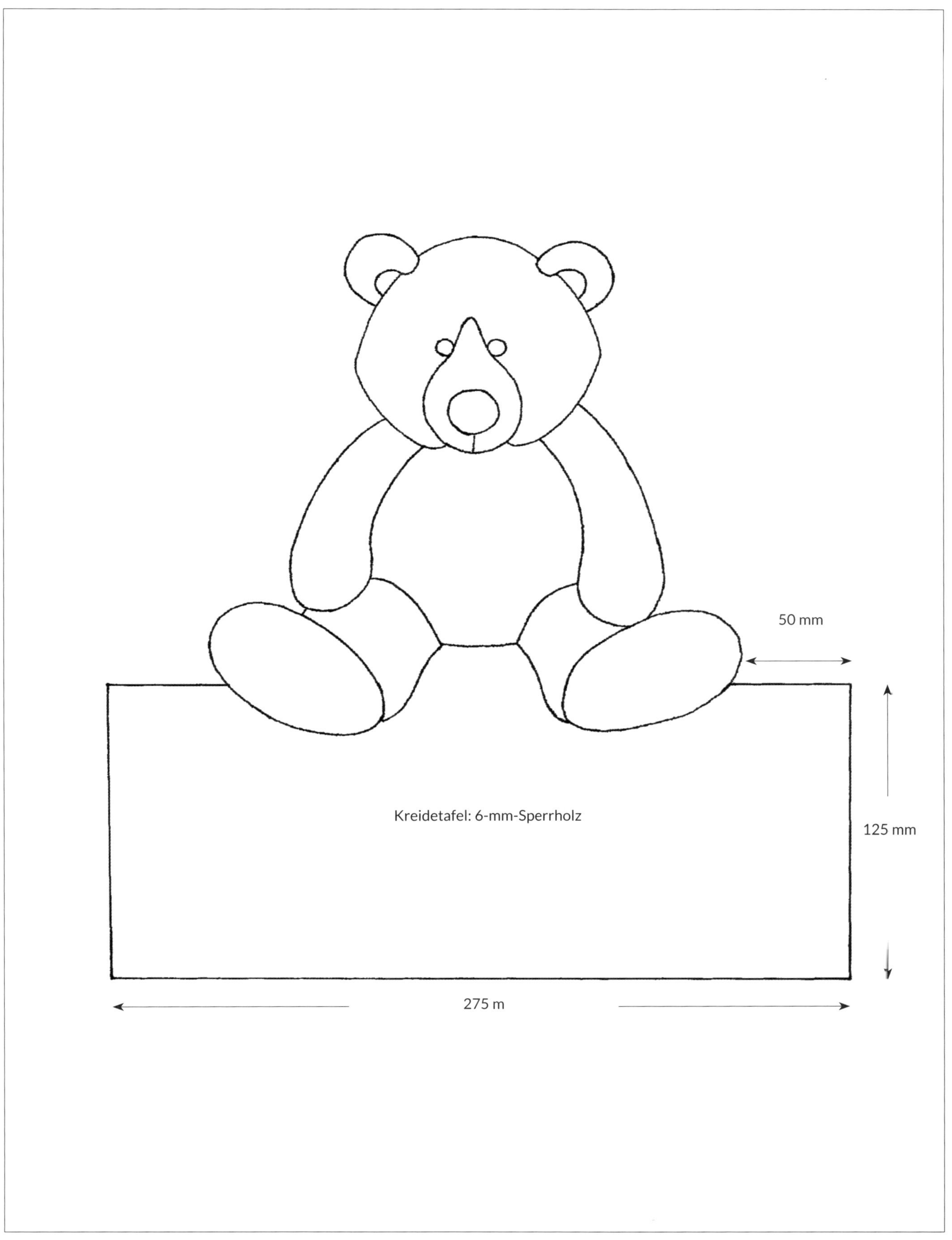
50 mm
Kreidetafel: 6-mm-Sperrholz
125 mm
275 m

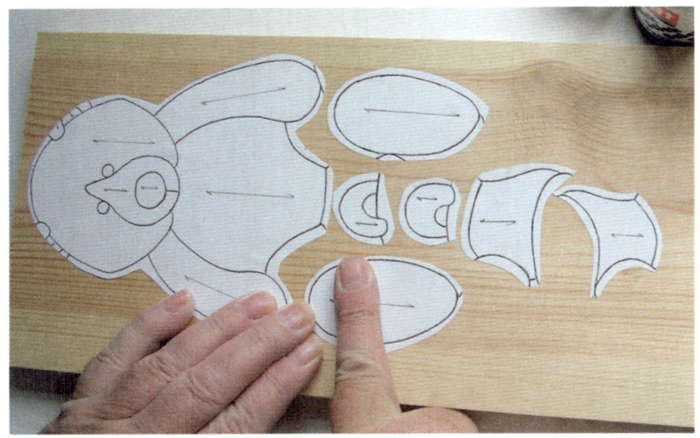

1 Beginnen Sie, indem Sie drei Fotokopien der Teddybären-Mustervorlage herstellen (185 x 185 mm). Teilen Sie die Vorlage wie aus der Abbildung zu ersehen in sieben Stücke, und legen Sie diese so auf das Holz, dass die Pfeile mit dem Faserverlauf übereinstimmen. Befestigen Sie die Musterstücke mit dem Klebestift am Holz.

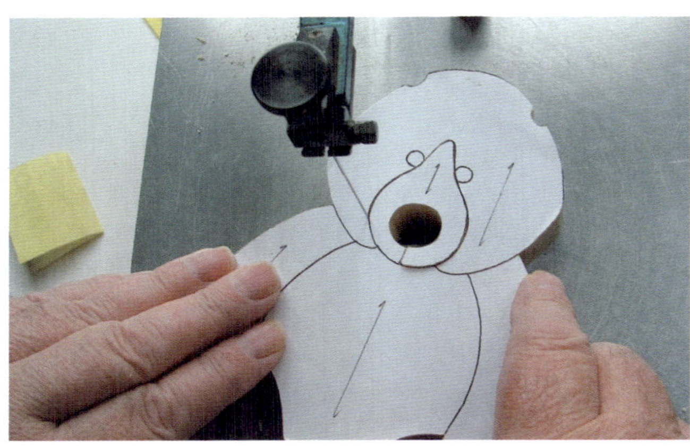

2 Sägen Sie zuerst das Stück für Kopf, Körper und Arme aus, dann die Ohren. Kontrollieren Sie, dass diese beide richtig an den Kopf passen, bevor Sie mit den Beinen und Füßen weitermachen. Trennen Sie dann Kopf, Körper und Arme in einzelne Stücke.

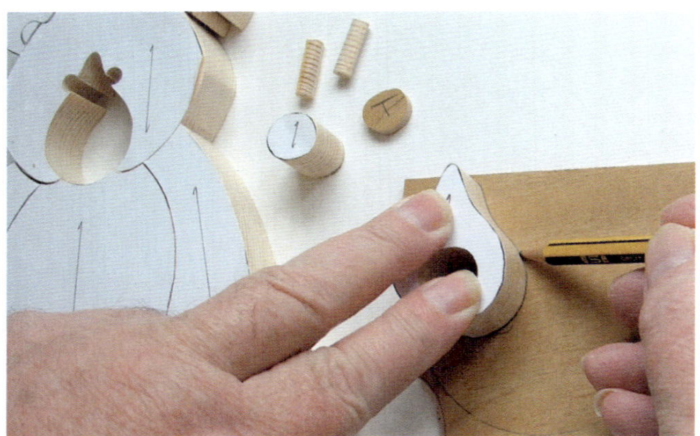

3 Geben Sie der Schnauze und Nase eine stärkere Reliefwirkung, indem Sie sie auf das kleine Reststück Sperrholz legen und mit einem Bleistift die Umrisse beider Teile übertragen.

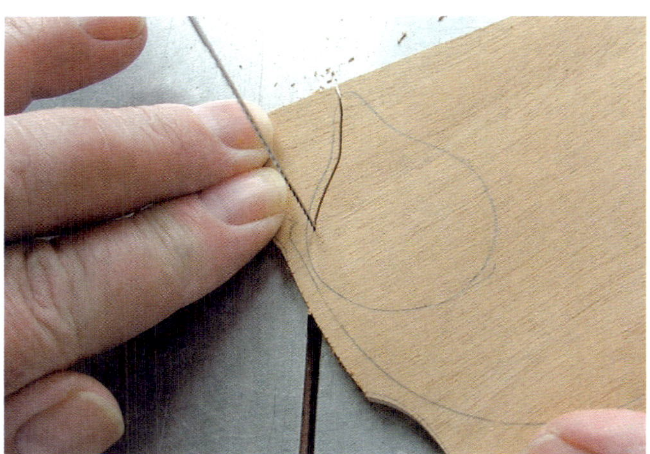

4 Sägen Sie etwa 2 mm innerhalb dieser Linien entlang. So passt die Sperrholzzulage gut hinter die anderen Stücke.

5 Indem man die Teile des Teddys auf unterschiedliche Stärken abschleift und die Außenkanten abrundet, gibt man der Figur ein dreidimensionales Aussehen. Verwenden Sie zuerst den Tellerschleifer, um unterschiedliche Reliefhöhen zu erzeugen. Schleifen Sie den Bauch 4 mm flacher. Führen Sie dazu das Stück mit einer seitlichen Schaukelbewegung an die Schleifscheibe, damit die Mitte etwas höher bleibt und der Teddy so ein schönes rundes Bäuchlein bekommt.

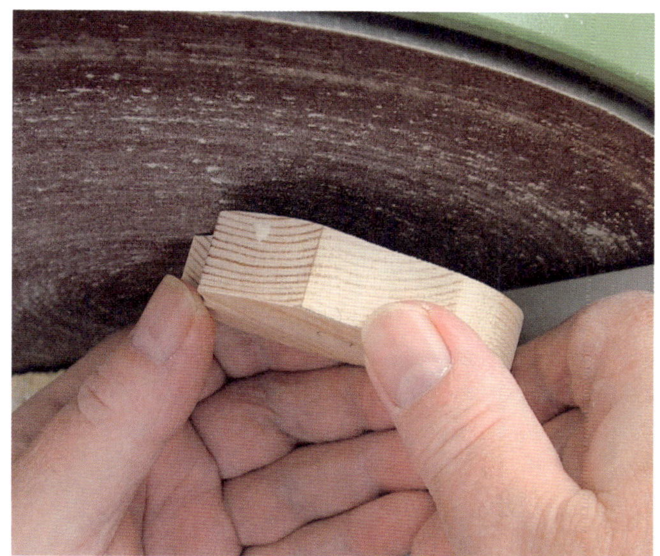

6 Übertragen Sie die Stärke dieses Stückes auf jedes Bein, und schleifen Sie bis zu der Markierung, aber nicht über sie hinunter. Übertragen Sie dann die Stärke der Beine auf die Füße. Diese müssen kaum abgeschliffen werden, höchstens vielleicht bis auf 1 oder 2 mm oberhalb der Markierung. Markieren Sie dann die Stärke des Körpers und der Beine auf die beiden Arme, schleifen Sie die Beine ab, und runden Sie die Außenkanten der Arme ab. Bleiben Sie dabei aber etwa 2 mm oberhalb der Markierung.

Am Kopf müssen nur die Außenkanten leicht abgerundet werden. Die inneren Ohrstücke werden mit dem Kopf bündig geschliffen.

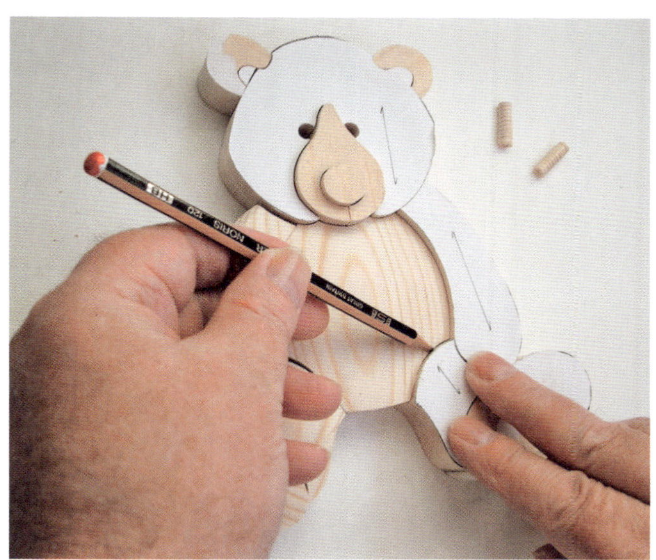

7 Alle anderen Schleifarbeiten können mit dem Trommelschleifer und dem Multifunktionswerkzeug mit biegsamer Welle ausgeführt werden. Denken Sie daran, immer mit der Faser zu schleifen, um so eventuell vom Tellerschleifer stammende Spuren zu entfernen. Es geht nur darum, alle Außenkanten abzurunden, ohne dabei nach unten über die Bleistiftmarkierungen hinaus zu schleifen. Auch hier beginnt man mit dem Bäuchlein, dessen Mitte dabei schön rundlich bleiben sollte. Bearbeiten Sie jedes Stück, und übertragen Sie danach die neue Stärke mit dem Bleistift auf die Nachbarn. Das Foto zeigt den Bären, nachdem auf dieser Weise zur Hälfte bearbeitet worden ist.

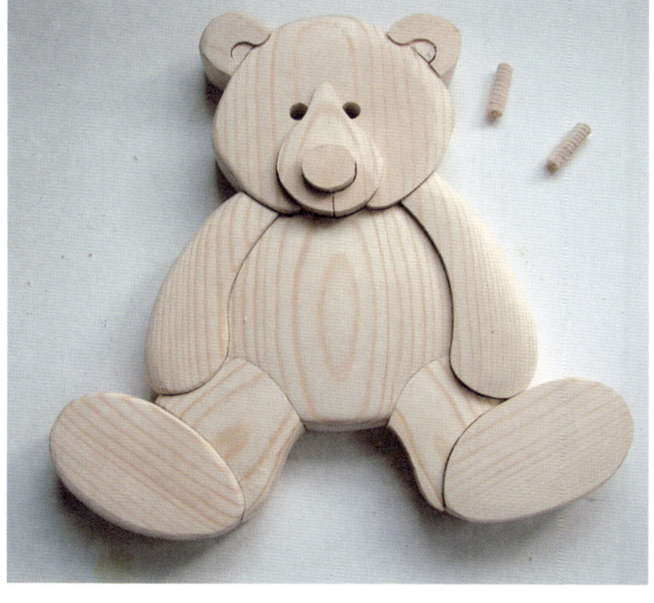

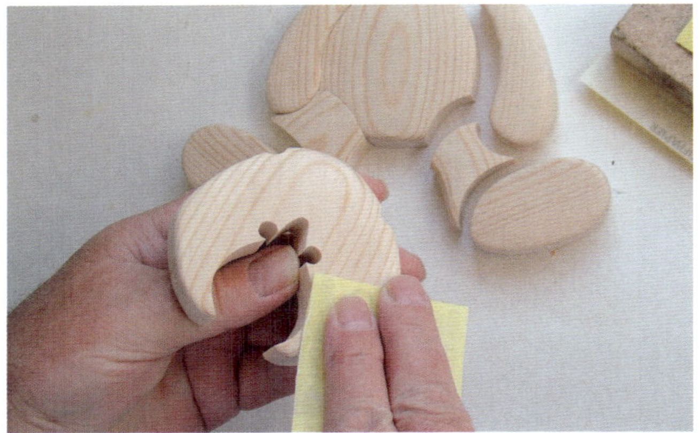

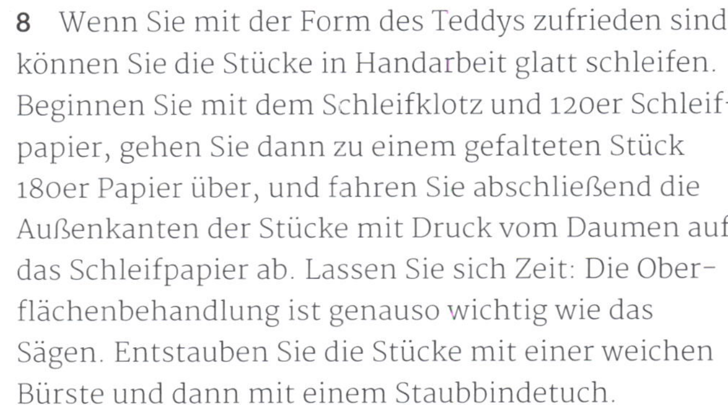

8 Wenn Sie mit der Form des Teddys zufrieden sind, können Sie die Stücke in Handarbeit glatt schleifen. Beginnen Sie mit dem Schleifklotz und 120er Schleifpapier, gehen Sie dann zu einem gefalteten Stück 180er Papier über, und fahren Sie abschließend die Außenkanten der Stücke mit Druck vom Daumen auf das Schleifpapier ab. Lassen Sie sich Zeit: Die Oberflächenbehandlung ist genauso wichtig wie das Sägen. Entstauben Sie die Stücke mit einer weichen Bürste und dann mit einem Staubbindetuch.

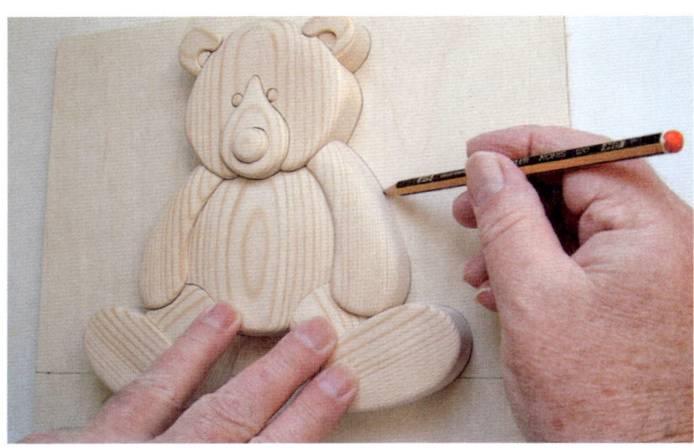

9 Legen Sie die Teile des Teddys auf der großen Sperrholzplatte aus. Die Figur sollte 125 oberhalb der Unterkante stehen, rechts und links von den Füßen sollten 50 mm Sperrholz sein. Übertragen Sie dann mit einem spitzen Bleistift den Umriss des Teddys bis zum oberen Teil der Kreidetafel.

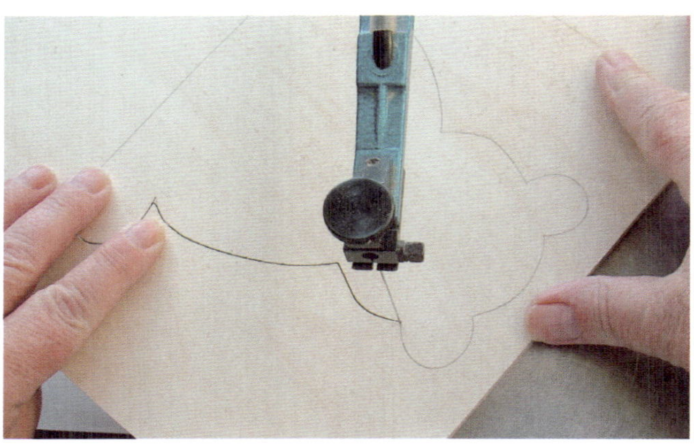

10 Wechseln Sie das Blatt in der Dekupiersäge zu einem Nr. 5. Setzen Sie den Schnitt an der 50 mm langen graden Linie an, führen Sie ihn dann nach oben und am Umriss des Teddys entlang und auf der anderen Seite wieder an der anderen graden Linie hinaus. Tragen Sie Schleifgrund auf der Rückseite des Sperrholzes auf, und lassen Sie ihn trocknen. Schleifen Sie hochstehende Holzfasern leicht mit 280er Schleifpapier ab, und entfernen Sie den Schleifstaub dann mit einem Staubbindetuch.

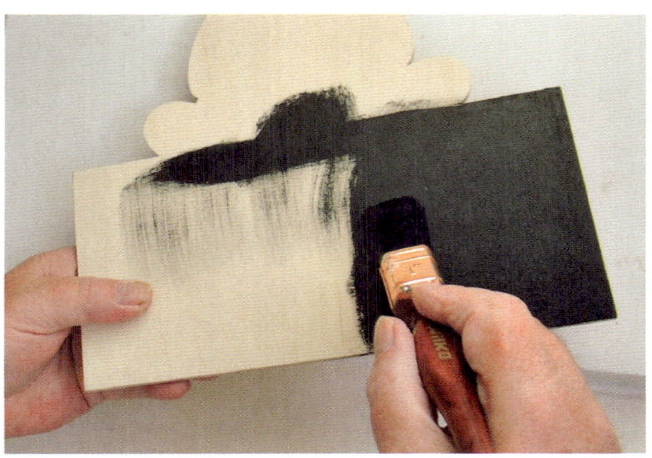

11 Bemalen Sie den Tafelteil der Sperrholzplatte mit einem matten Kreidetafellack. Eventuell müssen Sie zwei Schichten auftragen. Wenn der Tafellack trocken ist, bemalen Sie mit einem kleinen Malpinsel alle Kanten mit mattschwarzem Acryllack, um das Ganze ordentlicher aussehen zu lassen.

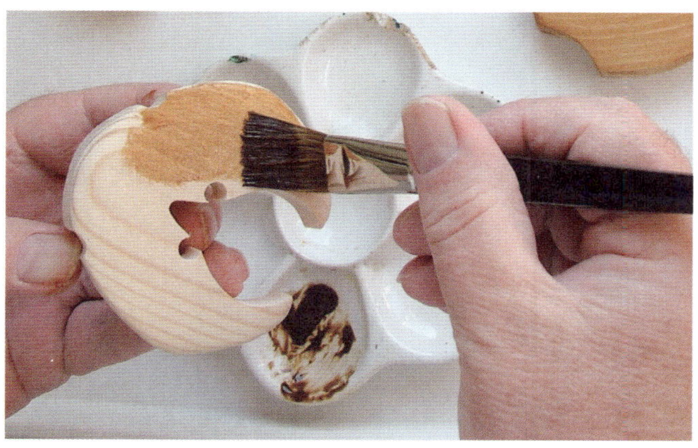

12 Wir haben die Figur zum Großteil mit Beize Eiche hell gefärbt. Für die Schnauze und die Ohren haben wir sie mit Acrylmalmittel aufgehellt. Die Nase ist mit Beize Eiche mittel etwas dunkler gefärbt. Die Oberfläche der Augen wurde mit einem Brandmalkolben geschwärzt, man kann aber auch eine dunklere Beize oder einen dunkelbraunen Filzstift verwenden. Lassen Sie die Beize trocknen, schleifen Sie leicht mit 320er Schleifpapier nach, und wischen Sie wieder mit einem Staubbindetuch nach.

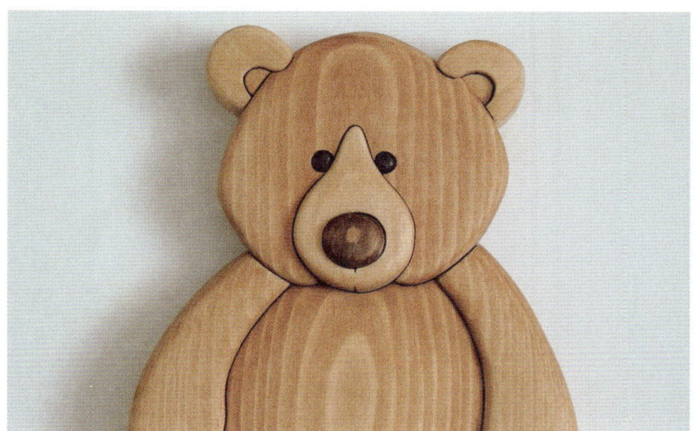

13 Tragen Sie einen matten Acrylklarlack auf, auf der Nase und den Augen als Kontrast einen glänzenden Lack. Wenn der Lack trocken ist, schleifen Sie noch einmal leicht nach, und entstauben Sie mit dem Staubbindetuch. Wenn Sie möchten, können Sie zu diesem Zeitpunkt eines der Stücke mit einem feinen schwarzen Permanentmarker signieren. Geben Sie anschließend noch eine Schicht Wachspolitur auf die Vorderseite und die Kanten jedes Stücks – nicht auf die Rückseite –, und polieren Sie zu einem schönen Glanz.

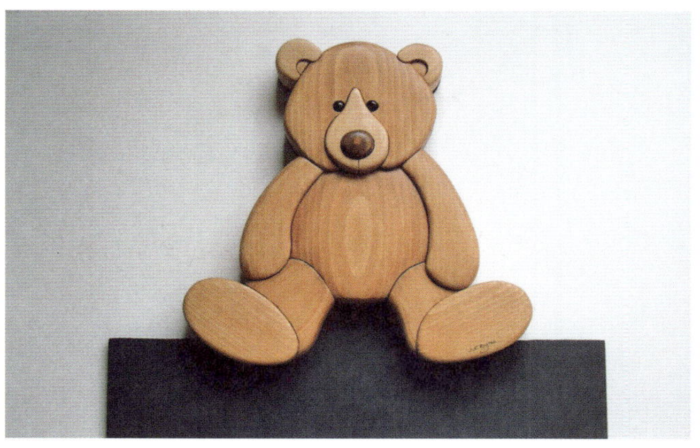

14 Legen Sie ein feuchtes Tuch und einen alten Pinsel bereit, um bei der Montage des Teddys eventuell austretenden Leim abzunehmen. Geben Sie Leim an die Rückseite des Kopfs, und drücken Sie ihn fest an. Kleben Sie dann die Ohren an. Bringen Sie die Sperrholzzulage für die Schnauze an, dann die Schnauze selbst, und verfahren Sie bei den Stücken für die Nase auf die gleiche Weise. Fügen Sie nach und nach alle anderen Teile hinzu, bis Sie schließlich die Füße erreicht haben. Nehmen Sie überschüssigen Leim ab, bevor er trocknet.

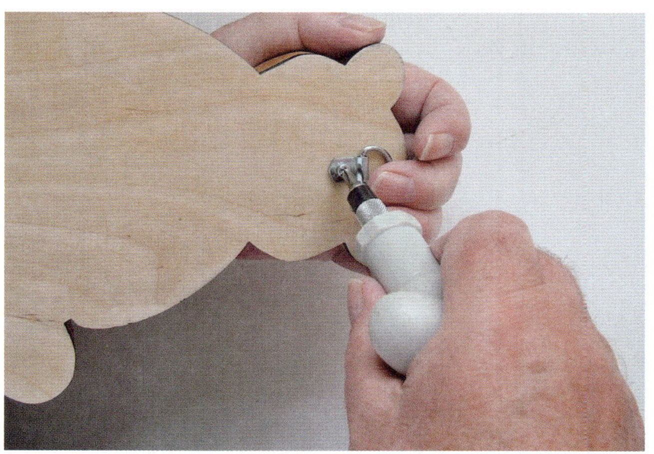

15 Wenn der Leim trocken ist, bringen Sie an der Rückseite einen D-Ring an. Die richtige Stelle dafür ermitteln Sie, indem Sie den Teddy zwischen Daumen und Zeigfinger hochhalten, sodass er waagerecht hängt. Legen Sie das Werkstück mit der Vorderseite nach unten auf ein weiches Tuch, stechen Sie mit einer Ahle das Führungsloch für den D-Ring, und schrauben Sie diesen mit einem Kreuzschlitzschraubendreher fest. Jetzt braucht der Teddy nur noch eine passende Tür, an der er aufgehängt werden kann, und ein Stück Kreide!

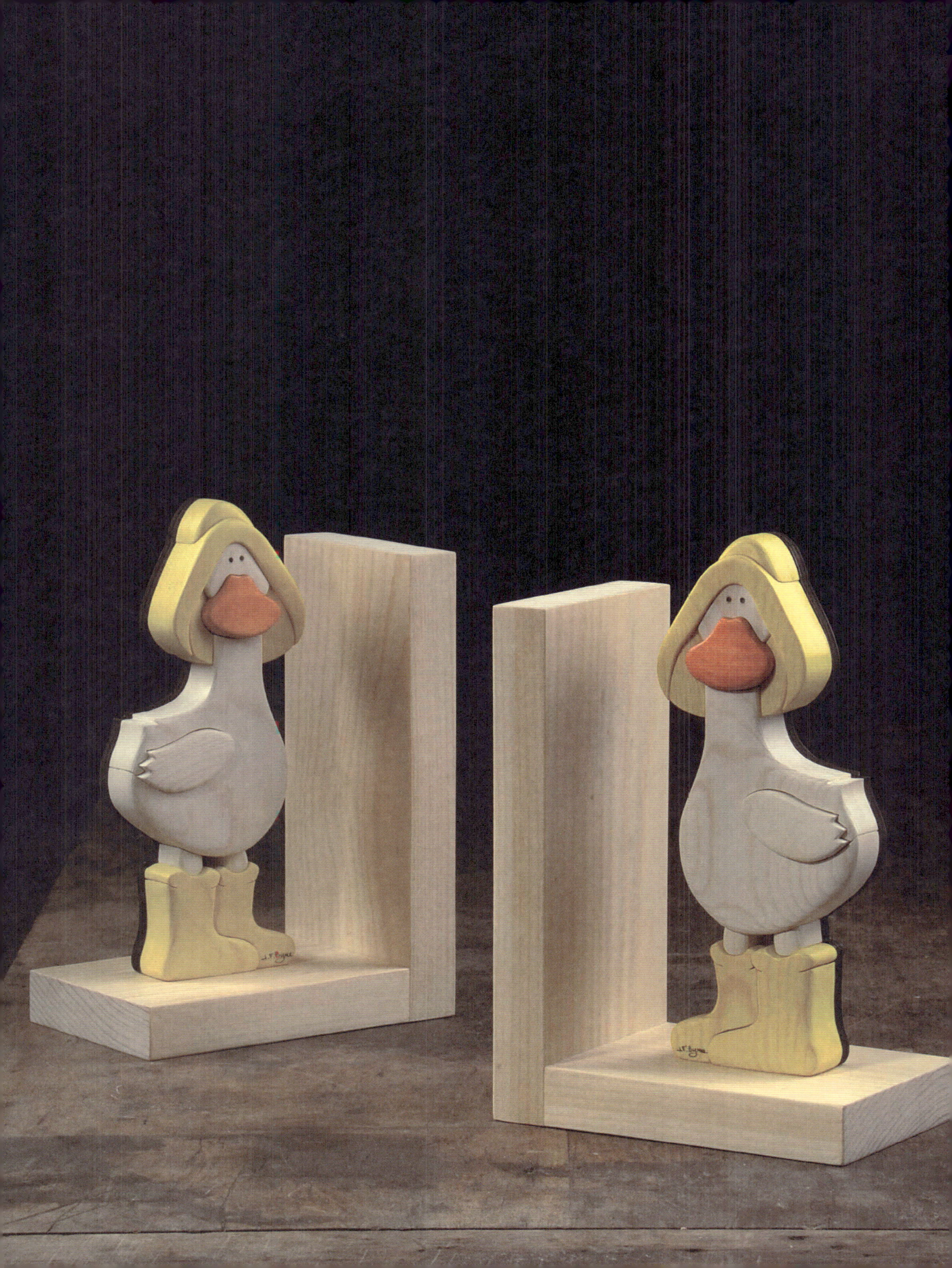

3.3
Buchstützen mit Enten

Es gibt drei gute Gründe, diese lustigen Buchstützen herzustellen: Ihre Kinder werden sie lieben, sie werden deshalb öfter ihre Bücher aufräumen, und so herrscht auch im Bücherregal oder auf dem Bücherbord eher Ordnung. Es ist nie zu früh, Kindern gute Angewohnheiten nahezulegen.

Was man braucht:

- Brasilianische Araukarie für die Buchstützen, 610 x 90 x 20 mm
- Kiefernholz für die Enten, 610 x 100 x 20 mm
- Birkensperrholz 255 x 255 x 6 mm
- Zwei kurze Stücke Laubholzdübelstange, 10 mm und 4 mm Durchmesser
- Kleines Reststück 4-mm-Sperrholz (als Unterlage für die Flügel und Schnäbel)
- Dekupiersäge mit einem Blatt Nr. 7
- Tellerschleifer
- Trommelschleifmaschine und Multifunktionswerkzeug mit biegsamer Welle und 120er Schleifzylindern
- Ahle
- Ständerbohrmaschine mit 3-, 4- und 10-mm-Bohrern.
- Vier Kreuzschlitzschrauben, 32 x 4mm
- Kreuzschlitzschraubendreher
- Federzwinge
- Brandmalkolben
- Bleistift
- Tischler- oder Kombiwinkel
- Lineal
- Kleines Zeichendreieck
- Fotokopierte Mustervorlagen
- Tischlerleim
- Klebestift
- Schleifklotz und Schleifpapier, 180er bis 320er Körnungen
- Staubbindetuch
- Malpinsel
- Acrylfarbe: gelb, weiß und mattschwarz
- Beize (Zeder) oder verdünnte Acrylfarbe
- Acrylmalmittel
- Acrylklarlack, matt
- farblose Wachspolitur
- weiches Tuch oder Bürste zum Polieren

Auf den Punkt gebracht

Sie können auch andere Figuren als Enten verwenden. Bedenken Sie jedoch, dass Figuren aus Büchern und Comicfilmen durch das Urheberrecht geschützt sind: Sie machen sich eines Gesetzesbruchs schuldig, wenn Sie eine bekannte Figur kopieren und Ihre Arbeit dann zum Verkauf anbieten.

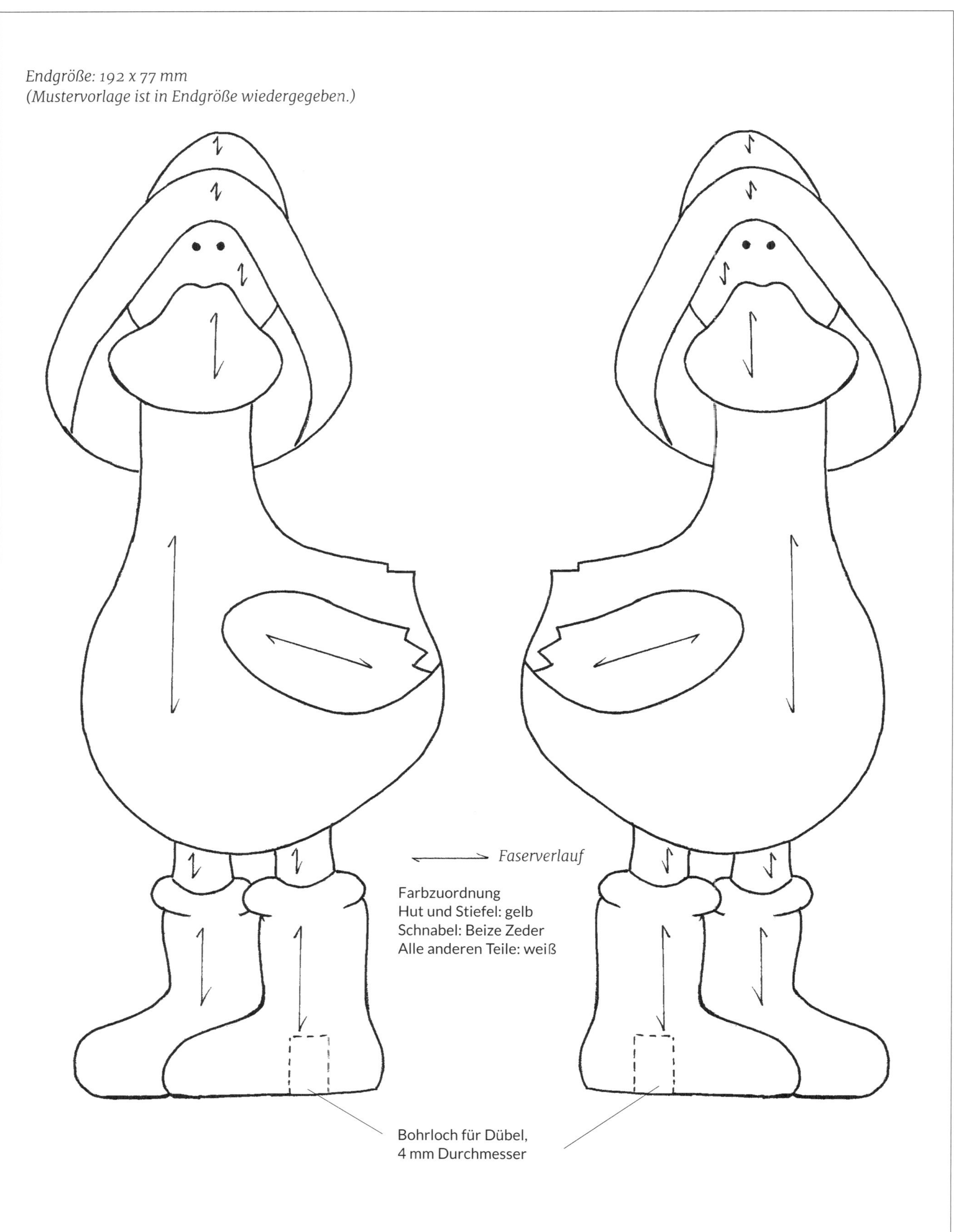

Endgröße: 192 x 77 mm
(Mustervorlage ist in Endgröße wiedergegeben.)
Faserverlauf
Farbzuordnung
Hut und Stiefel: gelb
Schnabel: Beize Zeder
Alle anderen Teile: weiß
Bohrloch für Dübel,
4 mm Durchmesser

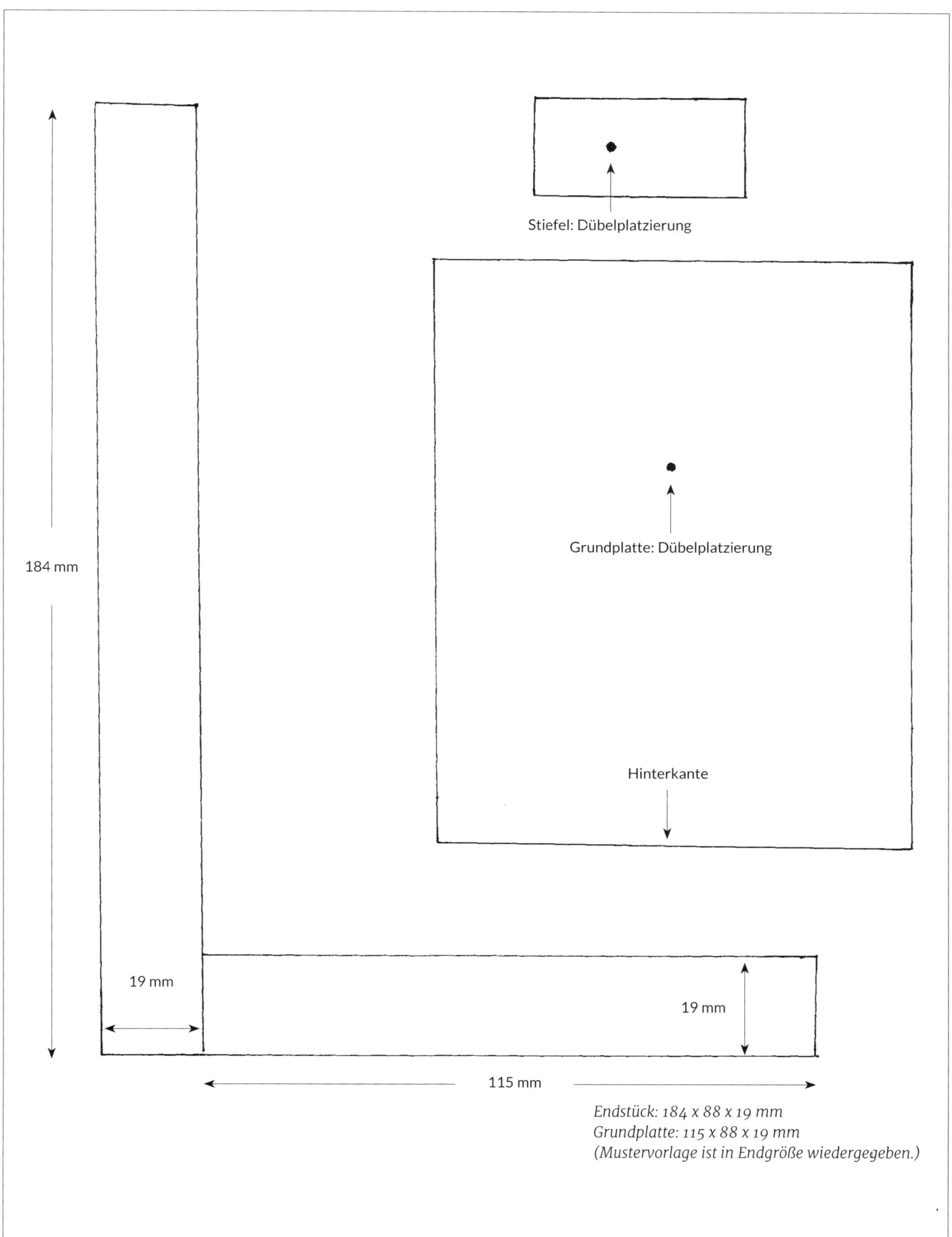

Endstück: 184 x 88 x 19 mm
Grundplatte: 115 x 88 x 19 mm
(Mustervorlage ist in Endgröße wiedergegeben.)

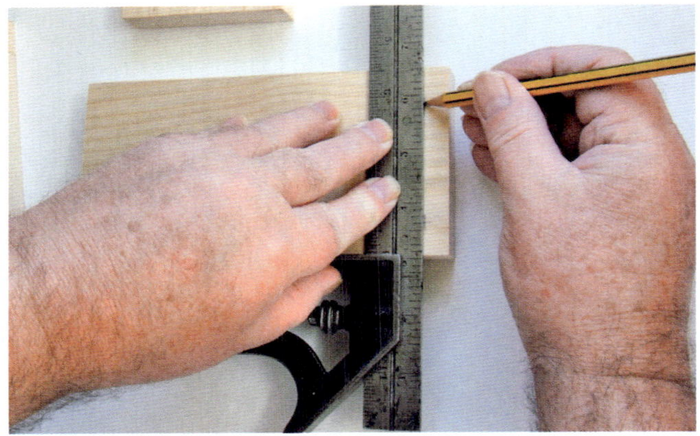

1 Reißen Sie zuerst die Maße der Grundplatten und Endstücke auf der Brasilianischen Araukarie an (oder dem Holz, das sie als Alternative ausgewählt haben). Die Abmessungen sind in der Zeichnung angegeben. Spannen Sie ein Blatt Nr. 7 in die Dekupiersäge ein, richten Sie es aus und spannen Sie es, wie auf Seite 17 angegeben. Schneiden Sie die vier Teile aus, und glätten Sie die Schnittkanten mit 180er Schleifpapier und einem Schleifblock.

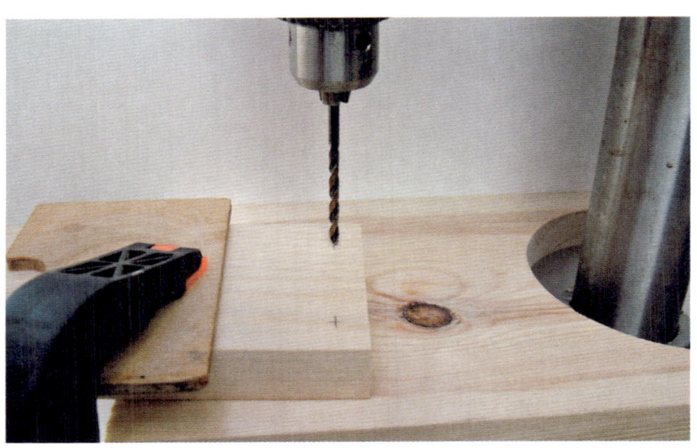

2 Die Endstücke und Grundplatten werden miteinander verschraubt. Spannen Sie einen 3-mm-Bohrer in die (Ständer-) bBohrmaschine. Legen Sie die beiden Endstücke mit der Sichtseite nach unten, und kennzeichnen Sie die Lage der Bohrlöcher: 10 mm von der Unterkante und 20 mm von den beiden Seiten. Richten Sie jede Markierung unter dem Bohrer aus, und spannen Sie die Werkstücke ein. Bohren Sie dann durchgehende Löcher.

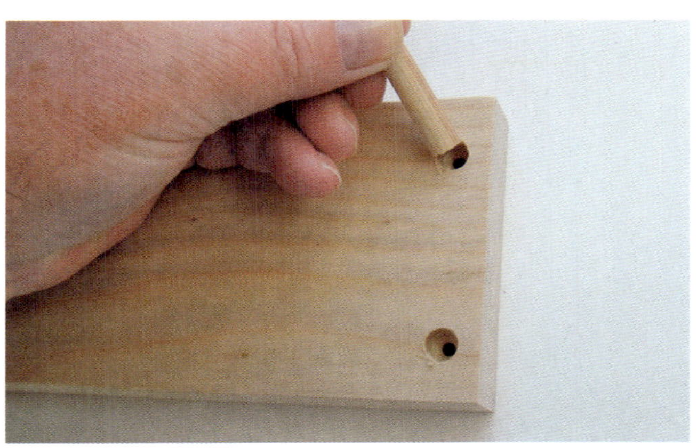

3 Wechseln Sie zu einem 10-mm-Bohrer, und erweitern Sie das Bohrloch bis zu einer Tiefe von etwa 6 mm. In dieses Sackloch werden später kurze Dübelstücke eingepasst, um die Schrauben zu verdecken. Legen Sie die Teile auf eine ebene Arbeitsfläche, und stellen Sie jeweils ein Paar aus Grundplatte und Endstück zusammen. Geben Sie Leim an das Ende der Grundplatte, stellen Sie das Endstück senkrecht dagegen, und drehen Sie die Schrauben ein. Falls Leim austreten sollte, wird er mit einem feuchten Tuch abgenommen.

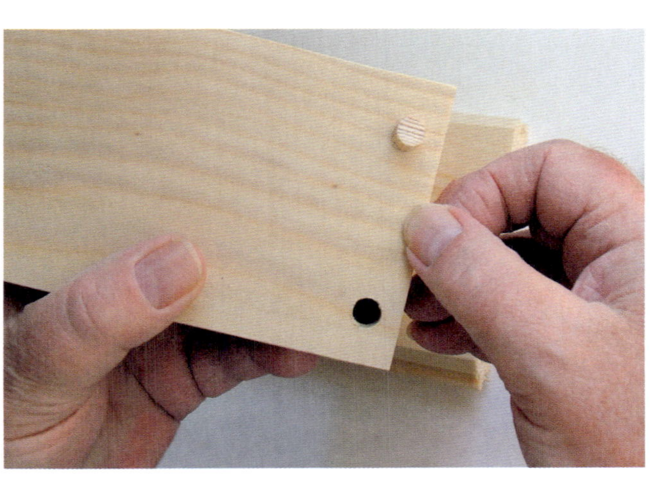

4 Schneiden Sie vier Stücke von der 9-mm-Dübelstange ab, die geringfügig länger als die Tiefe der Sachlöcher sind. Geben Sie in jedes Bohrloch etwas Leim, richten Sie die Dübel am Faserverlauf aus, und legen Sie ein kleines Stück Sperrholz auf das Ende jedes Dübels, bevor Sie ihn mit dem Hammer eintreiben. Lassen Sie den Leim vollständig trocknen, und schleifen Sie die Dübel mit 180er Schleifpapier und dem Schleifklotz mit den Endstücken bündig. Behandeln Sie die Oberflächen der Stützen mit mattem Acrylklarlack.

5 Stellen Sie je zwei Kopien der Vorlagen für die nach rechts und die nach links blickende Ente her. Der Faserverlauf im Flügel weicht von der in restlichen Vogel ab, er muss also extra ausgesägt werden. Befestigen Sie die Vorlagen mit Klebestift am Holz. In der Fotografie sieht man Fred, der gerade eine Markierung über die Fuge zwischen Körper und Beinen angebracht hat, damit sie nach dem Aussagen wieder genau zusammengelegt werden können. Markieren Sie so auch die Stellen, an denen der Hut auf beiden Seiten an den Hals stößt.

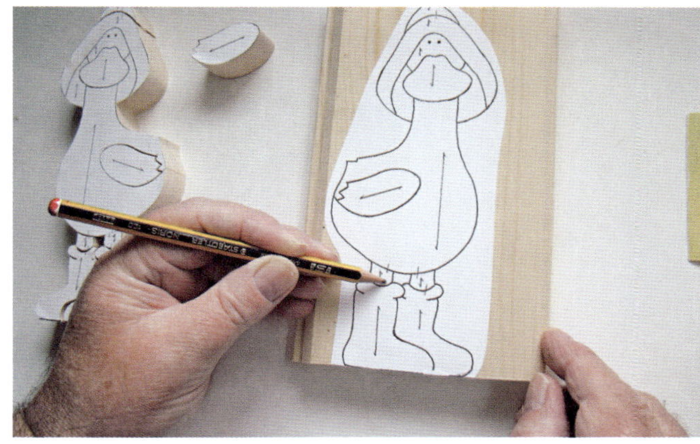

6 Sägen Sie die Flügelstücke zuerst aus, und kontrollieren Sie ihre Passung am Körper der Ente. Falls die Passung nicht genau ist, übertragen Sie den tatsächlichen Umriss auf den Körper, und sägen Sie an diesem neuen Riss entlang. Sägen Sie weiter, bis Sie alle Teile der beiden Enten ausgeschnitten haben. Verwenden Sie eine der auf den Seiten 20–21 beschriebenen Methoden, um die Spitzen der Flügelfedern auszuschneiden.

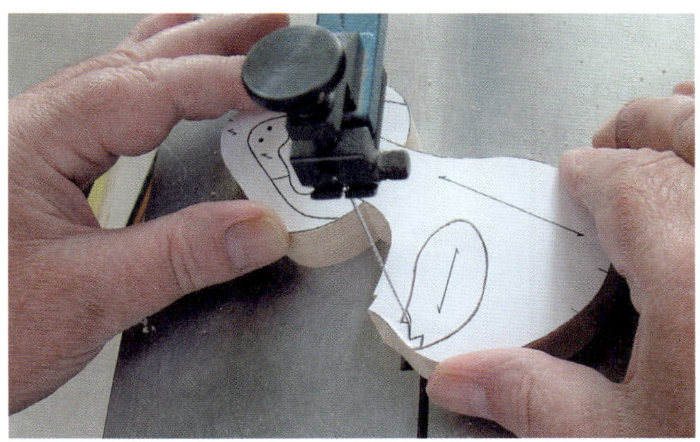

7 Schneiden Sie Zulagen aus einem Reststück Sperrholz, die unter den Flügel und Schnabel gelegt werden, damit diese sich über den Rest der Oberflächen erheben. Übertragen Sie die Umrisse der Schnabel- und Flügelstücke, und schneiden Sie das Sperrholz mit etwas Untermaß aus.

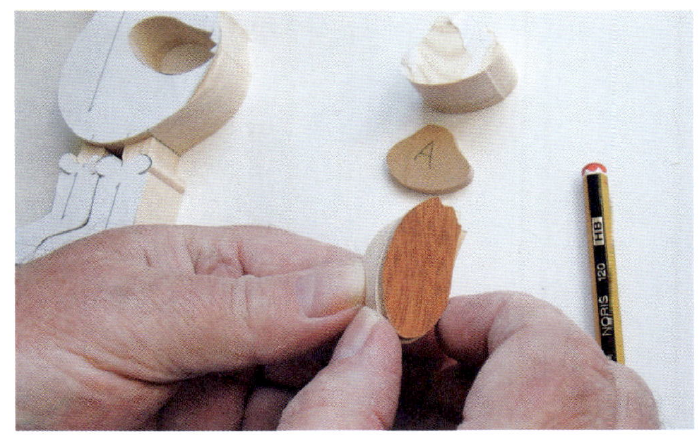

8 Mit Dübeln wird die Ente zusätzlich stabilisiert, außerdem ist es einfacher, ihre Stellung auf der Buchstütze festzulegen. Spannen Sie einen 4-mm-Bohrer in die Ständerbohrmaschine ein, und kleben Sie dann die kleine Postionierungsvorlage auf der Unterseite des Stiefels, den Sie mit einer Federzwinge sichern. Kontrollieren Sie mit einem kleinen Zeichendreieck, dass der Stiefel senkrecht unter dem Bohrer steht, bevor Sie 13 mm in den Stiefel hineinbohren.

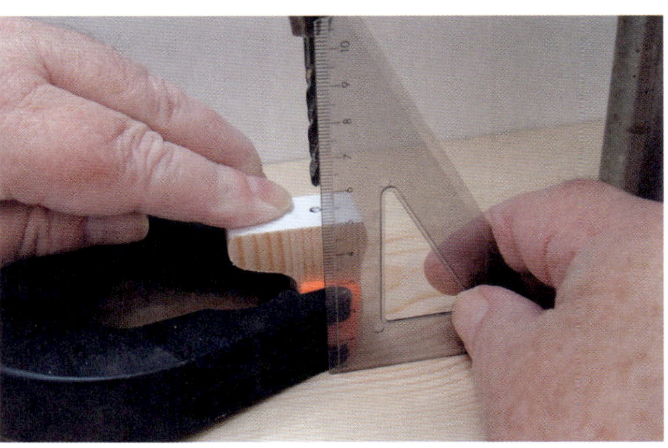

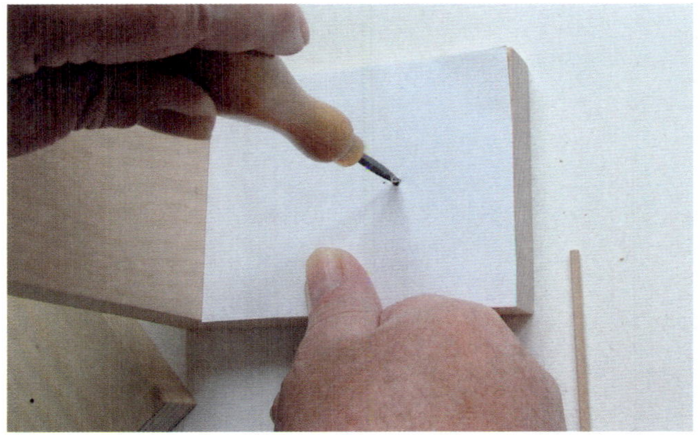

9 Legen Sie die große Positionierungsvorlage so auf die Grundplatte, dass die hintere Vorlagenkante am Endstück der Buchstütze anliegt, und stechen Sie dann mit einer Ahle durch die Vorlage in das Holz. Spannen Sie die Buchstütze unter der Ständerbohrmaschine ein, und bohren Sie das Loch auf die gleiche Weise wie zuvor.

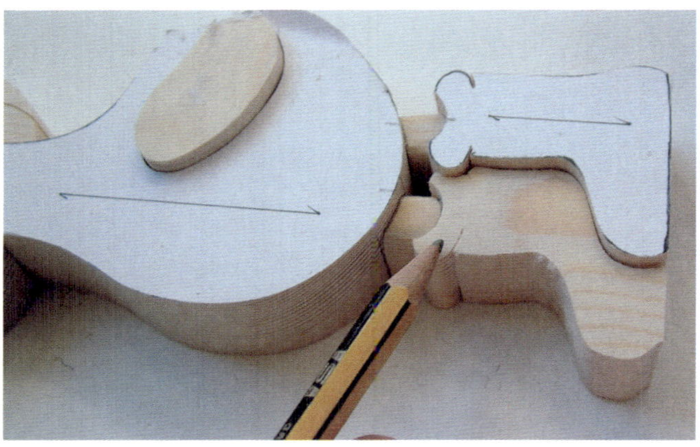

10 Reduzieren Sie mit der Tellerschleifmaschine die Stärke der Beine um 4 mm und die Spitze des Huts um 5 mm. Die anderen Formgebungsarbeiten können mit dem Trommelschleifer und dem Multifunktionswerkzeug mit biegsamer Welle ausgeführt werden. Runden Sie die Seiten der Beine ab, und übertragen Sie dann die Stärke jedes Beins auf den Körper und die Stiefel. Schleifen Sie den hinteren Stiefel bis knapp über die Bleistiftmarkierung, übertragen Sie dann die Stärke dieses Stiefels auf den vorderen Stiefel, und formen Sie diesen auf die gleiche Weise. Der vordere Stiefel steht etwas weiter vor als der hintere.

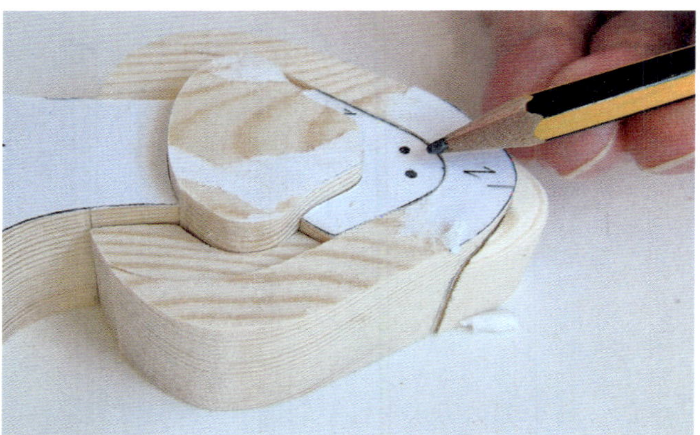

11 Formen Sie den Hut so, dass der vordere Teil hoch bleibt und die Seiten der Krempe sich nach unten hin verjüngen. Bringen Sie die inneren Teile des Huts auf die gleiche Stärke wie die Kante der Krempe, und lassen Sie dann die Innenkanten nach unten zum Kopf hin verlaufen, sodass der Eindruck entsteht, die Krempe verliefe hinten um den Hals herum. Reduzieren Sie die Stärke des Kopfes so, dass er nur etwas flacher als das Oberteil des Huts ist, aber immer noch stärker als die inneren Teile des Huts.

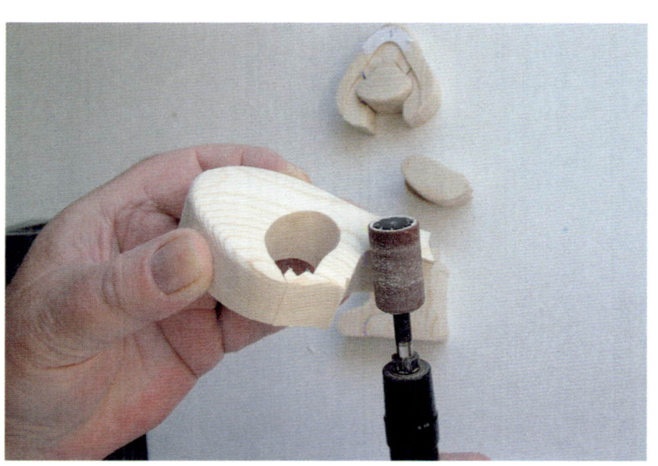

12 Übertragen Sie die Stärke des Huts auf beide Seiten des Halses, runden Sie dann den gesamten Körper ab, und formen Sie ihn. Verwenden Sie das Multifunktionswerkzeug mit einem Schleifzylinder kleinen Durchmessers, um die kleinen Innenkurven zu schleifen. Achten Sie darauf, nicht über ihre Stärkenmarkierungen hinunter zu schleifen.

13 Zeichnen Sie abschließend einen Bleistiftstrich um die vorstehenden Schnabel- und Flügelteile, reduzieren Sie oben am Schnabel die Stärke, belassen Sie ihn unten aber in voller Stärke, und formen Sie den Flügel, sodass er den Körper um 2 mm überragt. Schleifen Sie alle Stücke in Handarbeit mit 120er und dann mit 180er Schleifpapier glatt. Wischen Sie alles mit einem Staubbindetuch ab, um den feinen Holzstaub zu entfernen.

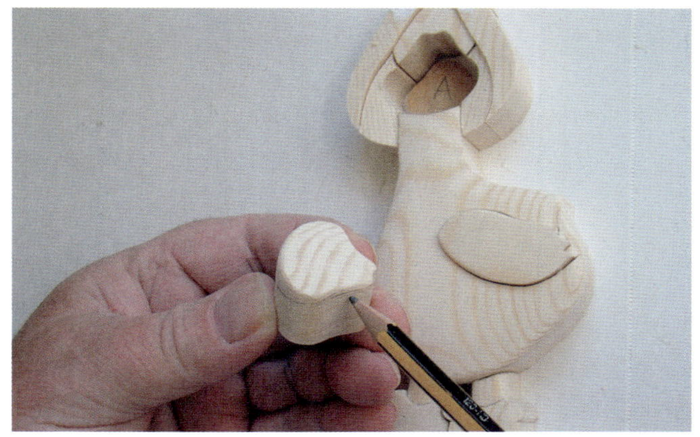

14 Legen Sie die beiden Enten auf dem 6-mm-Sperrholz zusammen, und übertragen Sie die Umrisse mit einem spitzen Bleistift auf das Sperrholz. Schneiden Sie mit der Dekupiersäge die beiden Trägerstücke aus dem Sperrholz. Falls Sie das kleine Stück zwischen den Beinen entfernen möchten, bohren Sie zuerst wie in der Fotografie zu sehen ein kleines Loch, um das Sägeblatt hindurchzuführen. Andernfalls bemalen Sie dieses kleine Stück einfach schwarz. Die Kanten leicht anschleifen, den Staub abnehmen und die Kanten mattschwarz bemalen.

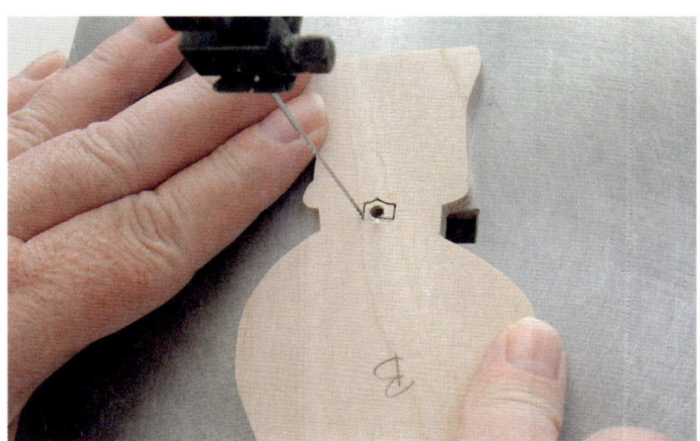

15 Bemalen Sie die Enten auf die übliche Weise. Mischen Sie jede der Farben mit Malmittel, um sie transparenter zu machen. Nehmen Sie den Farbüberstand nach dem Bemalen ab. Schleifen Sie ganz leicht mit 320er Schleifpapier nach, und wischen Sie wieder mit einem Staubbindetuch nach. Markieren Sie anhand der Mustervorlage die Lage der Augen, und brennen Sie diese dann sorgfältig mit einem kleinen runden Aufsatz im Brandmalkolben. Alternativ können Sie die Augen auch mit schwarzer Farbe aufmalen. Tragen Sie matten Acrylklarlack auf alle Teile auf, und polieren Sie nach.

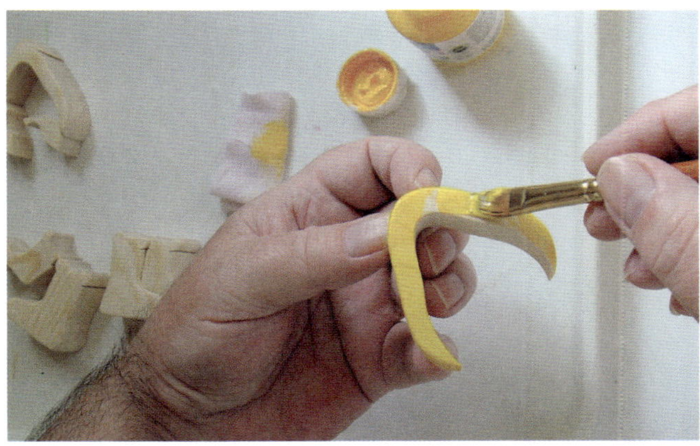

16 Leimen Sie die Enten Stück für Stück auf die Träger, vom Hut hinunter bis zu den Stiefeln. Lassen Sie den Leim trocknen, und geben Sie dann etwas Leim in das kleine Bohrloch in der Grundplatte. Stecken Sie ein 25 mm langes 4-mm-Dübelstück in das Bohrloch. Geben Sie auch Leim an das obere Ende des Dübels und an die Unterseite der Stiefel an, führen Sie den Dübel in das Loch im Stiefel, und drücken Sie die Ente kräftig auf die Grundplatte. Lassen Sie das ganze Stück gut trocknen, bevor Sie es in Gebrauch nehmen.

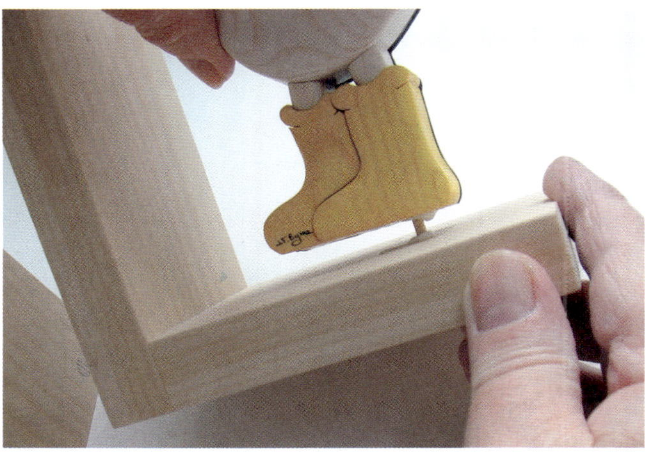

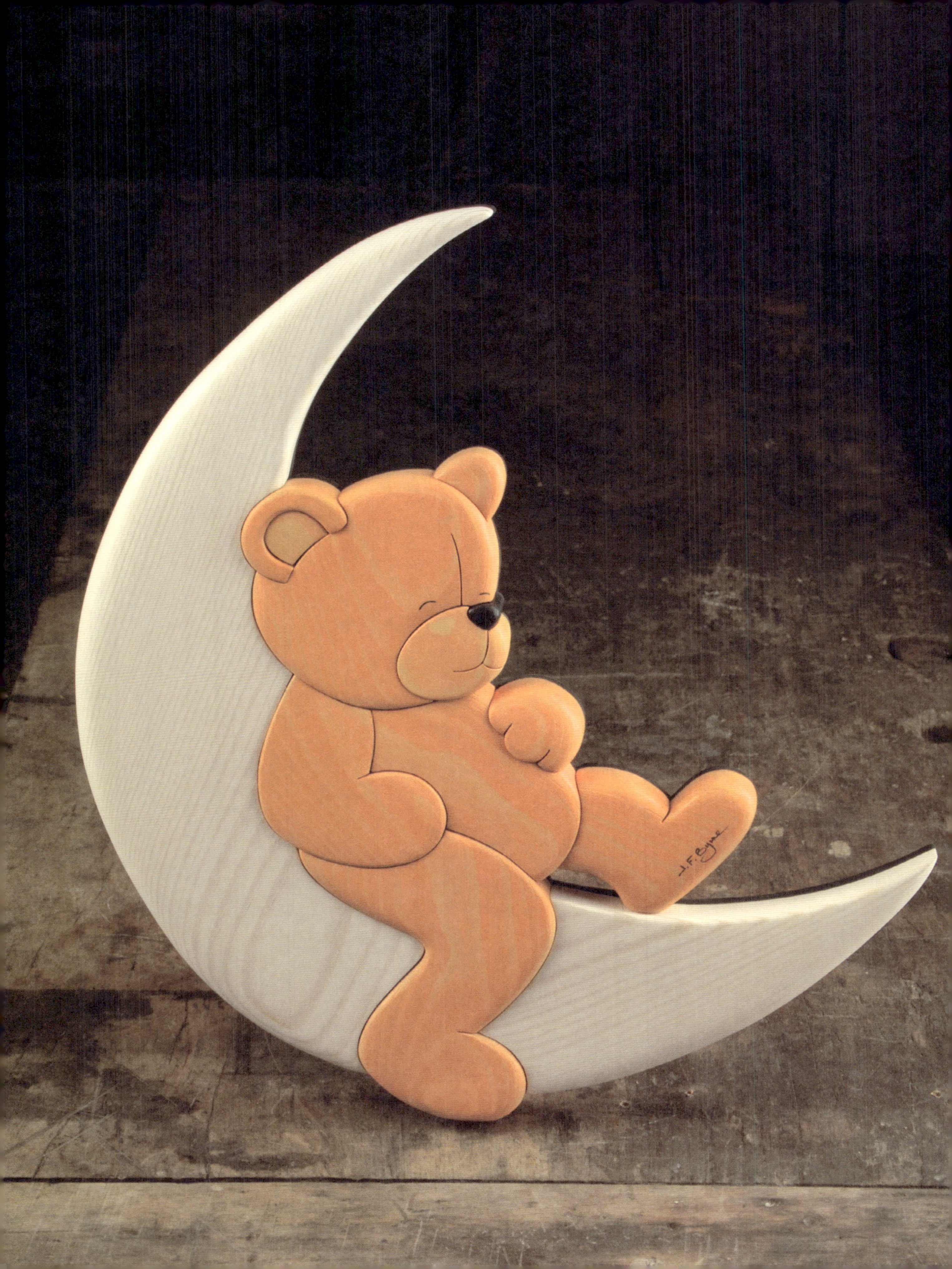

3.4 Mondträume

Diese kleine Wanddekoration mit einem Teddy, der auf dem Mond ein Nickerchen macht, eignet sich immer als schönes Geschenk für ein Kind – ganz unabhängig von der Jahreszeit. Die Mustervorlage ist recht vielseitig verwendbar. Man könnte Sie zu einem hängenden Mobile verwandeln, indem man ein spiegelbildliches Paar aus dünnerem Holz anfertigt und Rückseite an Rückseite klebt, oder man schneidet den Umriss einfach aus einem einzelnen Stück Holz aus und bemalt die Figur nach Wunsch farbig. So oder so ist es ein Werkstück, das viel Spaß macht.

Was man braucht:

- Kiefernholz, 630 x 170 x 20 mm
- 6-mm-Sperrholz, 330 x 320 mm
- Dekupiersäge mit einem Blatt Nr. 7
- Tellerschleifer
- Trommelschleifer und Multifunktionswerkzeug mit Gummitrommel-Schleifaufsatz
- Ahle
- Schraubendreher
- Schleifklotz und Schleifpapier, 120er bis 320er Körnungen
- Transparentpapier
- Kohlepapier
- Bleistift
- Malpinsel
- Acrylfarben: weiß, schwarz, gelb und gebrannte Siena
- Langsam trocknendes Acrylmalmedium
- Acrylklarlack, matt oder seidenmatt
- farblose Wachspolitur
- weiches Tuch oder Bürste zum Polieren
- Schleifgrund
- Tischlerleim
- Staubbindetuch
- schwarze Permanentmarker, fein und breit
- D-Ring und kleine Schraube

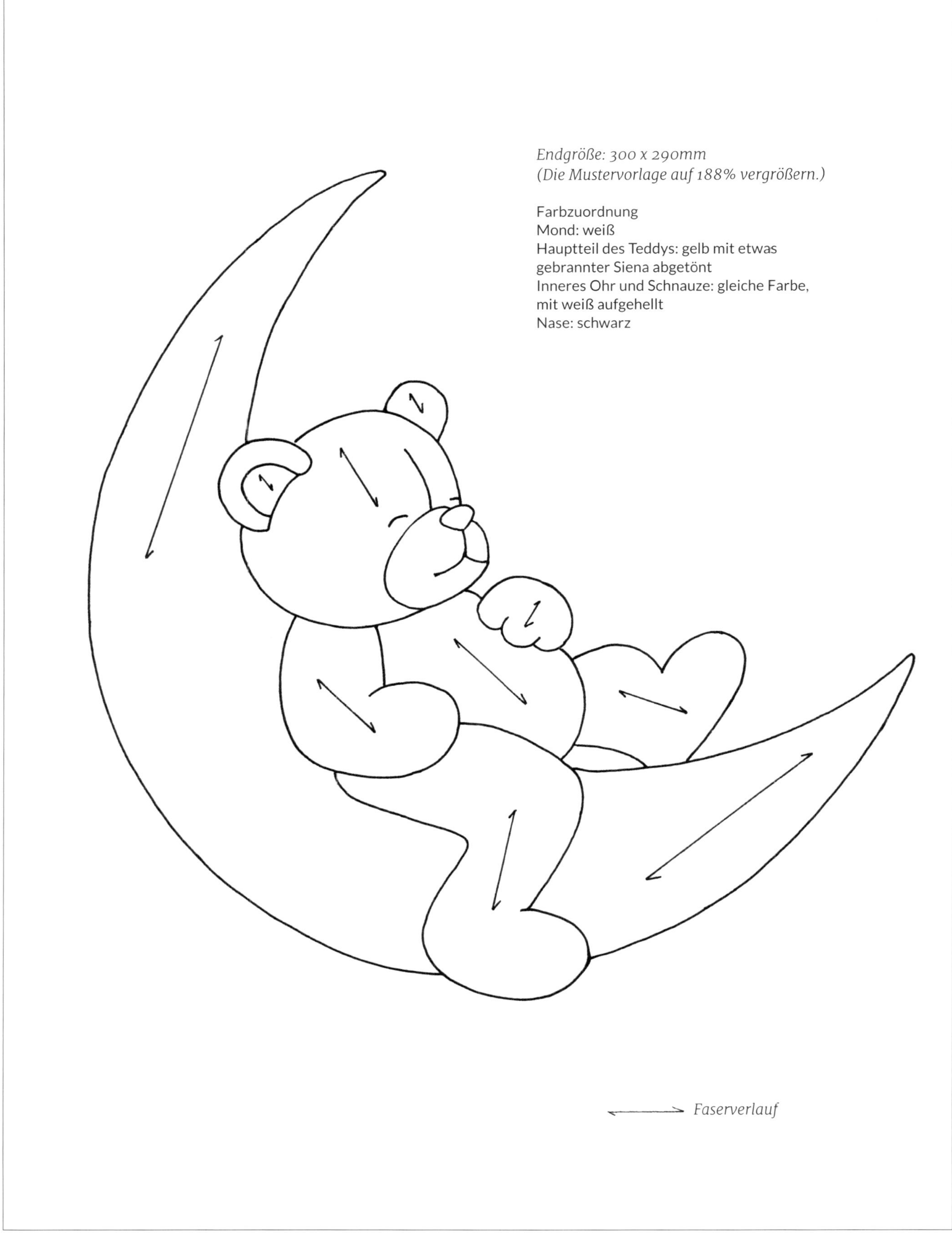

Endgröße: 300 x 290mm
(Die Mustervorlage auf 188% vergrößern.)

Farbzuordnung
Mond: weiß
Hauptteil des Teddys: gelb mit etwas gebrannter Siena abgetönt
Inneres Ohr und Schnauze: gleiche Farbe, mit weiß aufgehellt
Nase: schwarz

1 Bei diesem Werkstück haben wir die traditionellere Methode verwendet und das Muster mit Kohlepapier direkt auf das Holz übertragen. Sie können aber natürlich auch wie sonst mit dem Klebestift arbeiten, falls Ihnen das lieber ist. Vergrößern Sie die Mustervorlage auf ungefähr die angegebenen Abmessungen, und übertragen Sie das Muster auf Transparentpapier. Pausen Sie jedes Teil mit dem Kohlepapier auf das Kiefernholz durch. Achten Sie darauf, dass der Faserverlauf im Holz jeweils mit den Pfeilen des Musters übereinstimmt.

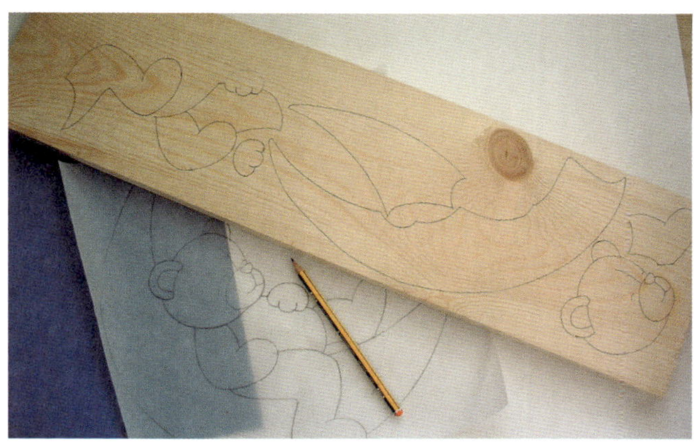

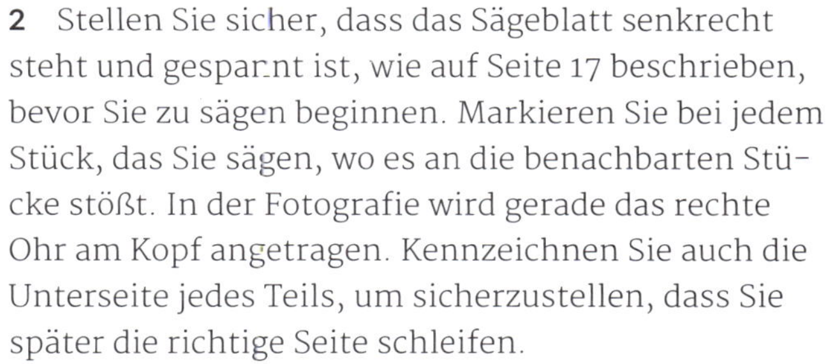

2 Stellen Sie sicher, dass das Sägeblatt senkrecht steht und gespannt ist, wie auf Seite 17 beschrieben, bevor Sie zu sägen beginnen. Markieren Sie bei jedem Stück, das Sie sägen, wo es an die benachbarten Stücke stößt. In der Fotografie wird gerade das rechte Ohr am Kopf angetragen. Kennzeichnen Sie auch die Unterseite jedes Teils, um sicherzustellen, dass Sie später die richtige Seite schleifen.

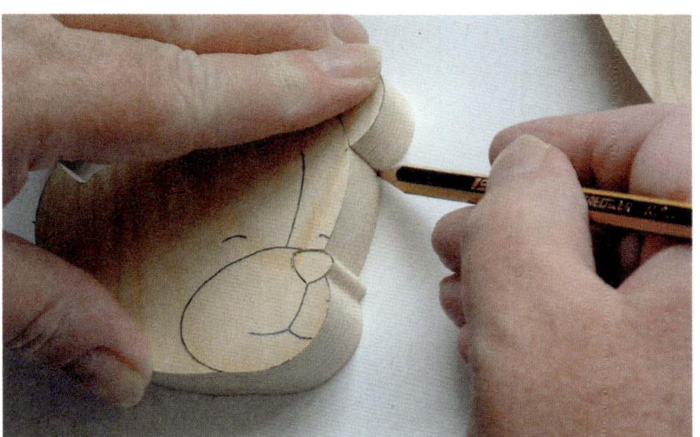

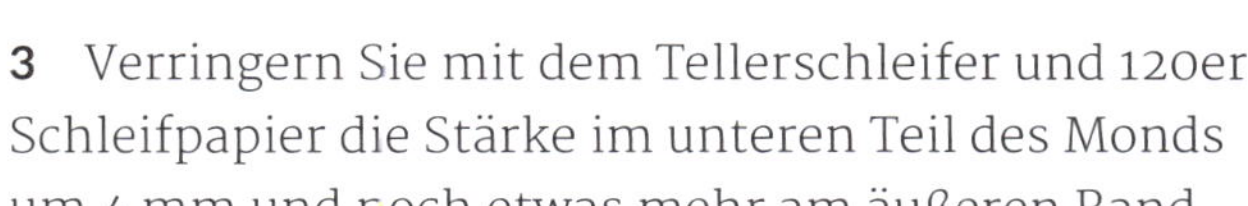

3 Verringern Sie mit dem Tellerschleifer und 120er Schleifpapier die Stärke im unteren Teil des Monds um 4 mm und noch etwas mehr am äußeren Rand.

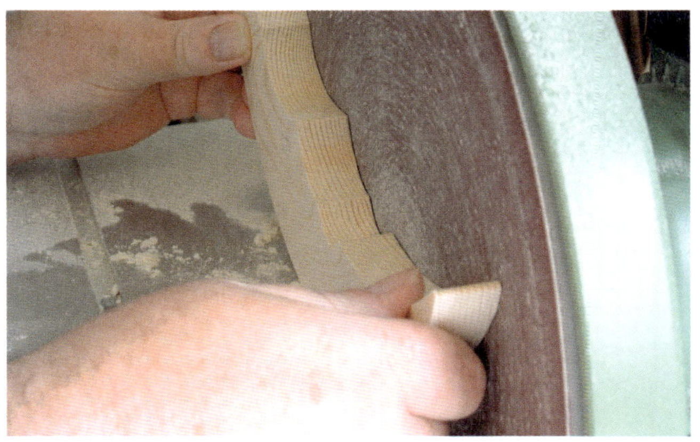

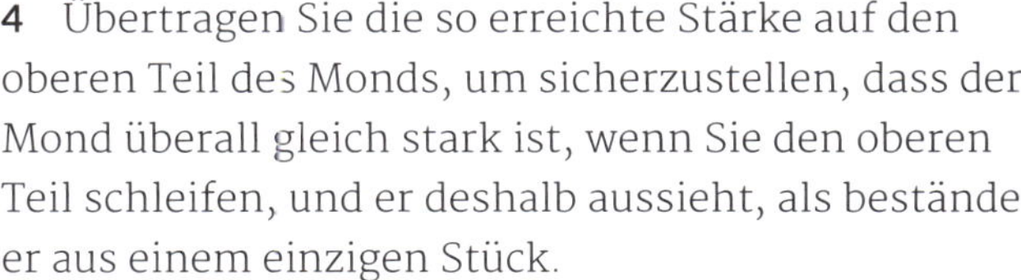

4 Übertragen Sie die so erreichte Stärke auf den oberen Teil des Monds, um sicherzustellen, dass der Mond überall gleich stark ist, wenn Sie den oberen Teil schleifen, und er deshalb aussieht, als bestände er aus einem einzigen Stück.

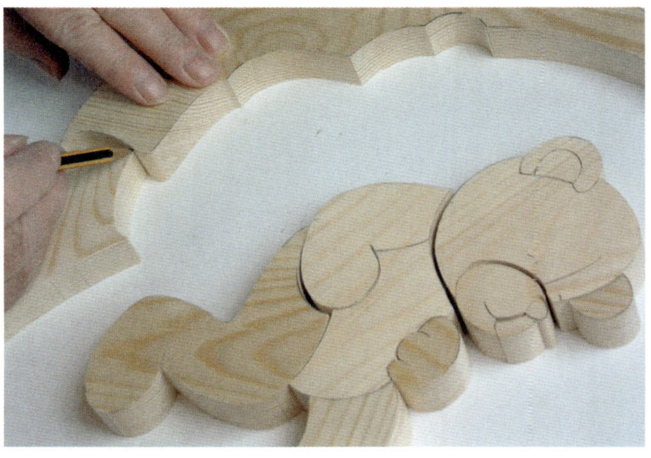

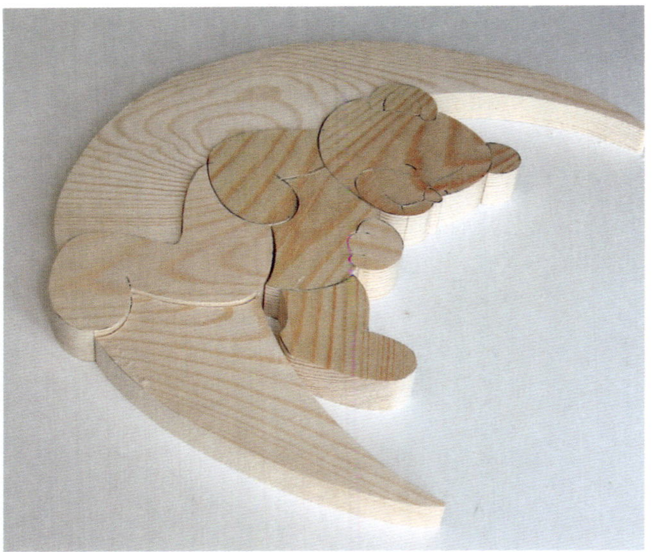

5 Schleifen Sie das linke Ohr des Bären 6 mm flacher, und übertragen Sie diese Stärke auf die Seite des Kopfes. Verringern Sie die Stärke des linken Beines um 5 mm, sodass es geringfügig dünner ist als der Mond. Übertragen Sie diese Stärke auf den Bauch des Bären und auf den Mond. Schleifen Sie den Bauch 3 mm flacher, aber nicht über die Markierung der Beinstärke hinab. Übertragen Sie dann die Stärke auf alle angrenzenden Teile.

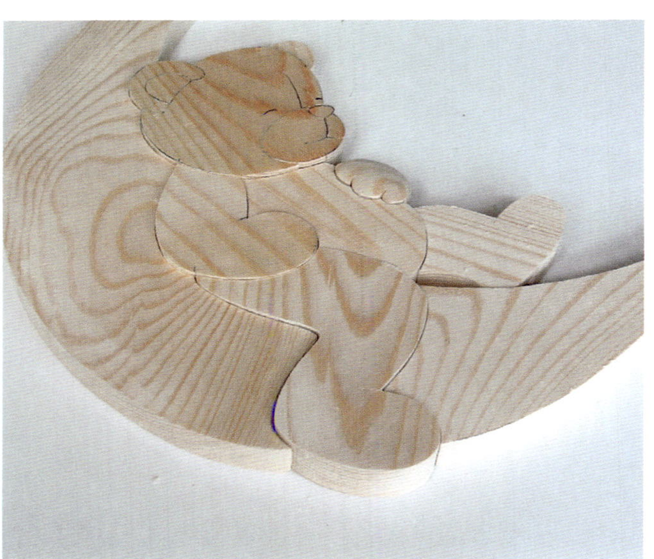

6 Schleifen Sie vorsichtig den oberen Teil des rechten Beins um 1 oder 2 mm ab. Versuchen Sie, den Fußteil stärker zu belassen. Schleifen Sie die linke Hand so ab, dass sie nicht dünner wird, als die Markierung der Bauchstärke. Schleifen Sie den oberen Teil des rechten Arms, wo er an den Kopf grenzt, sehr leicht an. Schleifen Sie nicht tiefer als die Stärkenmarkierungen. Indem Sie so unterschiedliche Ebenen anarbeiten, beginnt der schlafende Teddy schon, eine dreidimensionale Wirkung zu entfalten.

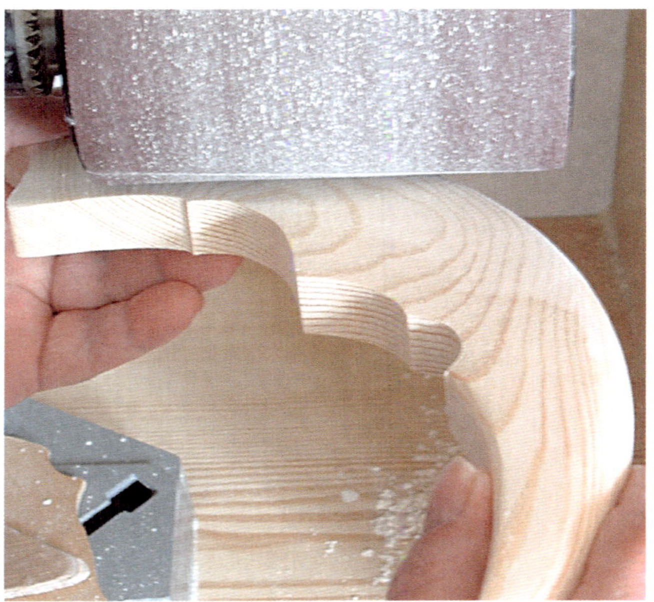

7 Jetzt werden mit dem Trommelschleifer alle Teile abgerundet. Man beginnt mit den Außenkanten des Monds und schleift immer mit der Faser. Achten Sie auf Ihre Stärkenmarkierungen und auf die Stellen, an denen ein Stück an ein anderes grenzt. Halten Sie die Teile des Monds an den Teddy, und schleifen Sie so lange abrundend nach unten, bis Sie mit dem Ergebnis zufrieden sind.

8 Runden Sie alle Kanten am linken Fuß des Teddys außer jenen ab, die an den Bauch und den unteren Teil des Mondes stoßen. Für enge Innenecken ist eine Schleiftrommel mit kleinem Durchmesser an einem Multifunktionswerkzeug mit biegsamer Welle das beste Werkzeug. Runden Sie den Bauch auf die gleiche Weise ab, außer der Innenkante, wo er an den Arm und das Bein grenzt. Achten Sie auch darauf, nicht über die Stärkenmarkierungen hinab zu schleifen. Die linke Hand und das linke Bein müssen nur wenig geschliffen werden, es reicht, ihre Kanten etwas abzurunden.

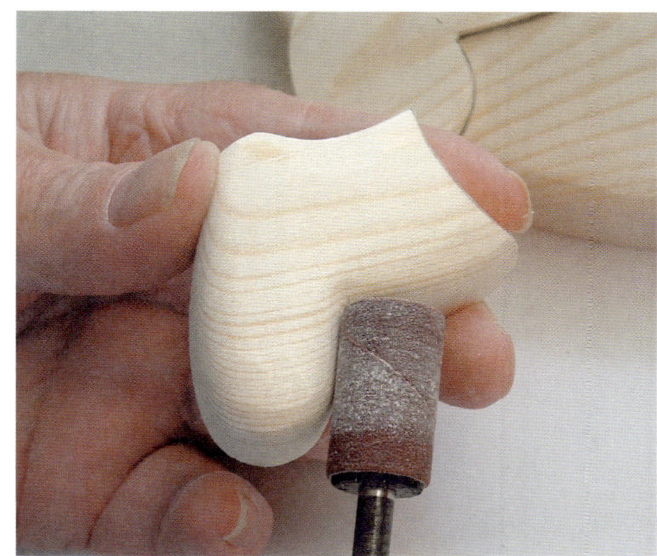

9 Schleifen Sie den Kopf in Richtung der Markierung für das linke Ohr rund, und nach unten in Richtung Schnauze, auch wieder die Kanten abrundend. Schleifen Sie den inneren Teil des rechten Ohrs etwa dünner als den Kopf, und runden Sie den äußeren Teil des Ohrs bis zu den Stärkenmarkierungen ab. Halten Sie die beiden Teile des Mauls zusammen, und runden Sie die Außenkanten ab. Runden Sie die Nase ab. Schleifen Sie alle Teile mit 180er Schleifpapier mit der Hand, und nehmen Sie den Staub mit einem Staubbindetuch ab.

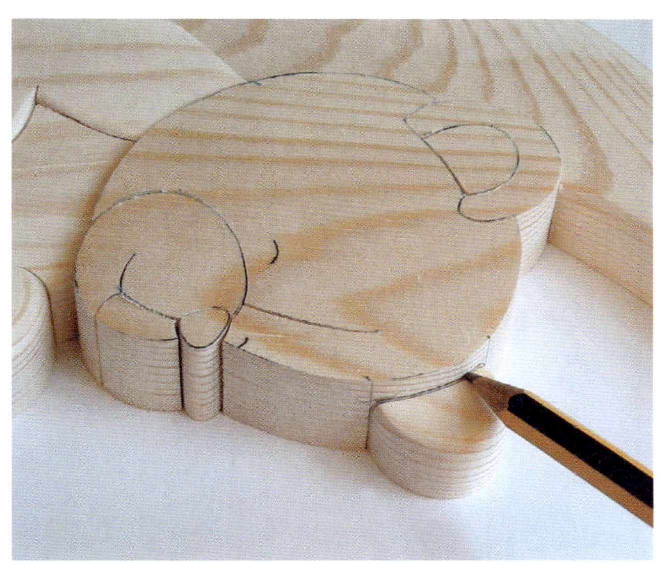

10 Ordnen Sie alle Teile auf der Sperrholzplatte an, und übertragen Sie den Umriss mit einem Bleistift auf das Sperrholz.

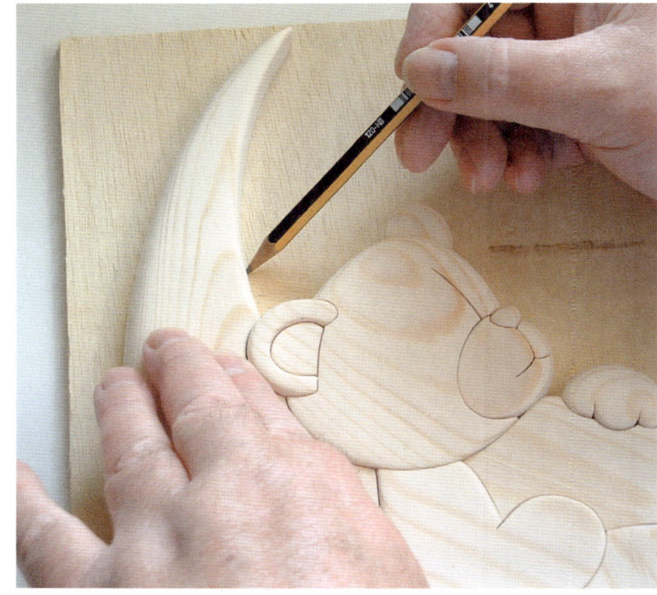

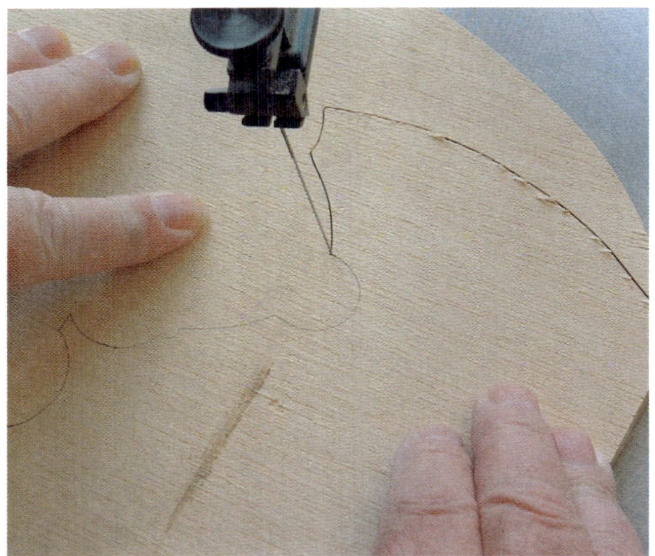

11 Schneiden Sie mit der Dekupiersäge sorgfältig den Sperrholzträger entlang des angezeichneten Umrisses aus. Schleifen Sie dann die Kanten ganz leicht mit 320er Schleifpapier ab. Wir versiegeln die Rückseite gerne mit Schleifgrund. Wir gehen auch mit mattschwarzer Farbe oder einem breiten schwarzen Permanentmarker die Kanten des Trägers nach, um diesen sauberer aussehen zu lassen.

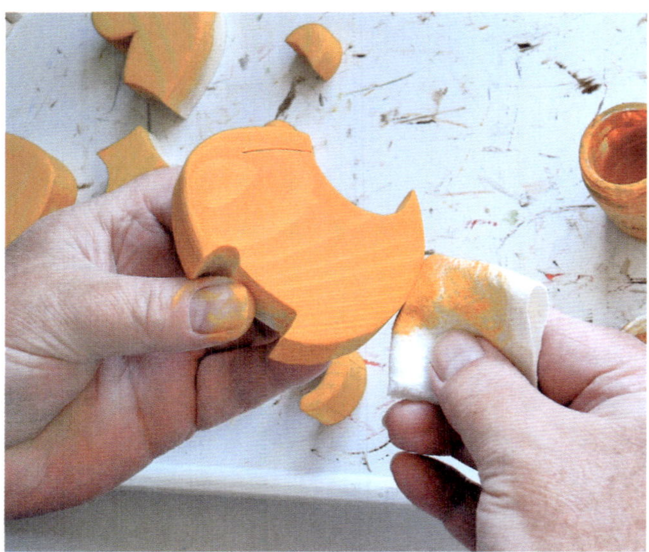

12 Sortieren Sie die Teile nach Farben. Geben Sie wie üblich etwas langsam trocknendes Malmittel an die Farbe, um die Offenzeit zu verlängern. Nehmen Sie den Überstand nach einigen Augenblicken ab, damit die Maserung zu erkennen ist. Lassen Sie das Stück über Nacht trocknen, und schleifen es dann vorsichtig mit 320er Schleifpapier ab. Entfernen Sie den feinen Staub abschließend mit einem Staubbindetuch.

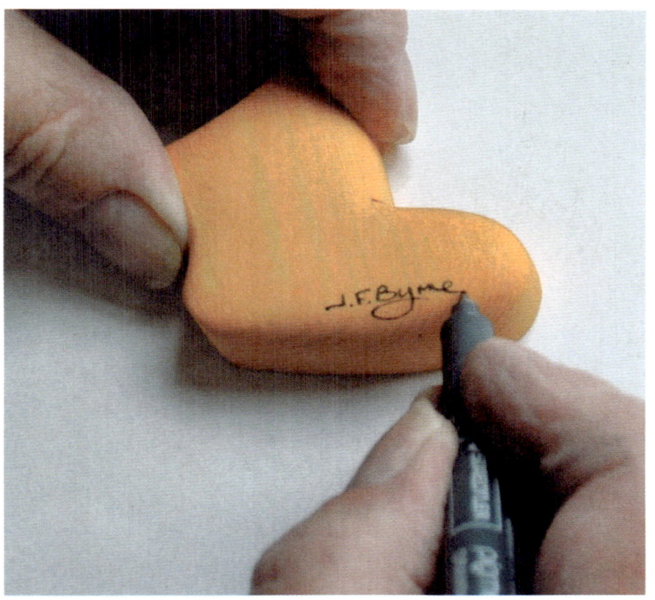

13 Tragen Sie auf alle Teile einen matten oder seidenmatten Acrylklarlack auf, und nehmen Sie eventuellen Überstand mit einem sauberen, weichen Tuch ab. Nachdem der Lack vollkommen getrocknet ist, wird er mit 320er Schleifpapier nachgeschliffen und mit einem Staubbindetuch abgewischt. Falls Sie möchten, können Sie Ihre Arbeit zu diesem Zeitpunkt mit einem feinen wasserfesten Marker signieren.

14 Verwenden Sie die Mustervorlage und Kohlepapier, um die kleinen Striche für die geschlossenen Augen einzuzeichnen, und ziehen Sie sie dann mit dem gleichen Marker nach. Tragen Sie eine Schicht farblose Politur auf alle Teile auf, und polieren Sie sie mit einem weichen Tuch oder eine Bürste zu einem ansprechenden Glanz.

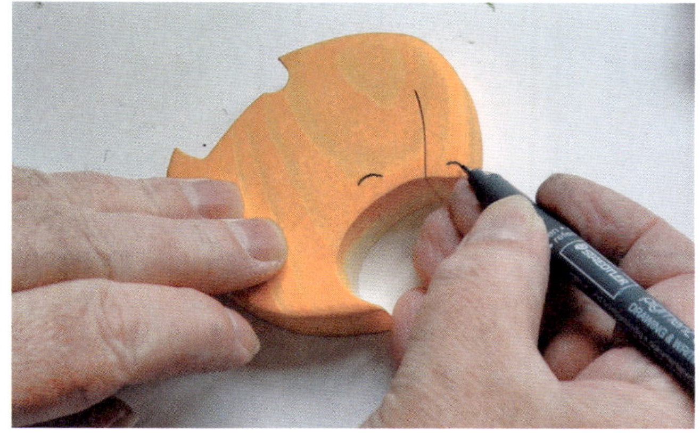

15 Legen Sie alle Teile auf den Träger aus Sperrholz. Nehmen Sie ein Teil nach dem anderen wieder ab, und übertragen Sie die Umrisse aller Teile mit einem spitzen Bleistift. Ziehen Sie dann mit einem breiten schwarzen Marker alle Bleistiftlinien nach, um so eventuelle schmale Fugen zwischen den Teilen zu verstecken.

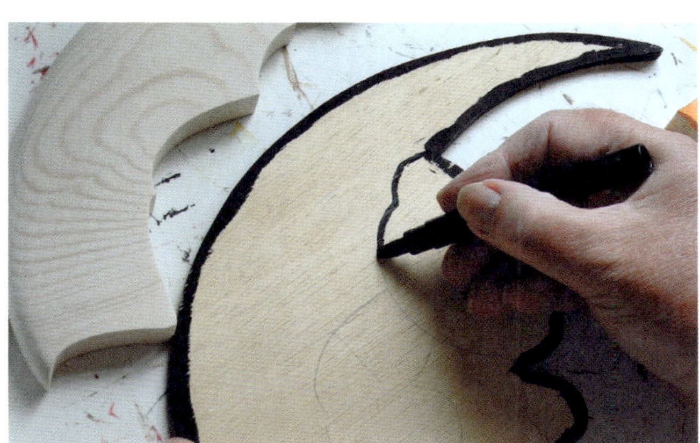

16 Kleben Sie alle Teile mit gutem Tischlerleim auf den Träger. Drücken Sie dabei jedes Teil kräftig auf das Sperrholz. Beginnen Sie mit dem oberen Teil des Mondes, machen Sie mit dem linken Bein weiter, dann mit dem unteren Teil des Mondes, und schließen Sie mit dem Rest des Teddys ab. Wenn der Leim vollkommen trocken ist, halten Sie das fertige Werkstück wie in der Fotografie zu sehen zwischen Daumen und Zeigefinger, bis der Winkel Ihren Vorstellungen entspricht. Markieren Sie diese Stelle mit einem Bleistift auf der Rückseite.

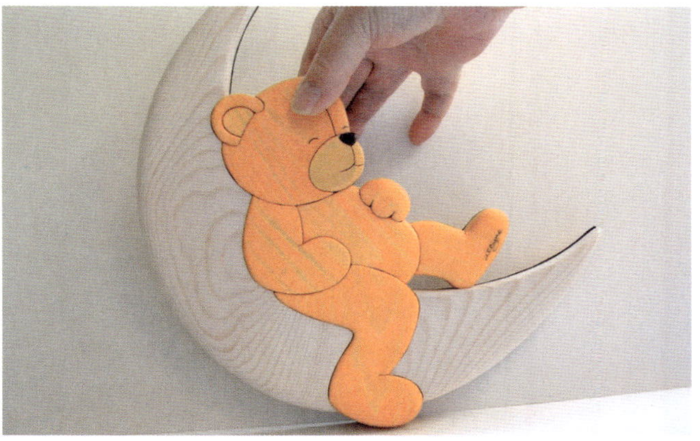

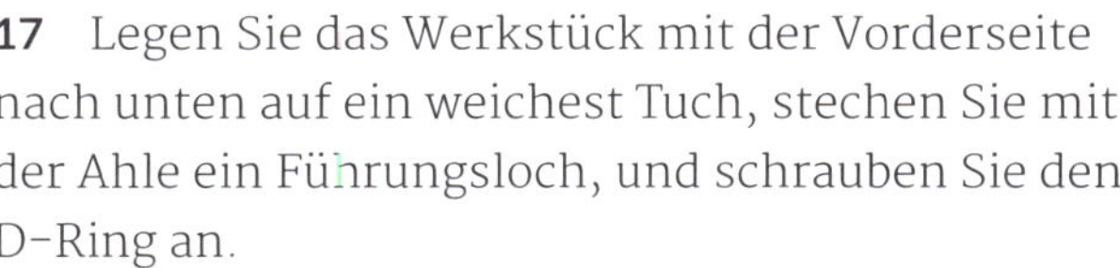

17 Legen Sie das Werkstück mit der Vorderseite nach unten auf ein weichest Tuch, stechen Sie mit der Ahle ein Führungsloch, und schrauben Sie den D-Ring an.

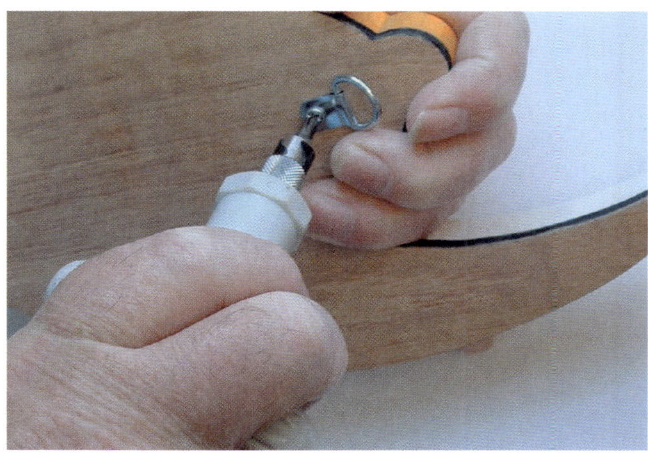

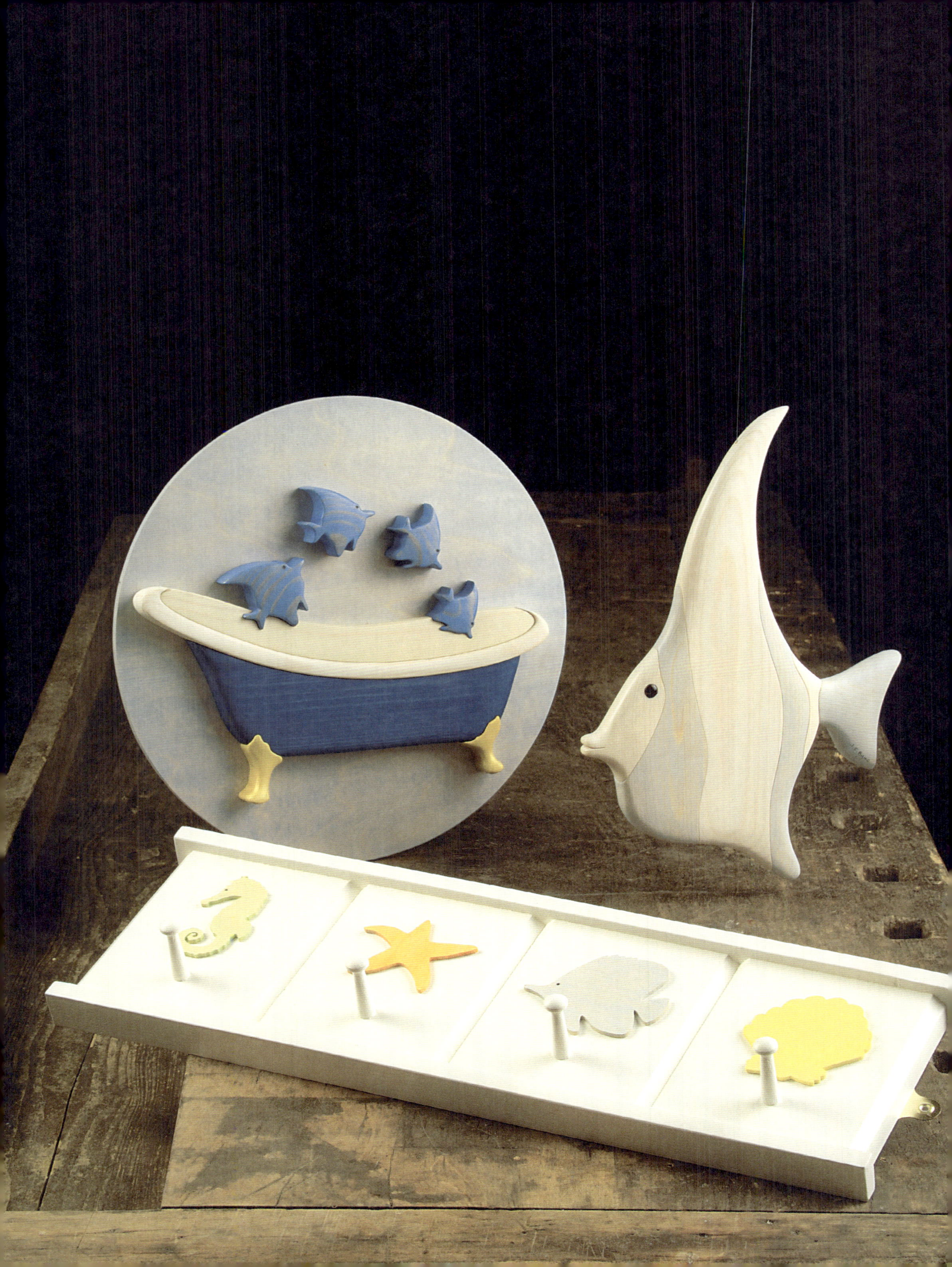

4

Werkstücke für das Badezimmer

4.1
Waschlappenhalter

4.2
Handtuchhalter

4.3
Tropenfisch-Mobile

4.4
Badezimmer-Türschild

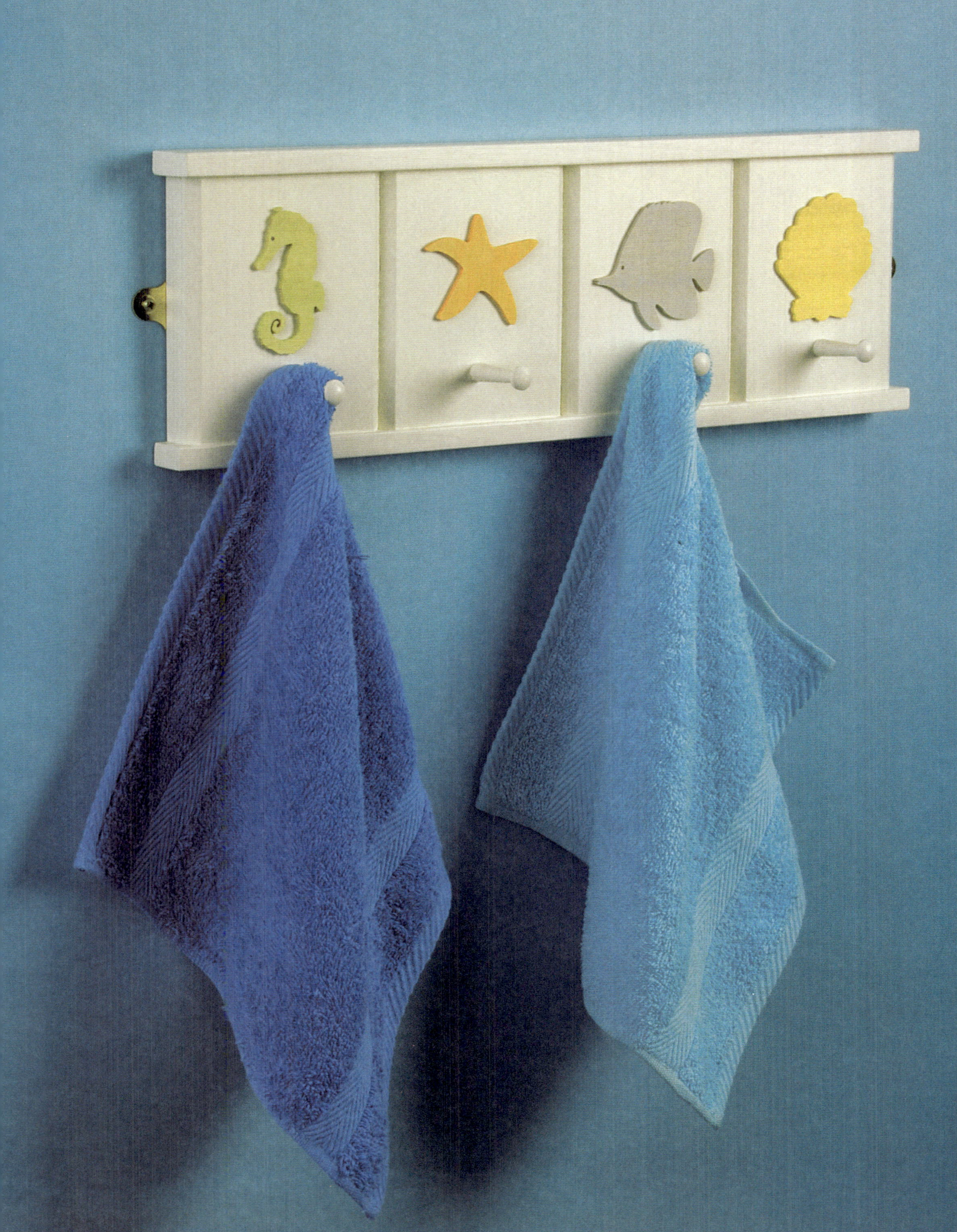

4.1
Waschlappenhalter

Dieses Hakenbrett für Waschlappen kann passend zum Handtuchhalter auf den Seiten 127–131 gestaltet werden. Stimmen Sie die Farbauswahl auf Ihr Badezimmer ab, und wählen Sie dann unter den von uns vorgegebenen Motiven jene aus, die Ihnen gefallen.

Was man braucht:

- Profilholz mit Schattennut, Kiefer, 610 x 116 x 19 mm
- Fichtenleiste, 940 x 25 x 13 mm
- Vier 38 mm lange Shaker-Haken
- Birkenholz 300 x 100 x 3mm
- Dekupiersäge mit Nr. 7 und Nr. 1 Blättern
- Ständerbohrmaschine mit 6-mm-Holzbohrer
- Kombiwinkel
- Lineal
- Bleistift
- Fotokopierte Mustervorlagen
- Tischlerleim, wasserfest
- Zwei C-Zwingen
- Klebestift
- Schleifklotz und Schleifpapier, 180er bis 320er Körnungen
- Staubbindetuch
- Malpinsel
- Holzgrundierung, Vor- und Endanstrich für das Hakenbrett nach Wahl (wir haben eine weiße wischfeste Farbe auf Wasserbasis verwendet)
- Acrylfarbe für die Motive: grün, blau, gelb, orange und weiß
- Acrylmalmittel
- zwei Spiegelaufhänger, 32 mm, mit Schrauben
- Kreuzschlitzschraubendreher
- Ahle
- Drahtstifte, 20 mm
- Polstererhammer
- Nageltreiber
- Holzkitt, neutrale Farbe
- Palettenmesser oder biegsamer Spachtel

Auf den Punkt gebracht

Bei allen Werkstücken für das Badezimmer sollte man darauf achten, nur wasserfeste Klebstoffe und Oberflächenmittel zu verwenden, da sie täglich hoher Luftfeuchtigkeit ausgesetzt sind. Greifen Sie auf wasserfesten Tischlerleim anstatt die normale Variante zurück. Acrylfarben und -beizen sind ideal.

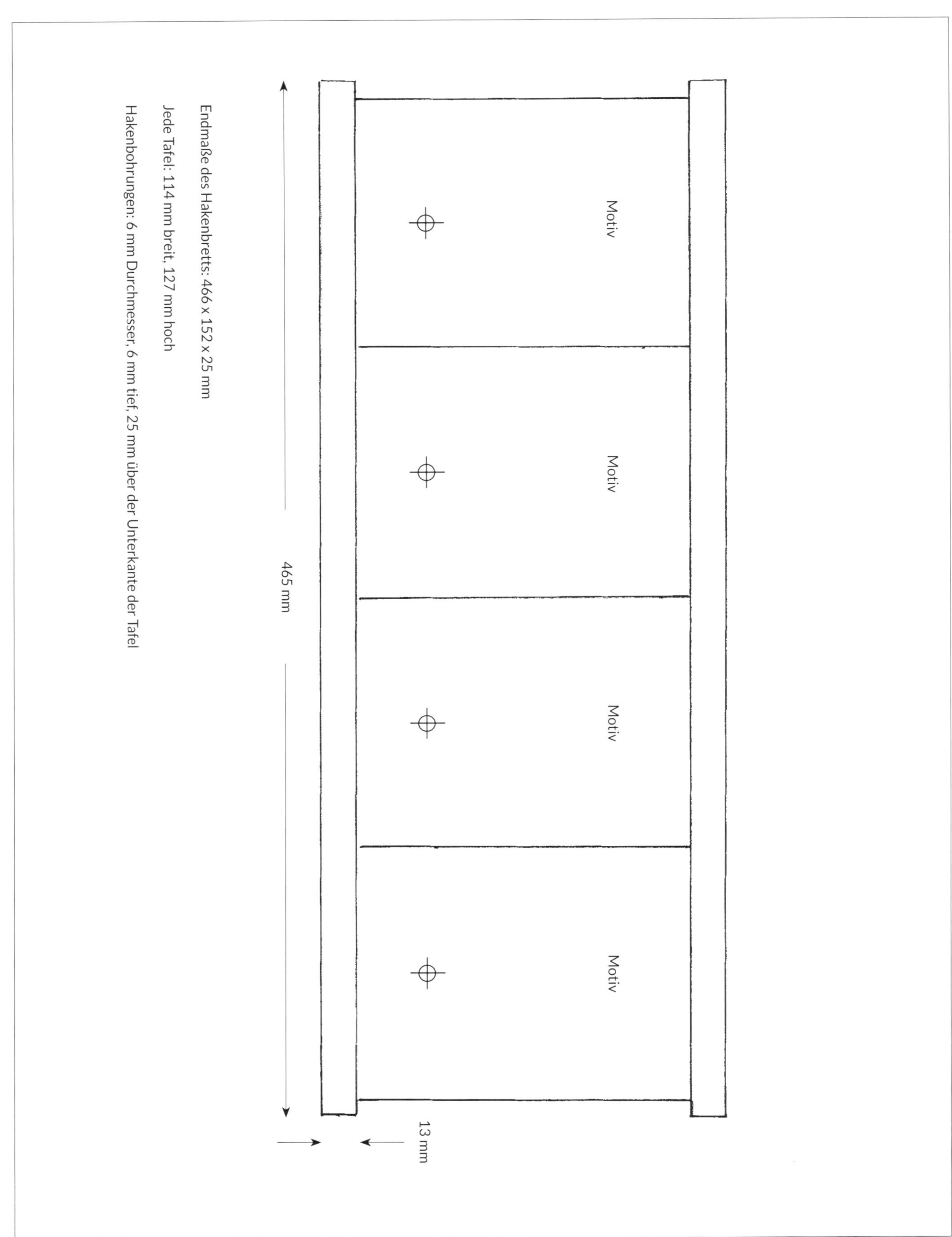
Endmaße des Hakenbretts: 466 x 152 x 25 mm
Jede Tafel: 114 mm breit, 127 mm hoch
Hakenbohrungen: 6 mm Durchmesser, 6 mm tief, 25 mm über der Unterkante der Tafel
465 mm
Motiv
Motiv
Motiv
Motiv
13 mm

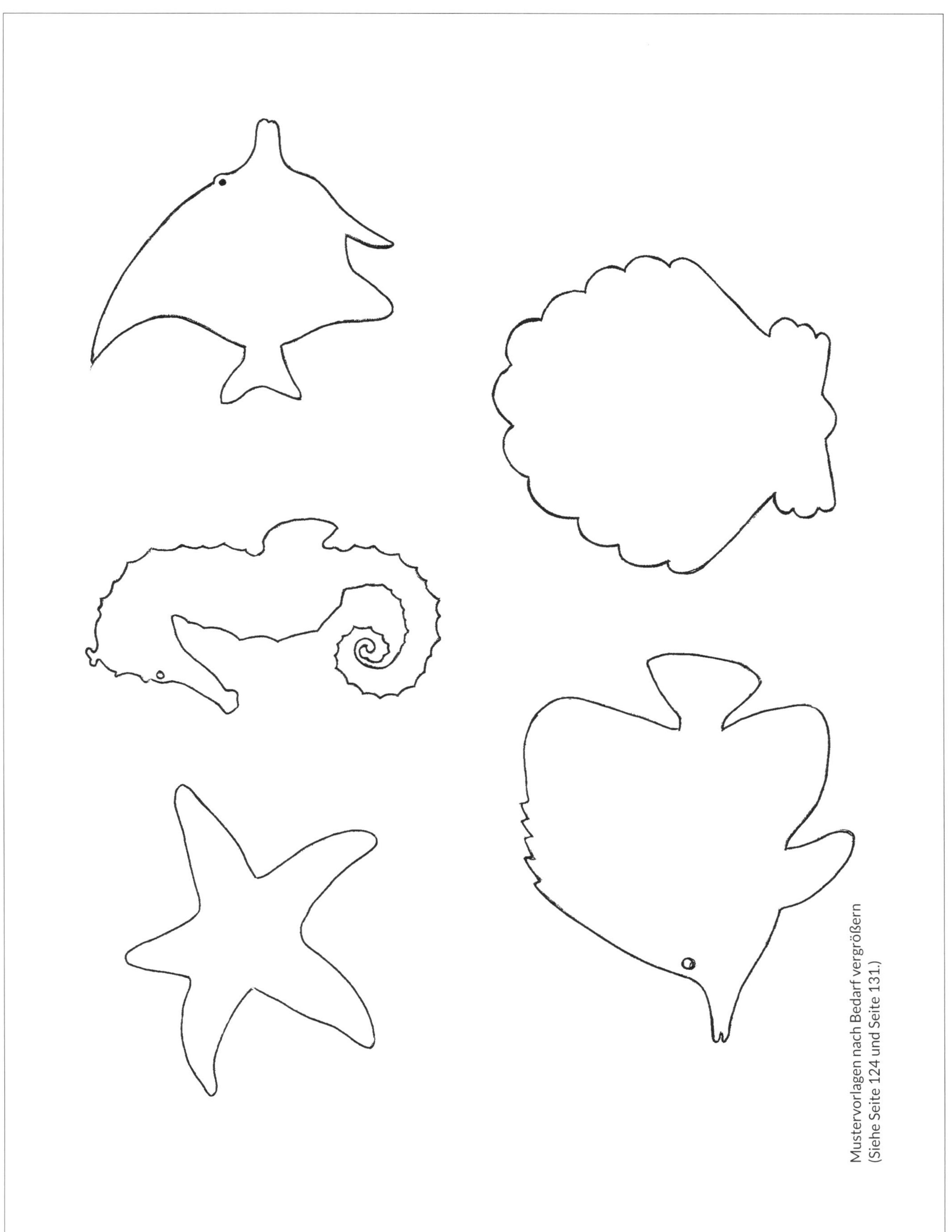

Mustervorlagen nach Bedarf vergrößern
(Siehe Seite 124 und Seite 131.)

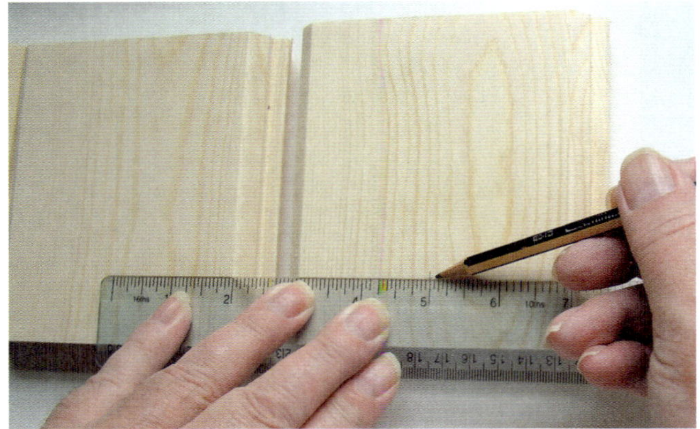

1 Schneiden Sie mit einen Sägeblatt Nr. 7 aus dem Profilholz vier Stück mit 125 mm Länge. Messen Sie von der Unterkante jedes Stück 25 mm nach oben, und ermitteln Sie dann die Mitte der Brettbreite (ohne Feder). Bringen Sie hier eine Markierung an. Bohren Sie ein Loch mit 6 mm Durchmesser und 6 mm Tiefe in jedes der Stücke. Sägen Sie die überflüssige Feder von einem Endstück ab, und leimen Sie sie in die Nut des anderen Endstücks ein. Bessern Sie eventuelle Fehlstellen mit Holzkitt aus, und schleifen Sie, wenn dieser trocken ist.

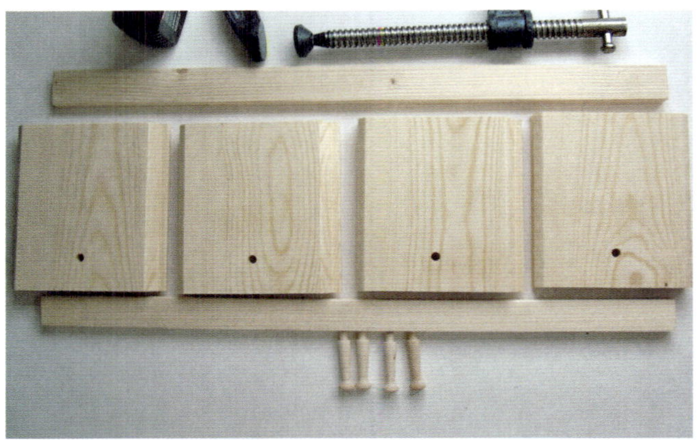

2 Schneiden Sie von der Fichtenleiste zwei Stücke mit 465 mm Länge, und legen Sie alle Teile aneinander, um ihre Passung zu kontrollieren. Verwenden Sie Tischlerwinkel und Lineal, um alles auf Rechtwinkligkeit und gerade Kanten zu überprüfen. Schleifen Sie alle Teile mit 180er Schleifpapier und Schleifklotz glatt, und wischen Sie den feinen Staub mit einem Staubbindetuch ab.

3 Stecken Sie die vier Profilhölzer zusammen, und befestigen Sie dann oben und unten die Leisten mit Leim und Drahtstiften. Versenken Sie die Drahtstifte mit einem Nageltreiber unter die Holzoberfläche (die Löcher können später mit Holzkitt gefüllt werden). Spannen Sie die Montage mit C-Zwingen ein, während der Leim trocknet. Leimen Sie die vier Haken ein. Falls Sie das Hakenbrett bemalen wollen, tragen Sie zuerst eine Grundierung auf, dann Vor- und Endanstrich. Lassen Sie jede Schicht gut trocknen, und schleifen Sie mit 280er Schleifpapier leicht nach, bevor Sie die nächste Schicht auftragen.

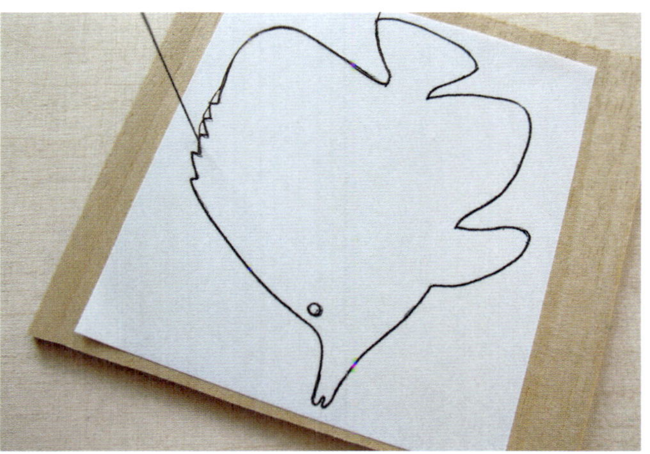

4 Schleifen Sie das Stück Birkenholz glatt. Entscheiden Sie sich für die Motive, die Sie verwenden möchten, und stellen Sie Fotokopien in der passenden Größe her (etwa 50 mm oder 75 mm hoch). Schneiden Sie die Motive aus, und befestigen Sie sie mit Klebestift am Birkenholz. Rüsten Sie die Dekupiersäge mit einem Sägeblatt aus, und fertigen Sie eine Tischauflage an (wie auf Seite 19 beschrieben), falls Sie keinen Tischeinsatz für den Arbeitstisch haben. Wählen Sie eine recht niedrige Geschwindigkeit und sägen Sie die kleinen Motive sorgfältig aus.

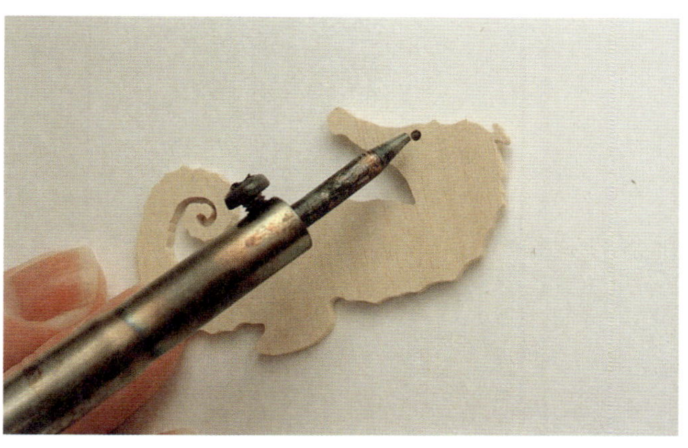

5 Entfernen Sie die Mustervorlagen von den Motiven, schleifen Sie die Kanten leicht mit einem 320er Schleifpapier ab, und entfernen Sie den Staub mit einem Staubbindetuch, bevor Sie die Motive farbig bemalen. Vielleicht möchten Sie auch die Augen des Seepferdchens und des Fisches mit einem Brandmalkolben schwarz brennen.

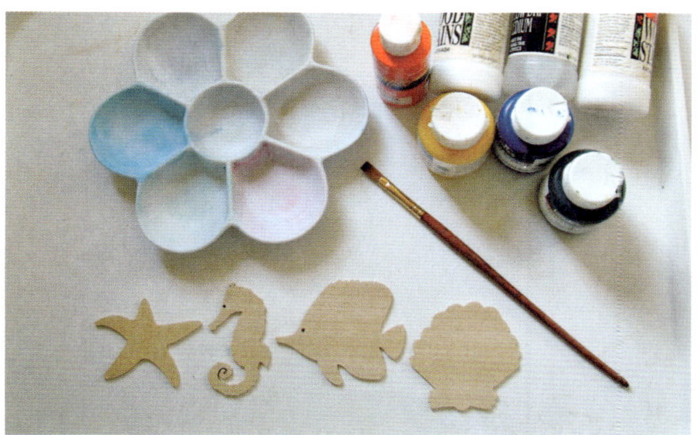

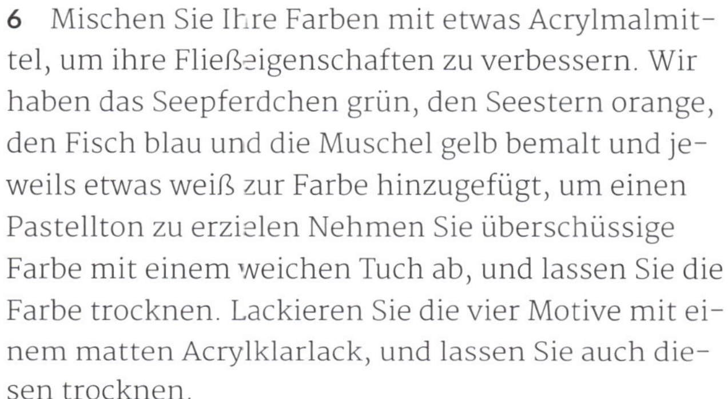

6 Mischen Sie Ihre Farben mit etwas Acrylmalmittel, um ihre Fließeigenschaften zu verbessern. Wir haben das Seepferdchen grün, den Seestern orange, den Fisch blau und die Muschel gelb bemalt und jeweils etwas weiß zur Farbe hinzugefügt, um einen Pastellton zu erzielen Nehmen Sie überschüssige Farbe mit einem weichen Tuch ab, und lassen Sie die Farbe trocknen. Lackieren Sie die vier Motive mit einem matten Acrylklarlack, und lassen Sie auch diesen trocknen.

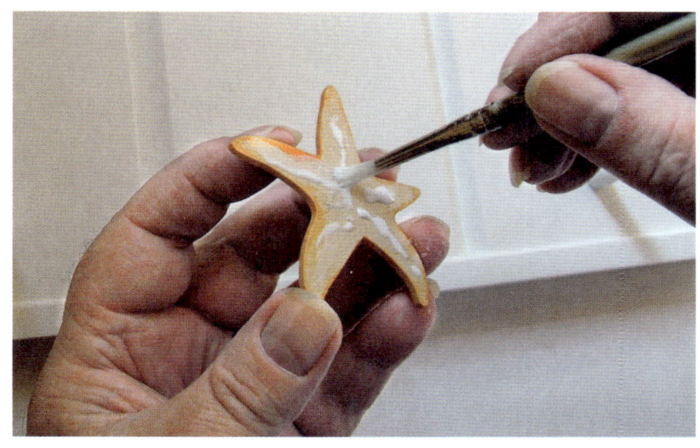

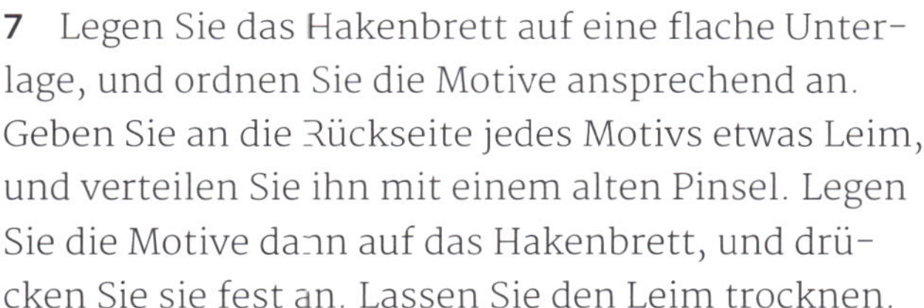

7 Legen Sie das Hakenbrett auf eine flache Unterlage, und ordnen Sie die Motive ansprechend an. Geben Sie an die Rückseite jedes Motivs etwas Leim, und verteilen Sie ihn mit einem alten Pinsel. Legen Sie die Motive dann auf das Hakenbrett, und drücken Sie sie fest an. Lassen Sie den Leim trocknen.

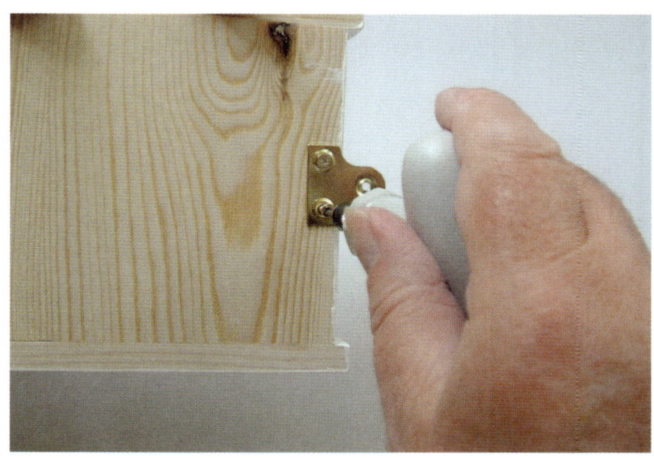

8 Bringen Sie die Spiegelaufhängern auf der Rückseite an beiden Enden mit jeweils zwei Schrauben am Hakenbrett an. Zur Befestigung des Waschlappenhalters an der Badezimmerwand werden dann weitere zwei Schrauben benötigt.

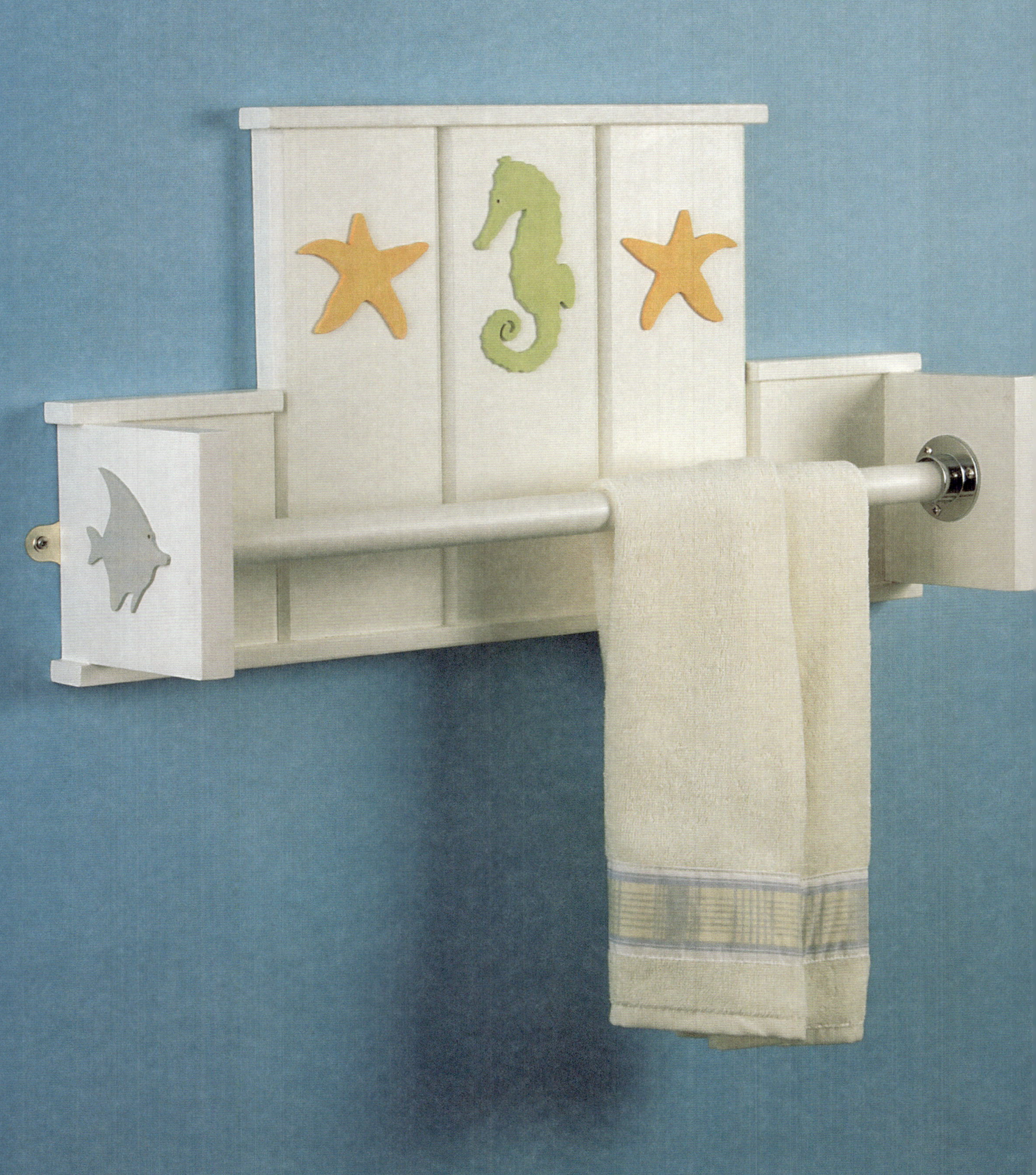

4.2
Handtuchhalter

Dieser Handtuchhalter kann passend zum vorhergehenden Werkstück gestaltet werden, damit Ihr Badezimmer ein einheitlicheres Aussehen gewinnt. Sie können aber auch Farben und Motive nach eigener Wahl einsetzen, um ein wirklich individuelles Stück zu erhalten.

Was man braucht:

- Profilholz mit Schattennut, Kiefer, 1220 x 116 x 20 mm
- zwei Stück Kiefernholz, je 125 x 125 x 20 mm
- Fichtenleiste, 1525 x 25 x 13 mm
- Birkenholz 300 x 100 x 3 mm
- Dübelstange aus Laubholz, 25 mm Durchmesser, 610 mm lang
- Dekupiersäge mit Blättern Nr. 7 und Nr. 1
- Tischlerwinkel
- Lineal
- Bleistift
- Fotokopierte Mustervorlagen
- Tischlerleim
- Klebestift
- Hammer
- Drahtstifte, 40 mm und 20 mm
- Nageltreiber
- Holzkitt, neutrale Farbe
- Schleifklotz und Schleifpapier, 180er bis 320er Körnungen
- Malpinsel
- Staubbindetuch
- Holzgrundierung, Vor- und Endanstrich für das Hakenbrett nach Wahl (wir haben eine weiße wischfeste Farbe auf Wasserbasis verwendet)
- Acrylfarbe für die Motive: grün, blau, orange und weiß
- Acrylmalmittel
- Zwei Rohrlager, Rosettenform
- Zwei Spiegelaufhänger, 38 mm, mit Beschlägen
- Kreuzschlitzschraubendreher
- Ahle

Auf den Punkt gebracht

Da der Handtuchhalter aus seitlich aneinandergefügten Stücken Profilholz besteht, können Sie die Länge auf den in Ihrem Badezimmer zur Verfügung stehenden Platz abstimmen, indem Sie die Zahl der Stücke verringern oder erhöhen.

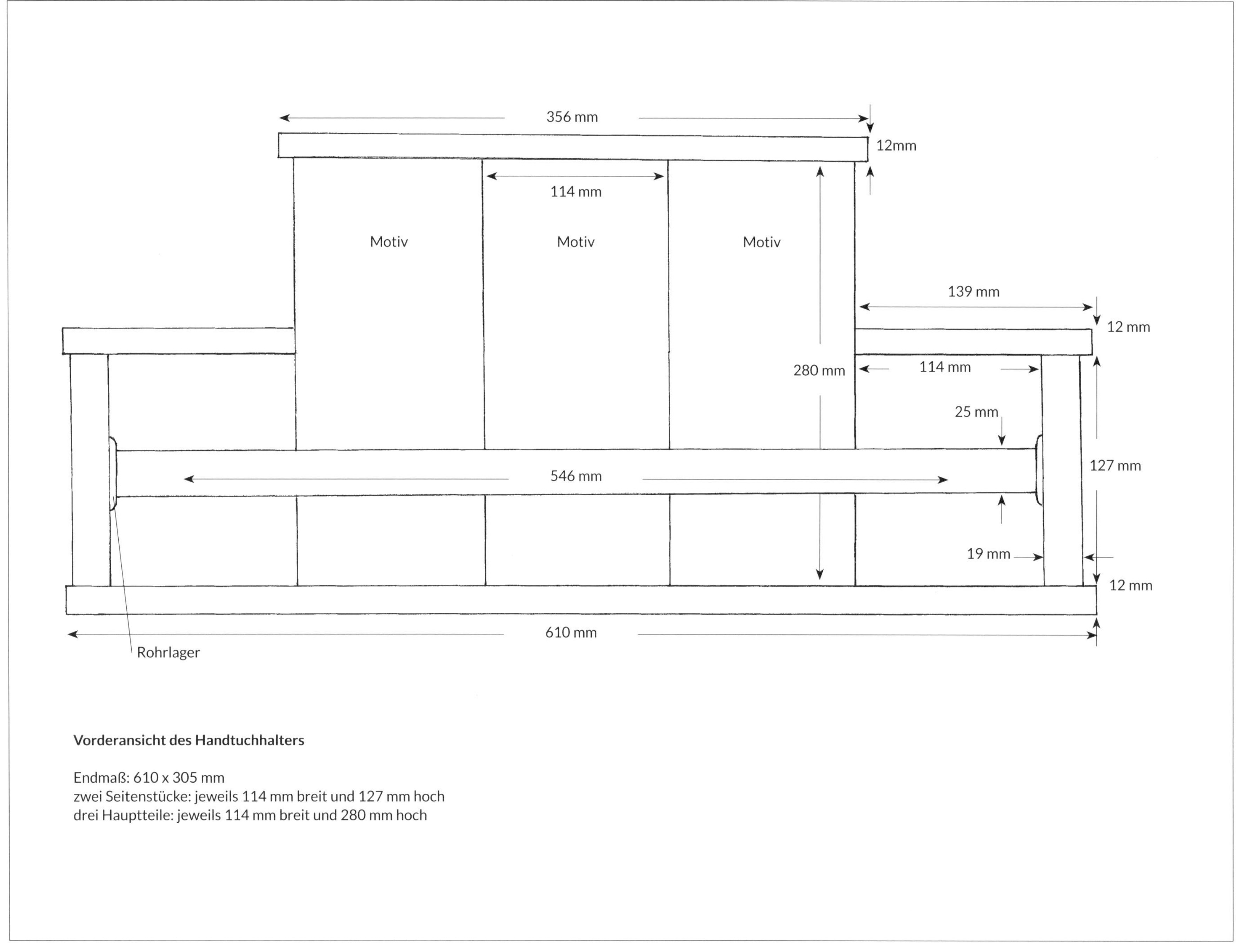

Vorderansicht des Handtuchhalters

Endmaß: 610 x 305 mm
zwei Seitenstücke: jeweils 114 mm breit und 127 mm hoch
drei Hauptteile: jeweils 114 mm breit und 280 mm hoch

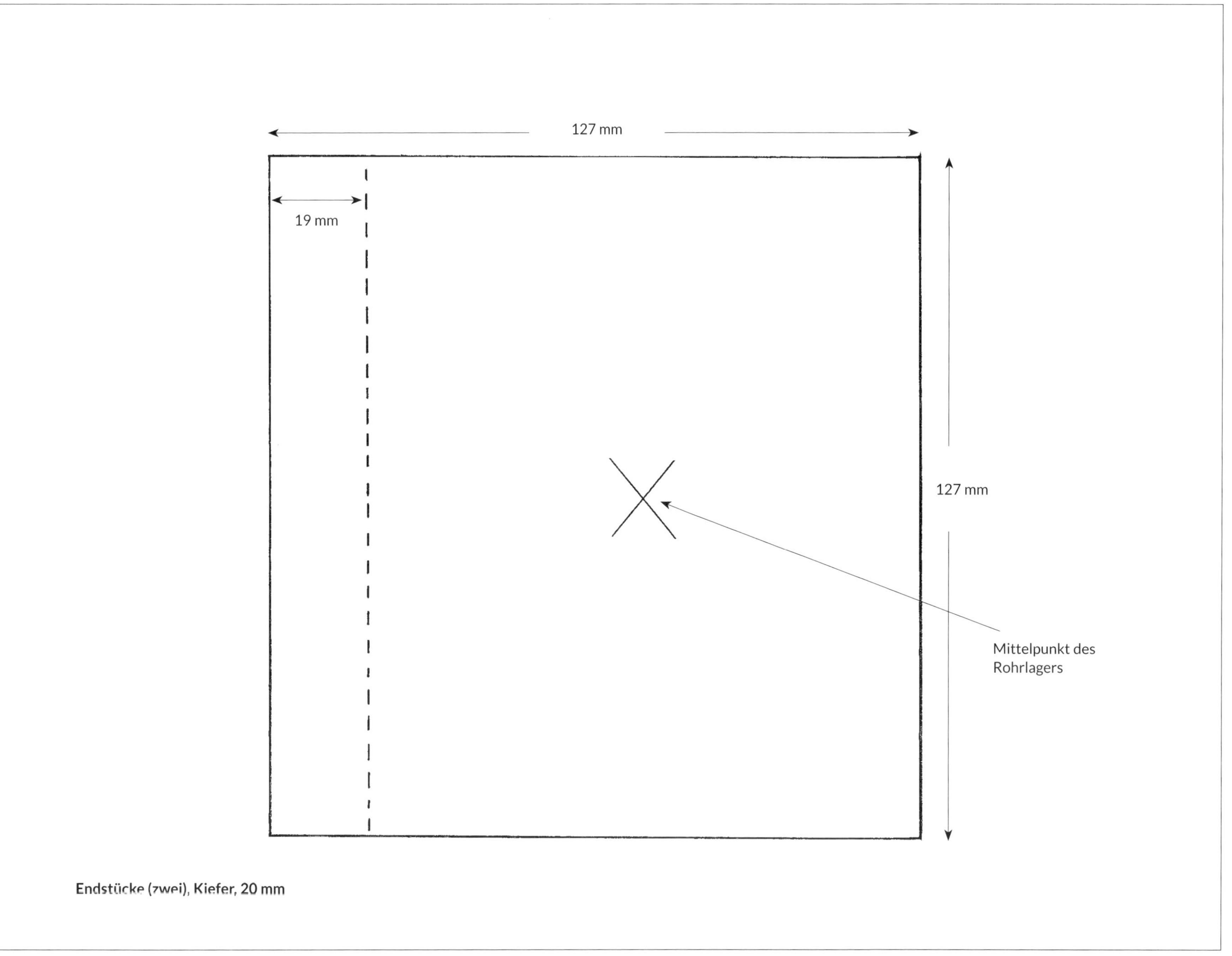

Endstücke (zwei), Kiefer, 20 mm

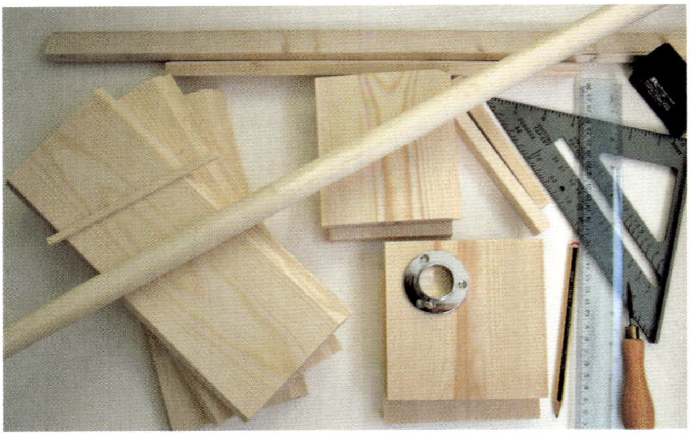

1 Schneiden Sie fünf Stücke aus dem Profilholz: drei Hauptteile, 280 mm lang, und zwei Seitenteile, 125 mm lang Nehmen Sie vom ersten und letzten Stück die Nut und die Feder ab, um schöne glatte Kanten zu erhalten. Schneiden Sie die beiden Endstücke aus 20 mm starker Kiefer auf 125 x 125 mm. Sägen Sie dann aus der Fichtenleiste ein 610 mm langes Stück, eines mit 355 mm und zwei mit 135 mm.

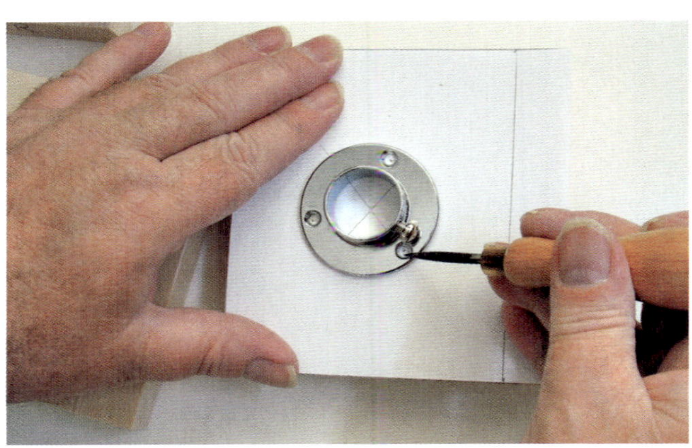

2 Ermitteln Sie die Position der Rohrlager an den beiden Endstücken, indem Sie die Mustervorlage im Maßstab 1 : 1 auf das Holz legen. Legen Sie die Rohrlager über das Markierungskreuz, und stechen Sie dann mit einer Ahle Führungslöcher für die Schrauben ein; so sind die Rohrlager später leichter anzubringen.

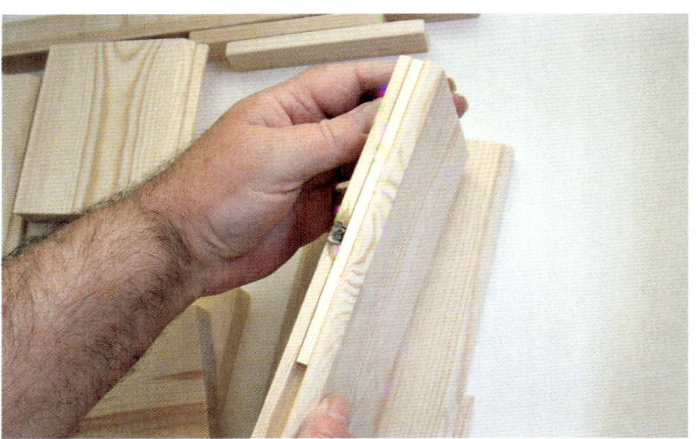

3 Das vierte Teil von links hat an der Oberkante eine 155 mm lange Feder, die nicht benötigt wird. Sägen Sie sie vorsichtig ab, und füllen Sie damit die überflüssige Nut an der Oberkante des zweiten Teils von links, wie in der Fotografie zu sehen. Schleifen Sie alle Einzelteile mit 180er Schleifpapier und einem Schleifklotz, bürsten Sie den Staub ab, und legen Sie sie für das Verleimen auf eine ebene Fläche.

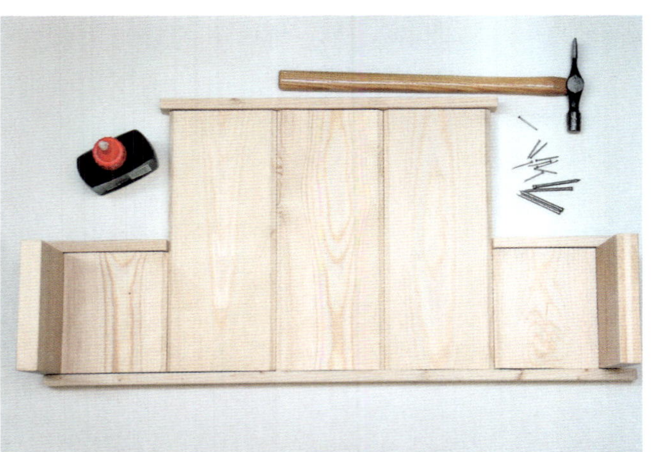

4 Heften Sie die Profilholzteile mit kleinen Drahtstiften aneinander, geben Sie dann Leim an die Endstücke, wo sie auf die Rückwand treffen, und heften Sie sie mit größeren Drahtstiften an. Geben Sie Leim an die oberen Leisten, legen Sie jedes an die zugehörige Stelle, und heften Sie es mit 20-mm-Drahtstiften an. Stellen Sie dann die Montage kopfüber, und heften Sie die untere Leiste an. Treiben Sie die Drahtstifte mit einem Nagelversenker unter die Oberfläche des Holzes.

5 Lassen Sie das Werkstück auf der ebenen Arbeitsfläche liegen, bis der Leim vollkommen trocken ist. Füllen Sie die Nagellöcher mit einem hellen Holzkitt, und schleifen Sie den Kitt nach dem Trocknen mit 180er Schleifpapier und einem Schleifklotz glatt. Entfernen Sie den Staub. Falls Sie die Stange für die Handtücher bemalen möchten, verwenden Sie eine Grundierung, einen Vor- und einen Endanstrich. Lassen Sie jede Schicht gut trocknen, bevor Sie die nächste auftragen. Ein leichter Zwischenschliff nach jeder Schicht ist vorteilhaft.

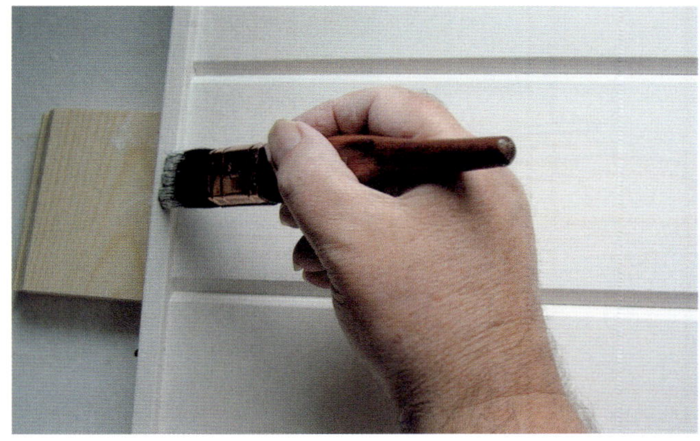

6 Schneiden Sie die Stange so zu, dass sie gut, aber nicht zu eng, zwischen die Endstücke passt. Schrauben Sie eines der Rohrlager an ein Endstück, stecken Sie die Stange hinein, schieben Sie das andere Lager über das freie Ende der Stange, und schrauben Sie es am anderen Endstück an. Positionieren Sie die Spiegelaufhänger jeweils an einem Ende der Rückseite, stechen Sie Führungslöcher mit einer Ahle, und schrauben Sie die Aufhänger an.

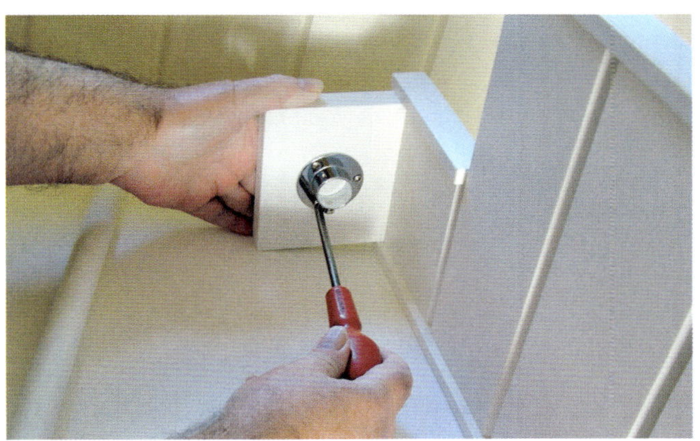

7 Schleifen Sie die Oberfläche des Birkenholzes mit 180er Schleifpapier und einem Schleifklotz. Vergrößern Sie die Motive auf Seite 123 so, dass das Seepferdchen 125 mm hoch, der Fisch und der Seestern 75 mm breit sind. Um die zwei Seesterne und die zwei Fische nicht einzeln aussägen zu müssen, kleben Sie die beiden Birkenstücke mit Klebeband zusammen und schneiden jedes Motivpaar jeweils in einem Durchgang aus. Schneiden Sie die Motive wie in Schritt 4 auf Seite 124 beschrieben aus, schleifen Sie die Kanten, und wischen Sie den Staub ab.

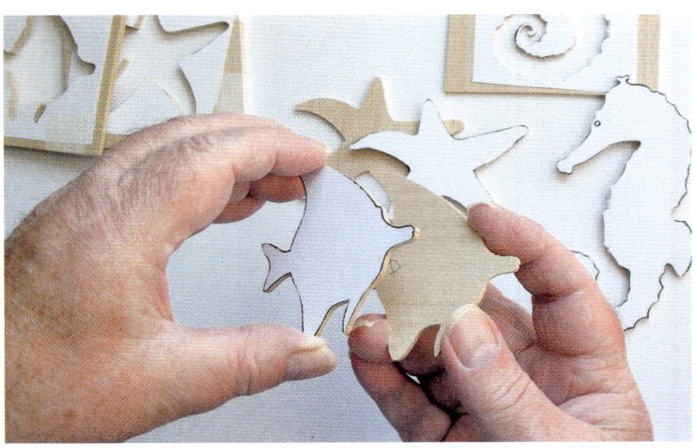

8 Bemalen Sie die Motive nach Wunsch in blassen oder kräftigen Farben. Wir haben den Farben jeweils Weiß hinzugefügt, um sie aufzuhellen, und Acrylmalmedium, um sie etwas transparent zu machen. Wischen Sie überstehende Farbe ab, und schleifen Sie nach dem Trocknen leicht mit 320er Schleifpapier nach. Nehmen Sie den feinen Staub mit einem Staubbindetuch ab. Lackieren Sie mit einem matten Acrylklarlack, und lassen Sie auch diesen trocknen. Befestigen Sie das Seepferdchen und die Seesterne mit einem guten Tischlerleim an der Vorderseite und die Fische an den Endstücken.

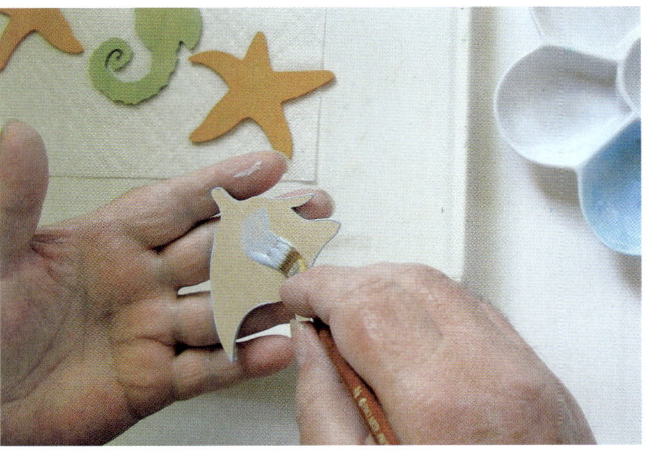

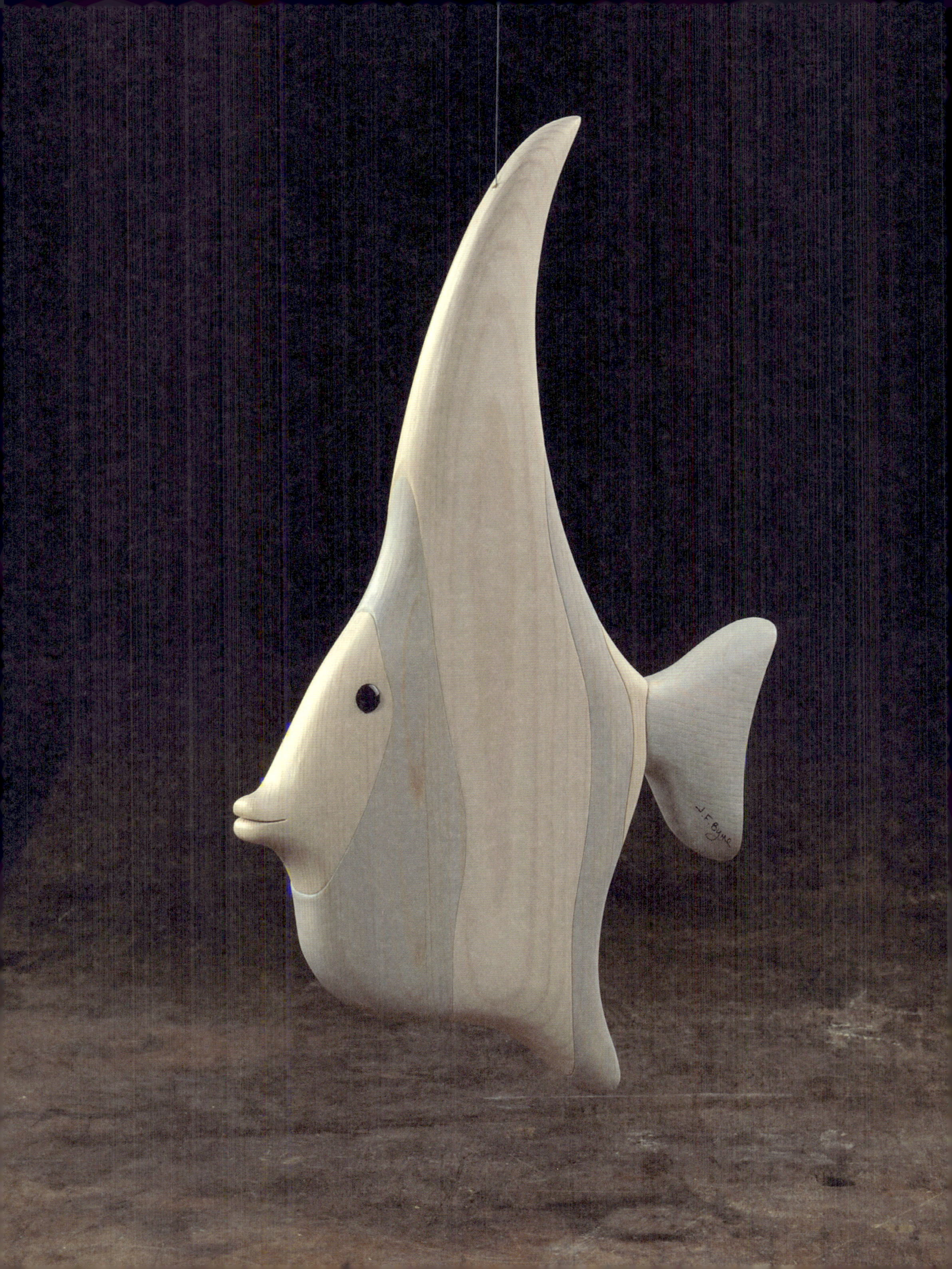

4.3
Tropenfisch-Mobile

Dieser Segelflosser misst 300 x 230 mm und ist in Pastelltönen gehalten. Sie können ihn größer oder kleiner machen, wenn Sie möchten, und Farben nach eigener Wahl verwenden, die zu Ihrer Inneneinrichtung passen. Wir haben die Teile einzeln ausgesägt, um das Bemalen zu vereinfachen. Falls Sie jedoch eine ruhige Hand haben, können Sie den Fisch aber auch als Ganzes bemalen – falls Sie möchten!

Was man braucht:

- Kiefernholz, 355 x 215 x 20 mm
- Kleines Stück Laubholzdübelstange, 6 mm Durchmesser
- Dekupiersäge mit einem Blatt Nr. 7
- Tellerschleifer
- Trommelschleifmaschine und Multifunktionswerkzeug mit biegsamer Welle, Auswahl an Schleifzylindern
- Schleifklotz und Schleifpapier, 180er bis 320er Körnungen
- Ständerbohrmaschine mit 6-mm- und 0,5-mm-Bohrern.
- Fotokopierte Mustervorlagen
- Kohlepapier
- Schere
- Streichmaß
- Klebeband
- Bleistift
- ein Stück Angelschnur
- Brandmalkolben
- Tischlerleim
- Klebestift
- Acrylfarbe: weiß und blau
- Acrylklarlack matt und hochglänzend
- Malpinsel
- Wachspolitur
- weiches Tuch zum Polieren
- Staubbindetuch
- Zweikomponentenkleber
- Holzstäbchen

Auf den Punkt gebracht

Indem man die Mustervorlage auf verschiedene Größen vergrößert, kann man einen ganzen Fischschwarm herstellen. Eine solche Fischgruppe könnte man an Drähten aufhängen oder ein aufwendigeres Mobile herstellen, in dem sich die einzelnen Fisch unabhängig voneinander bewegen.

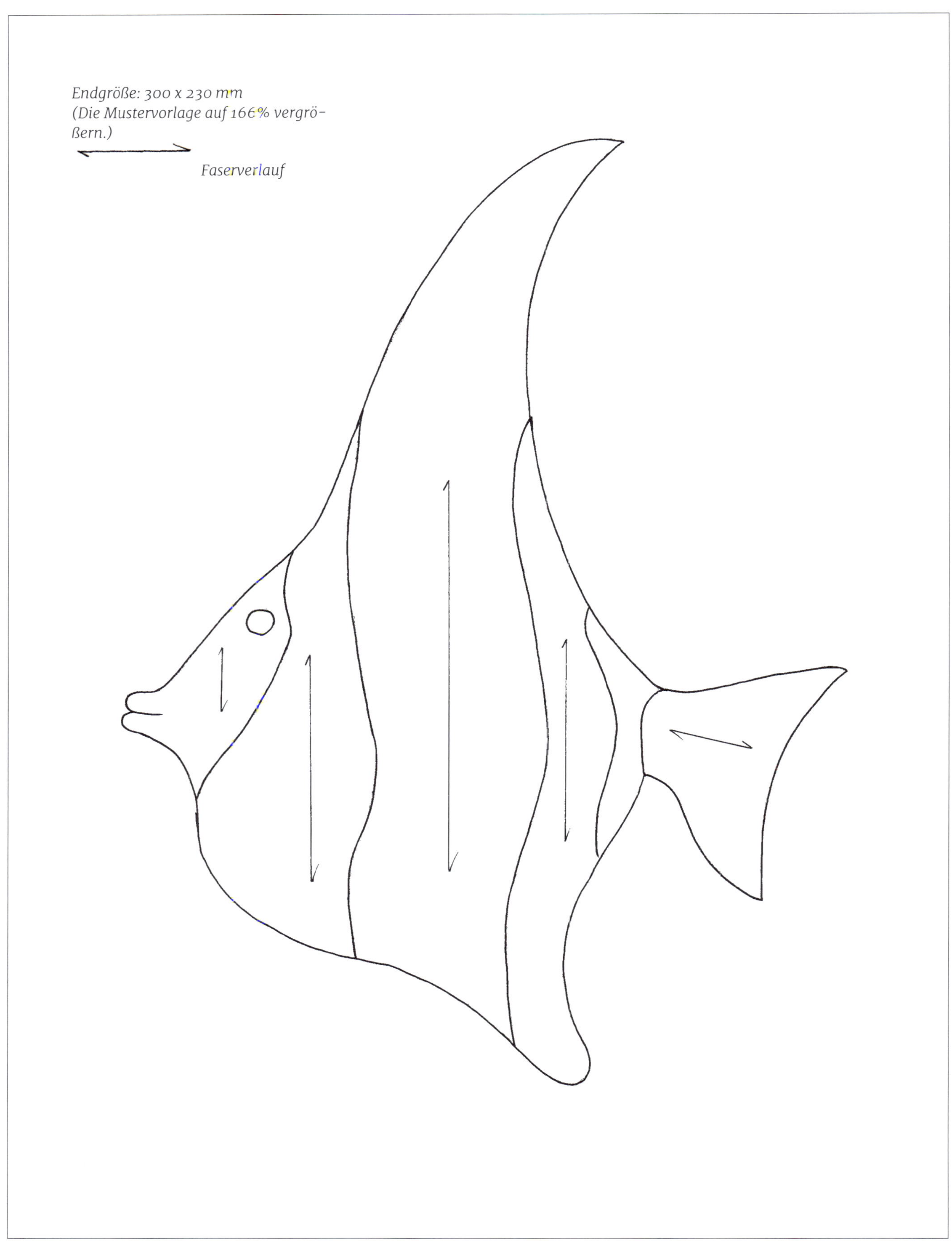

Endgröße: 300 x 230 mm
(Die Mustervorlage auf 166% vergrößern.)
Faserverlauf

1 Stellen Sie drei vergrößerte Kopien der Mustervorlage her – indem Sie zwei Stück Papier mit durchsichtigem Klebeband zusammenfügen, falls die Größe das notwendig macht –, und legen Sie eines als Vergleich für später zurück. Schneiden Sie den Körper und die Schwanzflosse einzeln aus, und richten Sie diese beiden Musterteile am Faserverlauf des Holzes aus. Am besten lässt sich die Mustervorlage mit einem Klebestift am Holz befestigen.

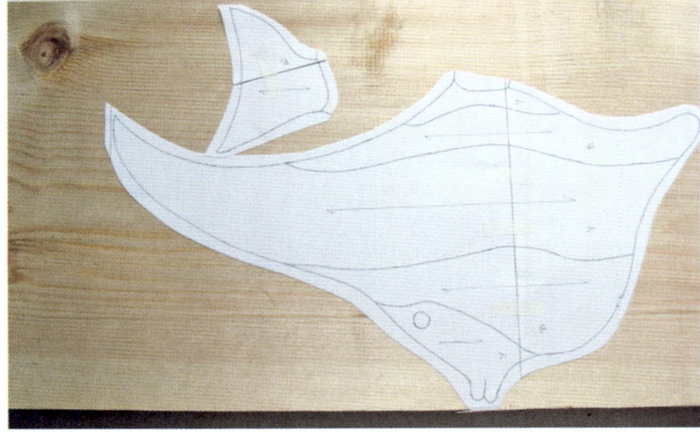

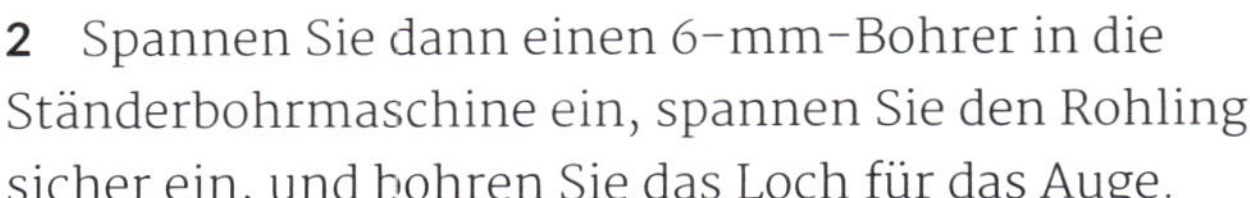

2 Spannen Sie dann einen 6-mm-Bohrer in die Ständerbohrmaschine ein, spannen Sie den Rohling sicher ein, und bohren Sie das Loch für das Auge.

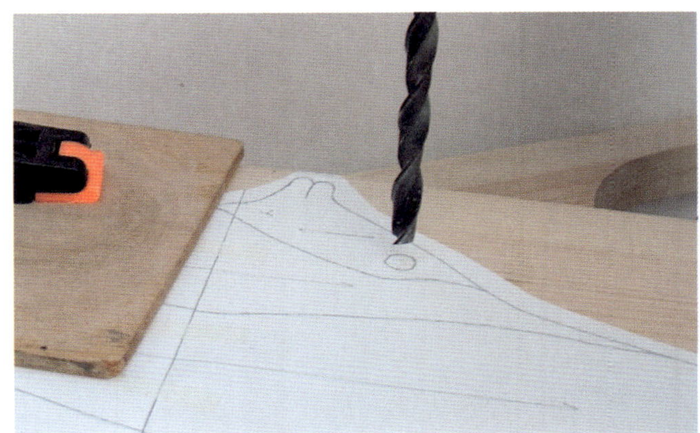

3 Vorerst müssen nur zwei Teile ausgesägt werden. Rüsten Sie die Dekupiersäge wie auf Seite 17 beschrieben mit dem Sägeblatt auf. Sie müssen am Maul einschneiden, das Blatt zurückführen und dann von der anderen Seite erneut einschneiden. Der Rest des Umrisses lässt sich leicht aussägen. Wenn Sie beide Teile ausgesägt haben, kontrollieren Sie, dass die Schwanzflosse gut an den Körper passt. Eventuell notwendige Nacharbeiten lassen sich jetzt leichter ausführen, als wenn Sie schon mit dem Schleifen begonnen hätten.

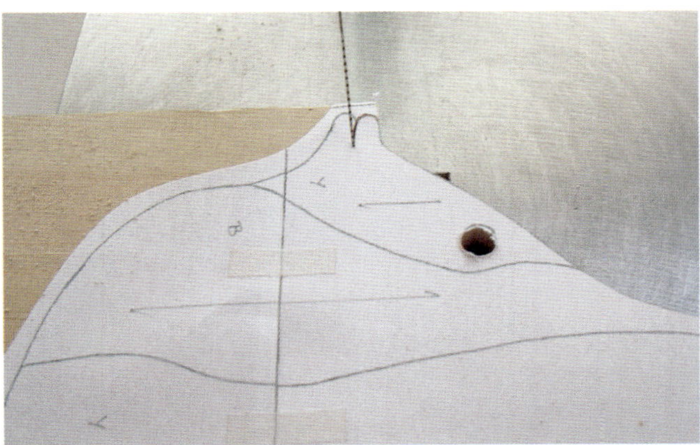

4 Verwenden Sie ein Streichmaß, um eine leichte Mittellinie ganz um den Körper und die Schwanzflosse des Fisches anzureißen. Ziehen Sie sie mit einem Bleistift nach, um sie deutlich sichtbar zu machen. Das trägt dazu bei, beide Seiten des Fisches gleichmäßig zu schleifen und zu formen.

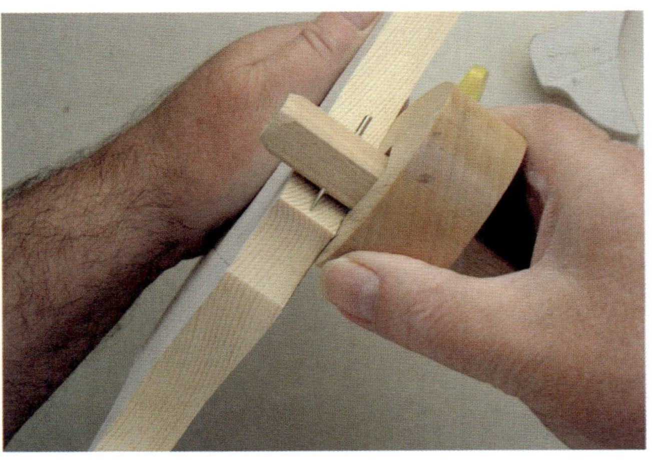

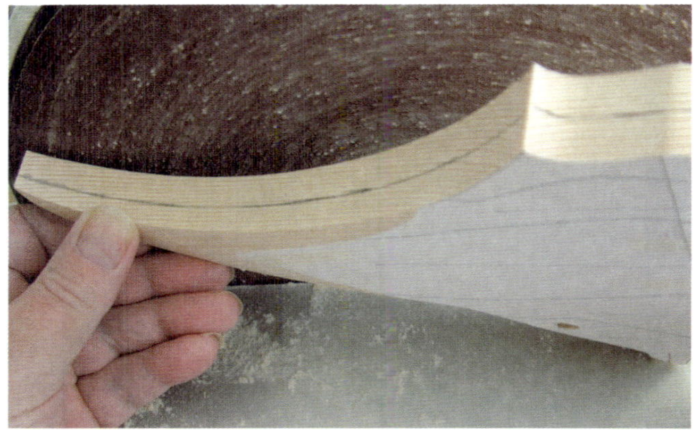

5 Verringern Sie die Stärke der Flossen. Sie können den Tellerschleifer verwenden, um einem Teil des Holzes schnell abzunehmen. Verwenden Sie dann den Trommelschleifer für die Detailarbeiten und das Multifunktionswerkzeug mit biegsamer Welle für die engeren Kurven. Schleifen Sie die Mittellinie erst ab, wenn Sie beide Seiten des Fisches gleichmäßig geformt haben. Wenn Sie mit der Form zufrieden sind, schleifen Sie den Körper und die Schwanzflosse in Handarbeit mit 180er und anschließend mit 280er Schleifpapier zu hoher Glätte.

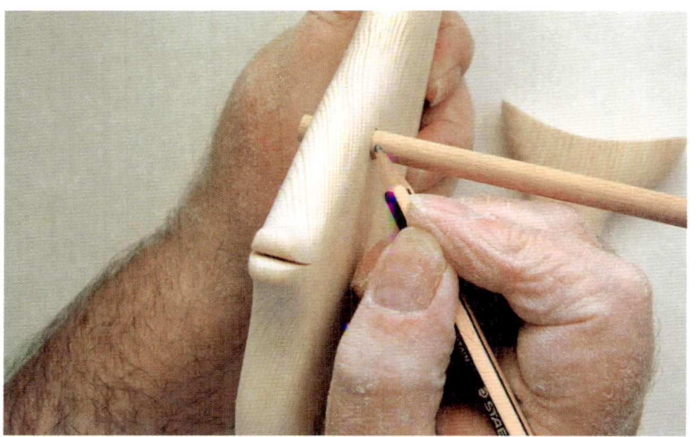

6 Stecken Sie ein kurzes Stück 6-mm-Dübelstange durch das Augenloch, und übertragen Sie mit einem Bleistift das Relief des Kopfes auf beide Seiten des Dübels. Sägen Sie den Dübel so zu, dass er auf beiden Seiten etwa 3 aus dem Kopf herausragt. Runden Sie beide Enden zu einer glatten Oberfläche ab. Bringen Sie eine Orientierungsmarkierung entlang der Länge des Dübels an, damit Sie beim Einleimen des Auges wissen, in welche Richtung er weisen muss.

7 Schwärzen Sie beide Enden des Dübels mit einem Brandmalkolben. Sägen Sie den Dübel dann in der Mitte durch, um ihn besser halten zu können, wenn der Hochglanzlack aufgetragen wird.

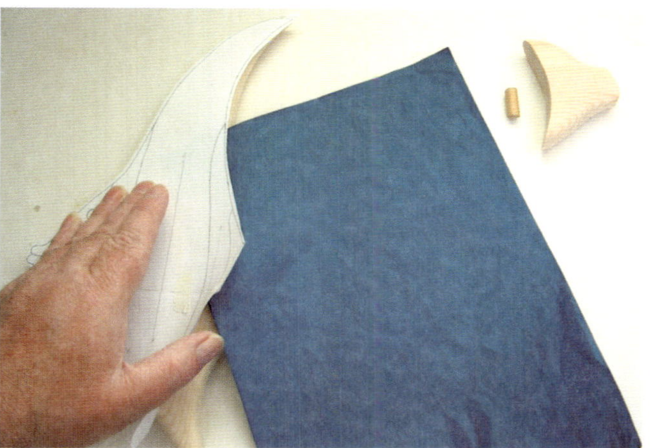

8 Wir ziehen es vor, den Fisch in einzelne Stücke zu teilen, um ihn zu bemalen. Übertragen Sie anhand der extra Kopie der Mustervorlage und ein Blatt Kohlepapier die Innenlinien des Fisches auf den Körper. Zersägen Sie den Fisch sorgfältig in einzelne Teile, und entfernen Sie den Grat an den Sägekanten mit 280er Schleifpapier. Wischen Sie alle Teile mit einem Staubbindetuch ab, um den feinen Holzstaub zu entfernen.

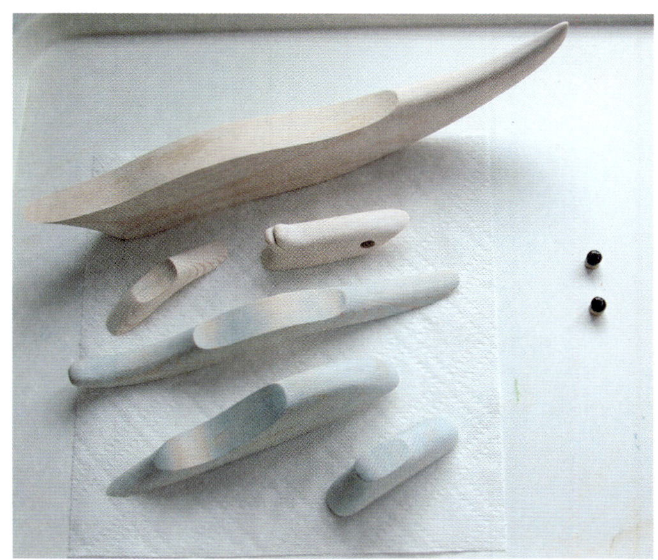

9 Mischen Sie die Farben mit dem Acrylmalmittel, und bemalen Sie die Oberflächen. Warten Sie kurz, und nehmen Sie dann dem Überstand mit einem fusselfreien Tuch ab. Gründlich trocknen lassen. Wenn die Farbe trocken ist, schleifen Sie leicht mit einem 320er Schleifpapier, und nehmen Sie wieder den Staub mit einem Staubbindetuch ab, bevor Sie lackieren. Tragen Sie hochglänzenden Acrylklarlack auf die Augen und seidenmatten Klarlack auf alle anderen Teile auf. Schleifen Sie nochmals leicht nach, wenn der Lack trocken ist, und verwenden Sie das Staubbindetuch, um den feinen Staub abzunehmen. Geben Sie Wachspolitur auf alle Stücke außer dem Auge, und polieren Sie zu einem schönen Glanz. Achten Sie aber darauf, dass kein Wachs auf die Leimflächen gelangt.

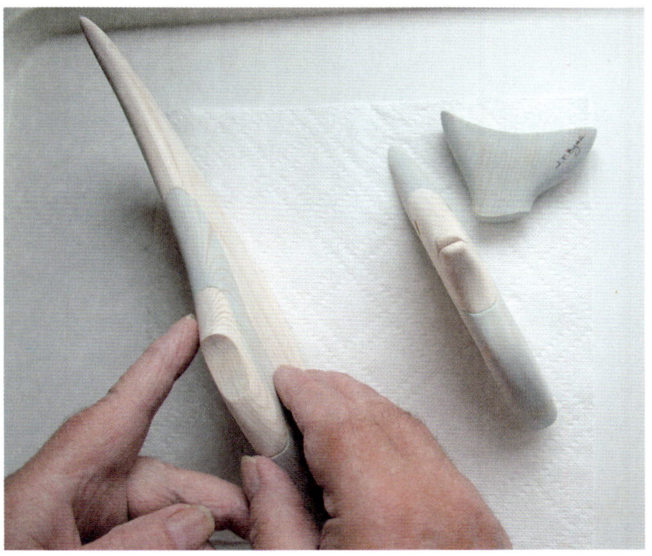

10 Leimen Sie zuerst das Gesicht an das benachbarte blaue Stück, legen Sie dann das größte weiße Stück mit der Sichtseite nach unten auf die Werkbank, und leimen Sie die hinteren Stück daran fest. Als letztes leimen Sie die Schwanzflosse an. Lassen Sie diese beiden Teilmontagen trocknen, geben Sie dann Leim an die jeweiligen Kanten, und drücken Sie die beiden Hälften kräftig zusammen. Halten Sie das Werkstück so einige Minuten und legen Sie es dann flach auf eine Unterlage, bis der Leim getrocknet ist. Leimen Sie unter Beachtung der zuvor angebrachten Orientierungsmarkierung die Augen ein.

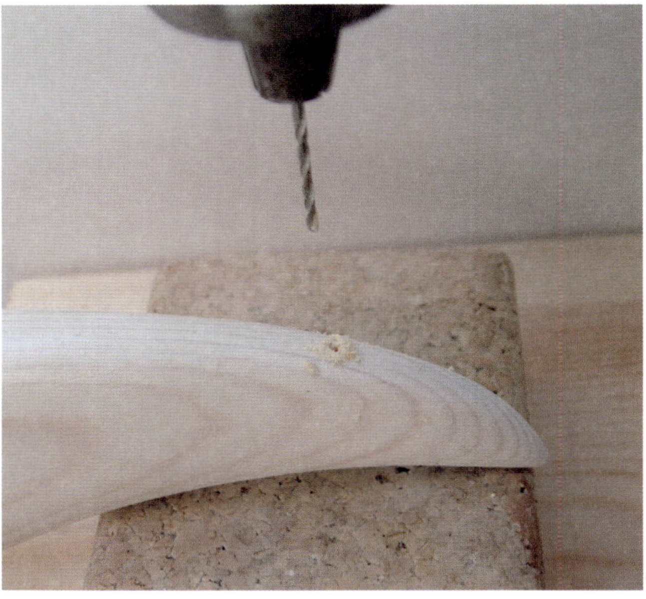

11 Halten Sie den Fisch zwischen Zeigefinger und Daumen, bis er im gewünschten Winkel hängt, und kennzeichnen Sie diese Stellung mit einem Bleistift. Verwenden Sie Ihren kleinsten Bohrer, um ein Loch für die Angelschnur zu bohren. Lassen Sie sich möglichst von jemandem helfen, der den Fisch dabei sicher hält. Schneiden Sie eine passende Länge Angelschnur zu, und geben Sie einen Zweikomponentenklebstoff an ein Ende. Leimen Sie das Ende eines hölzernen Zahnstochers in das Loch, um die Angelschnur festzukeilen, und lassen Sie den Klebstoff vollkommen trocknen. Binden Sie das andere Ende der Schnur zu einer Schlaufe, und hängen Sie das Mobile an der gewünschten Stelle auf.

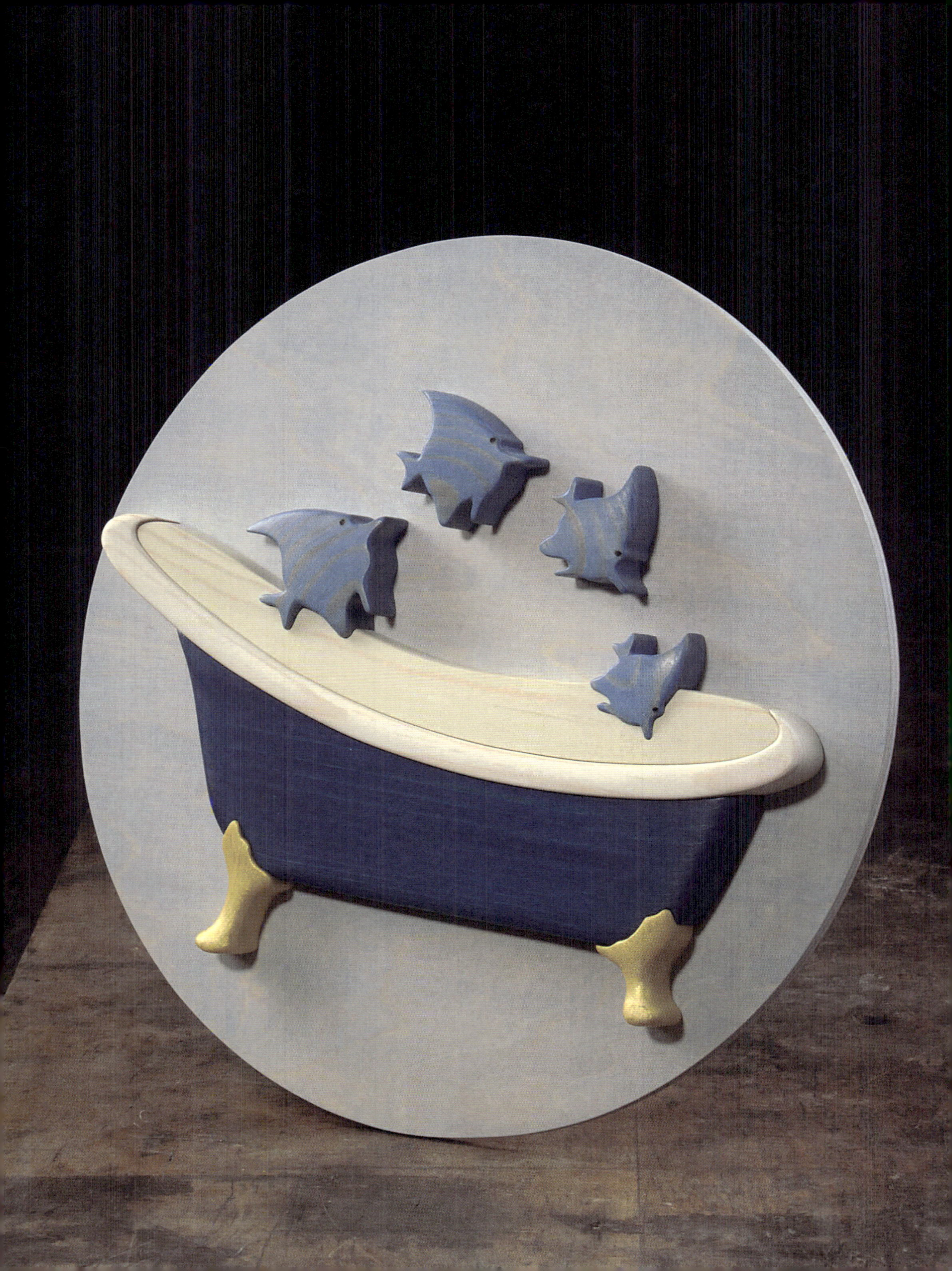

4.4 Badezimmer-Türschild

Dieses kleine Türschild weist auf das Badezimmer hin, sodass Ihre Besucher es finden können, ohne danach fragen zu müssen. Da es keine Beschriftung aufweist, ist es für jeden leicht verständlich. Es nimmt das Fisch-Motiv aus den vorhergegangenen Werkstücken wieder auf, um dem Badezimmer ein einheitliches Dekor zu geben.

Was man braucht:

- Birkensperrholz 305 x 305 x 6 mm
- Kiefernholz, 305 x 150 x 20 mm
- Dekupiersäge mit Blättern Nr. 1 und Nr. 7
- Tellerschleifer
- Trommelschleifmaschine und Multifunktionswerkzeug mit biegsamer Welle und 120er Schleifzylindern
- Bleistift
- Fotokopierte Mustervorlagen
- Zirkel
- Tischlerleim
- Klebestift
- Schleifklotz und Schleifpapier, 180er bis 320er Körnungen
- Staubbindetuch
- Malpinsel
- Acrylfarbe: blau, weiß, pergamentbeige und gold
- Acrylmalmittel
- Acrylklarlack, matt
- farblose Wachspolitur
- Klettverschlussband, selbstklebend

Auf den Punkt gebracht

Falls Sie eine Handoberfräse mit Zirkelspitzen besitzen, lassen sich damit Kreise leicht und präzise ausschneiden. Wenn man sorgfältig arbeitet, den Kreis mit dem Zirkel anreißt und mit der Dekupiersäge ausschneidet, kann man jedoch ebenso gute Ergebnisse erzielen.

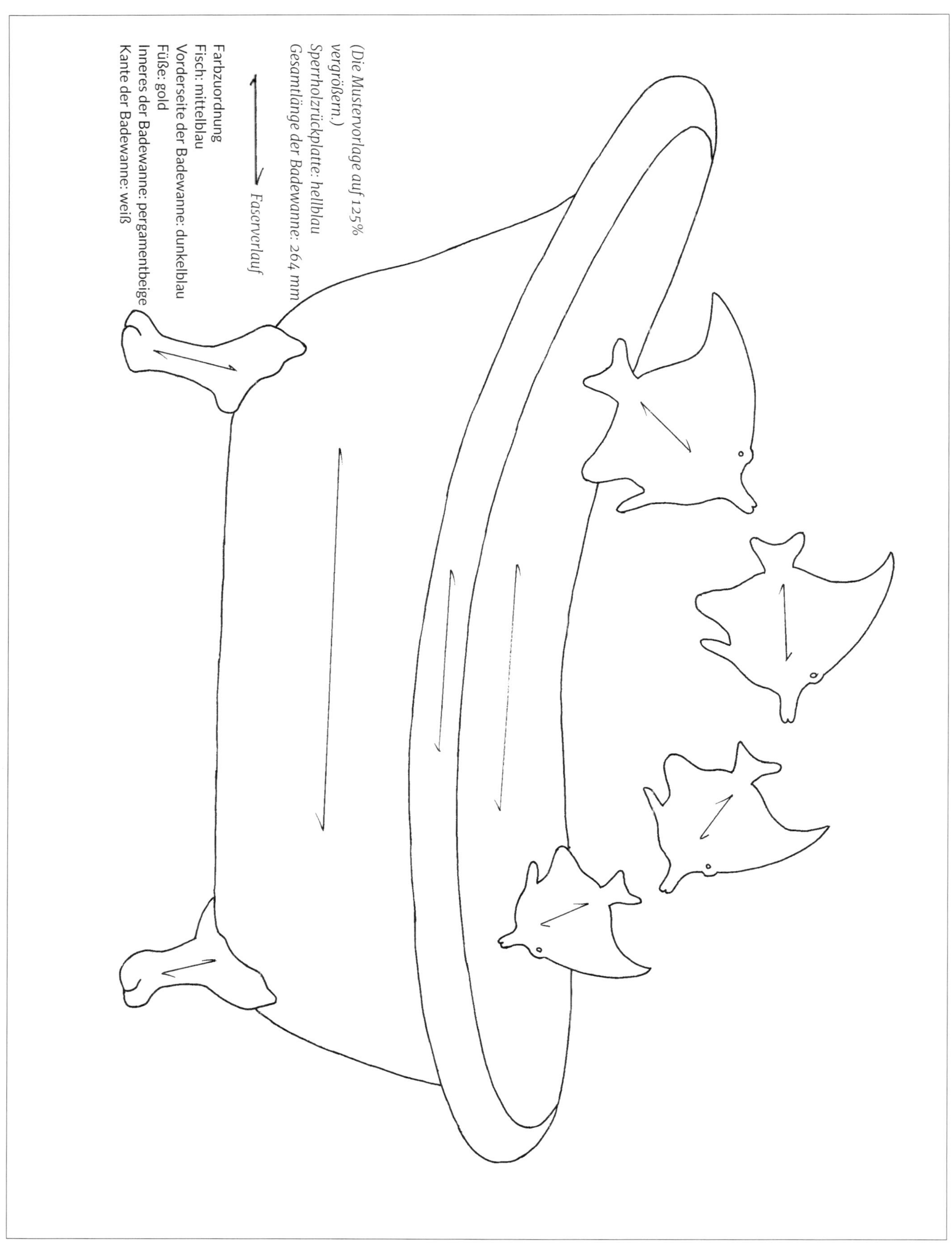
(Die Mustervorlage auf 125%
vergrößern.)
Sperrholzrückplatte: hellblau
Gesamtlänge der Badewanne: 264 mm
Faserverlauf
Farbzuordnung
Fisch: mittelblau
Vorderseite der Badewanne: dunkelblau
Füße: gold
Inneres der Badewanne: pergamentbeige
Kante der Badewanne: weiß

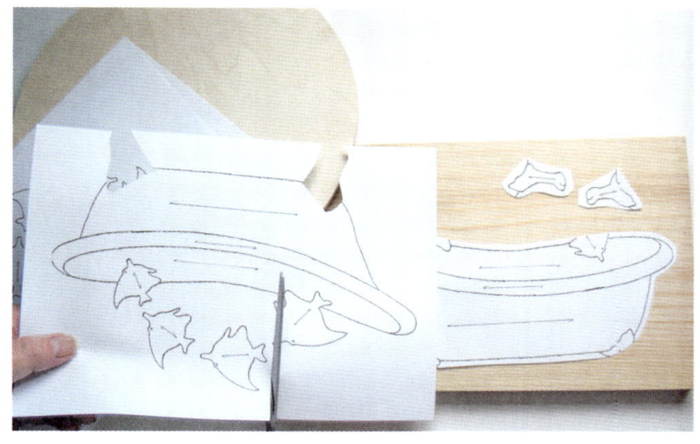

1 Reißen Sie zuerst einem Kreis mit 290 mm Durchmesser auf dem Sperrholz an, und sägen Sie ihn mit einem Sägeblatt Nr. 7 aus, das Sie auf die übliche Weise ausgerichtet und gespannt haben. Stellen Sie dann zwei Kopien der Mustervorlage mit der Badewanne und den Fischen her, und schneiden Sie diese in Einzelteile. Beachten Sie die Pfeile, die den Faserverlauf angeben. Legen Sie die Musterteile so auf das Kiefernholz, dass die Pfeile mit dem Faserverlauf übereinstimmen, und befestigen Sie die Teile mit Klebestift am Holz.

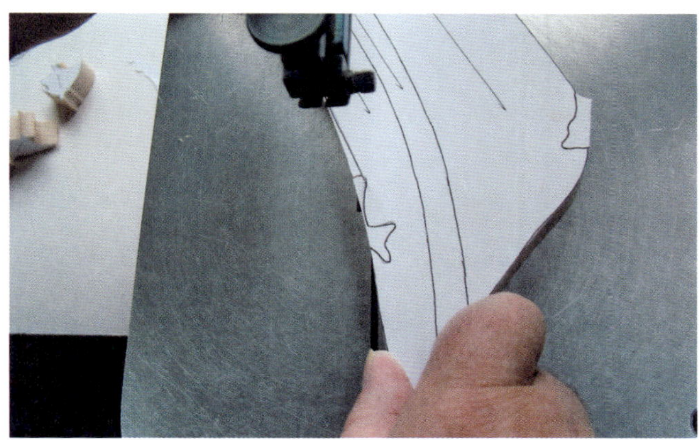

2 Schneiden Sie die Badewanne, Füße und Fische aus dem Kiefernholz, und kontrollieren Sie, ob die Stücke gut zusammenpassen. Beachten Sie, dass der Umriss der Badewanne eingeschnitten werden muss, wo die Fisch und die Füße ihn überlappen.

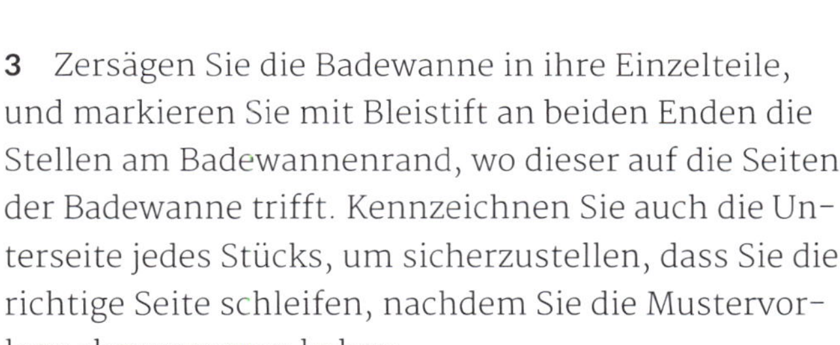

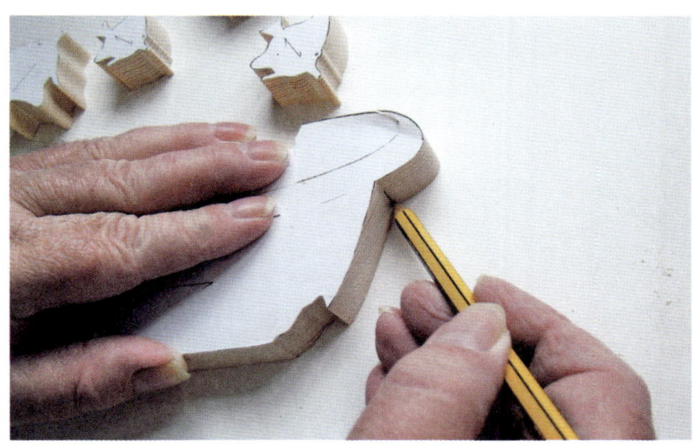

3 Zersägen Sie die Badewanne in ihre Einzelteile, und markieren Sie mit Bleistift an beiden Enden die Stellen am Badewannenrand, wo dieser auf die Seiten der Badewanne trifft. Kennzeichnen Sie auch die Unterseite jedes Stücks, um sicherzustellen, dass Sie die richtige Seite schleifen, nachdem Sie die Mustervorlage abgenommen haben.

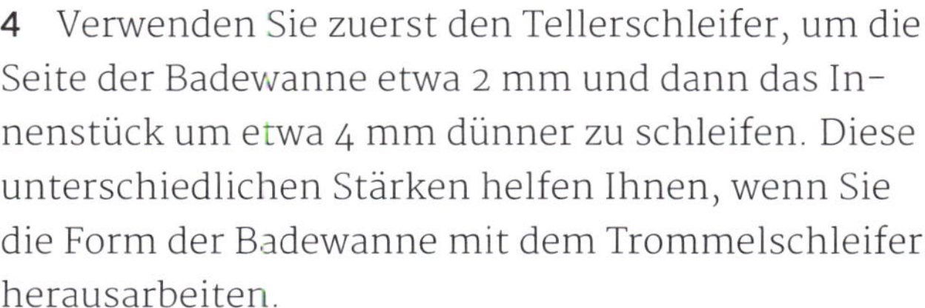

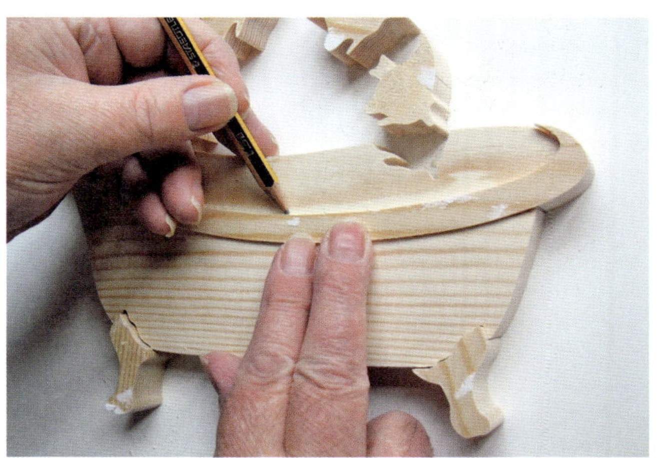

4 Verwenden Sie zuerst den Tellerschleifer, um die Seite der Badewanne etwa 2 mm und dann das Innenstück um etwa 4 mm dünner zu schleifen. Diese unterschiedlichen Stärken helfen Ihnen, wenn Sie die Form der Badewanne mit dem Trommelschleifer herausarbeiten.

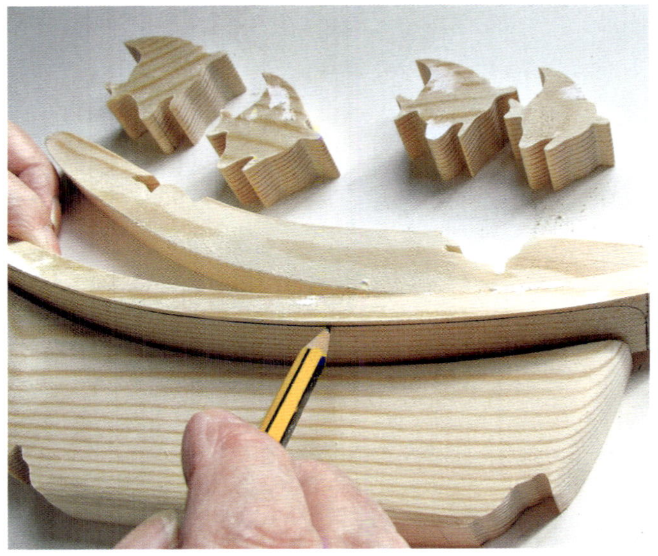

5 Verwenden Sie den Trommelschleifer, und formen Sie die Seite der Badewanne. Schleifen Sie dabei mit der Faser. Schleifen Sie die Fläche, um eventuell vom Tellerschleifer herrührende Spuren zu beseitigen, und runden Sie dann die seitlichen und unteren Kanten ab. Die Oberkante wird dort nicht gerundet, wo sie an den Badewannenrand stößt. Schleifen Sie das Stück glatt, das die Innenseite der Badewanne darstellt, und runden Sie die Außenkante geringfügig ab. Übertragen Sie die Stärke dieser beiden Stück auf den Rand der Badewanne, und runden Sie diesen dann auf beiden Seiten bis knapp über die Stärkenmarkierungen ab.

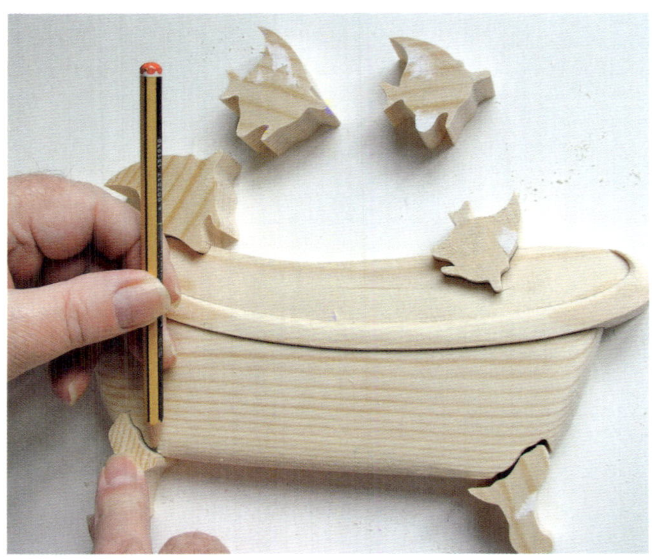

6 Übertragen Sie die Stärke der Badewannenteile auf die Füße und die angrenzenden Fische. Achten Sie darauf, nicht unter diese Markierungen abzuschleifen, wenn Sie die Füße und Fische bearbeiten. Ein kleiner Schleifzylinder auf einem Multifunktionswerkzeug mit biegsamer Welle ist ideal geeignet, um die engen Kurven an den Fischen und Füßen zu bearbeiten.

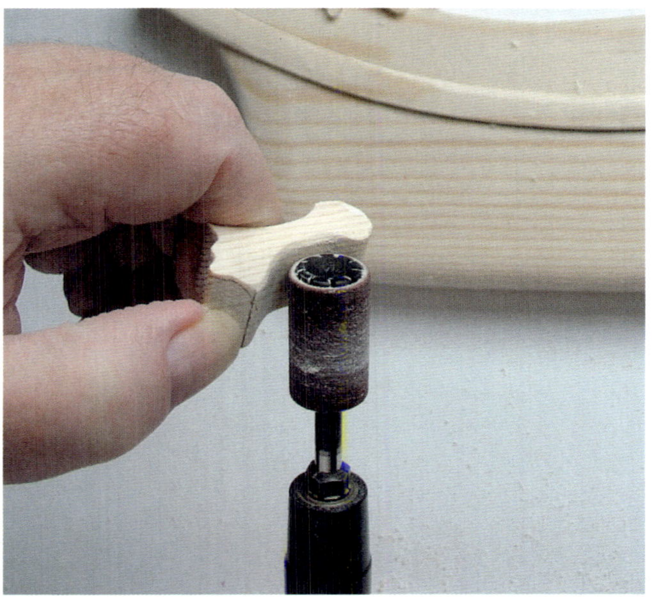

7 Eine kleine Schleiftrommel an einem Multifunktionswerkzeug mit biegsamer Welle ist ideal, um die kleinen Kurven an den Fischen und den Badewannenfüßen zu bearbeiten.

8 Gleichen Sie vom Schleifzylinder hinterlassene Unebenheiten mit 120er Schleifpapier und -klotz aus. Gehen Sie dann zu 180er und schließlich zu 280er Schleifpapier über. Mit einem kleinen Stück Schleifpapier, das Sie um einen dünnen Dübel wickeln, können Sie auch die engen Kurven an den Fischen bearbeiten. Schleifen Sie auch die Oberfläche des Sperrholzkreises mit 180er Schleifpapier und einem Schleifklotz. Wischen Sie von allen Teilen den Staub ab, bevor Sie bemalen.

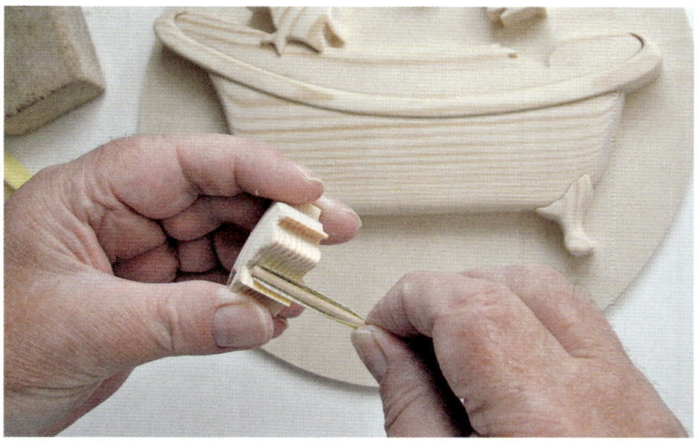

9 Mischen Sie die Farben auf einer Palette mit dem Malmittel, tragen Sie die Farben einzeln auf, und warten Sie einen Augenblick, bevor Sie den Überstand mit einem weichen Tuch abwischen, sodass die Maserung durch die Farbe hindurch zu erkennen ist. Wir haben nur eine blaue Farbe verwendet, die wir für die Fische mit etwas Weiß aufgehellt und für die runde Rückplatte mit noch mehr Weiß deutlicher aufgehellt haben.

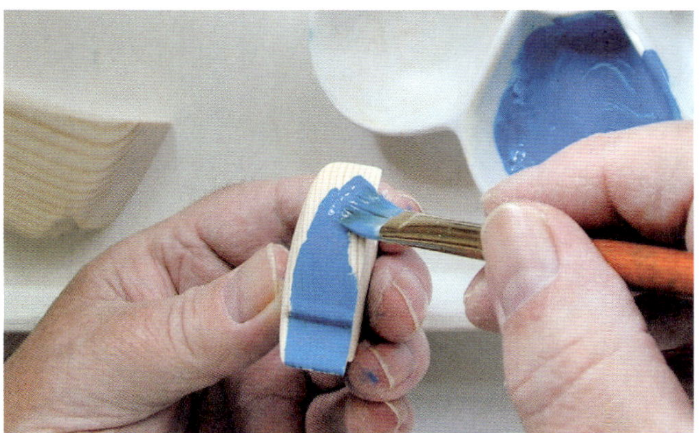

10 Nehmen Sie auf gleiche Weise bei allen Stücken die überstehende Farbe ab, außer bei den Füßen der Badewanne, die deckend gold gestrichen sind. Lassen Sie die Farbe gut trocknen, und schleifen Sie dann leicht mit 320er Schleifpapier. Tragen Sie auf alle Teile einen matten Acrylklarlack auf, bis auf die Füße (die goldene Farbe sieht besser aus, wenn sie glänzt), und lassen Sie auch den Lack trocknen. Eine Schicht Wachspolitur auf der Badewanne und den Fischen gibt diesen Teilen einen schönen Glanz. Geben Sie aber keine Politur an die Rückplatte oder an die Rückseiten der anderen Teile, um Probleme beim Verleimen zu vermeiden.

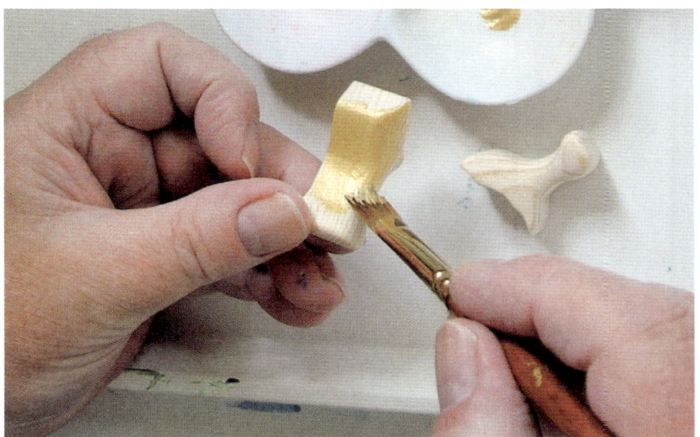

11 Arrangieren Sie die Badewanne und die Fische auf der Rückplatte, bis Sie mit der Anordnung zufrieden sind, und nehmen Sie die Stücke dann einzeln ab, um sie mit einem hochwertigen Tischlerleim anzukleben. Befestigen Sie zuerst das Hauptteil der Badewanne, dann die Füße, den Rand, das Innenteil und die Fische. Drücken Sie jedes Stück fest an, und lassen Sie den Leim gut trocknen. Jetzt kann das Türschild mit selbstklebendem Klettband an Ihrer Badezimmertür angebracht werden.

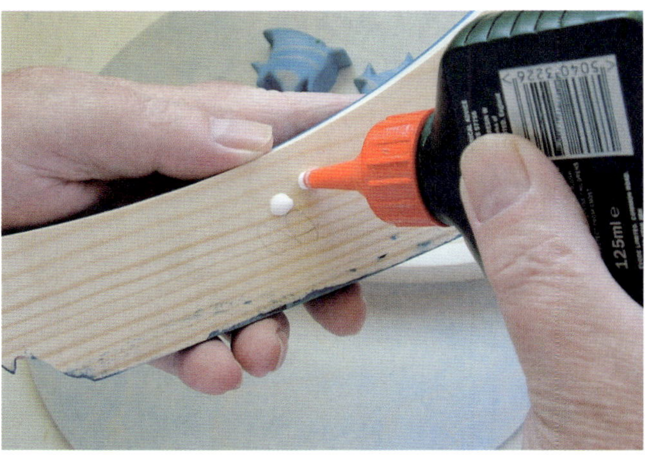

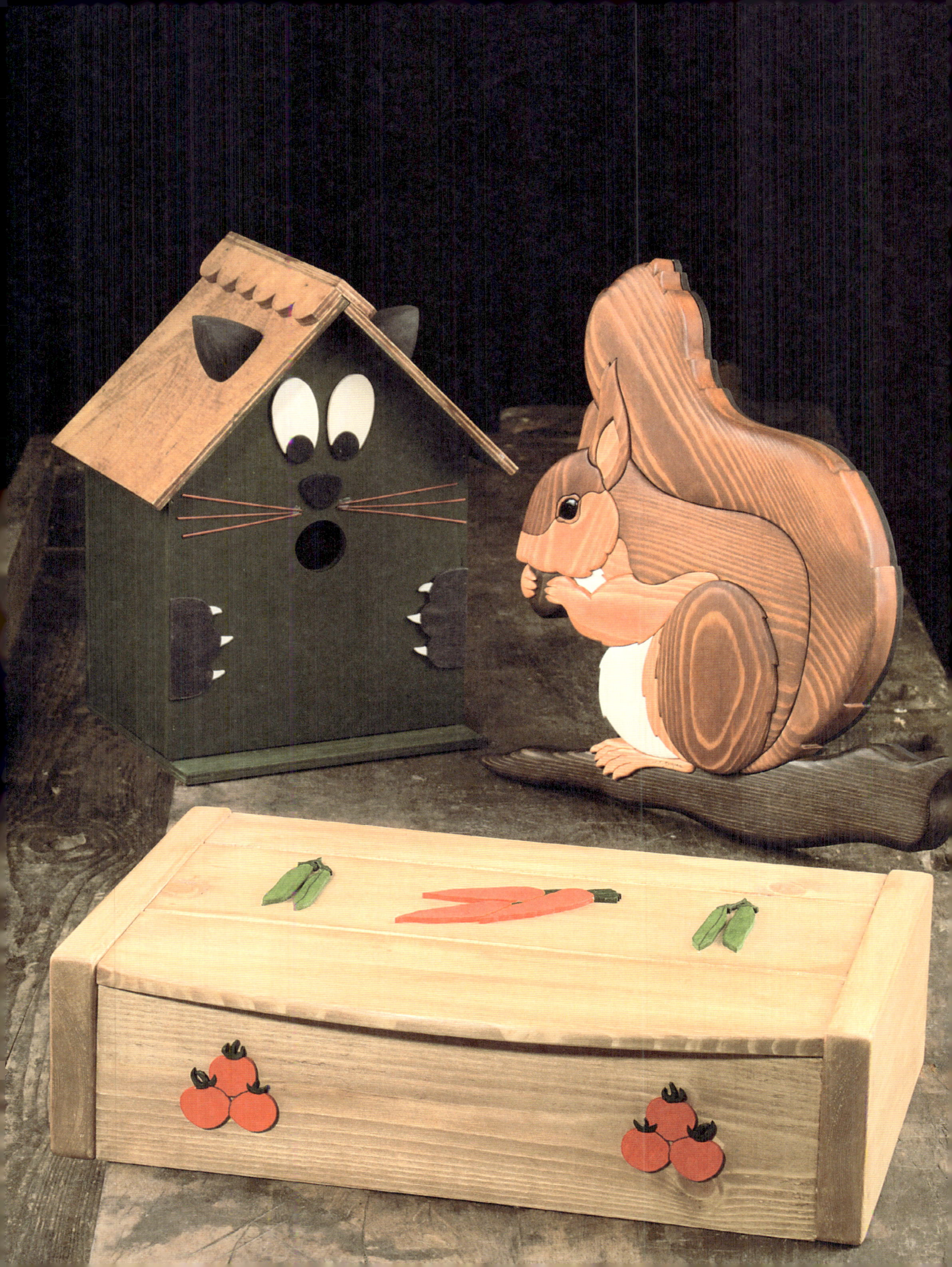

5

Werkstücke für den Garten

5.1
Hängeregal für Gummistiefel

5.2
Nistkasten

5.3
Kästchen für Sämereien

5.4
Namensschild mit Eichhörnchen

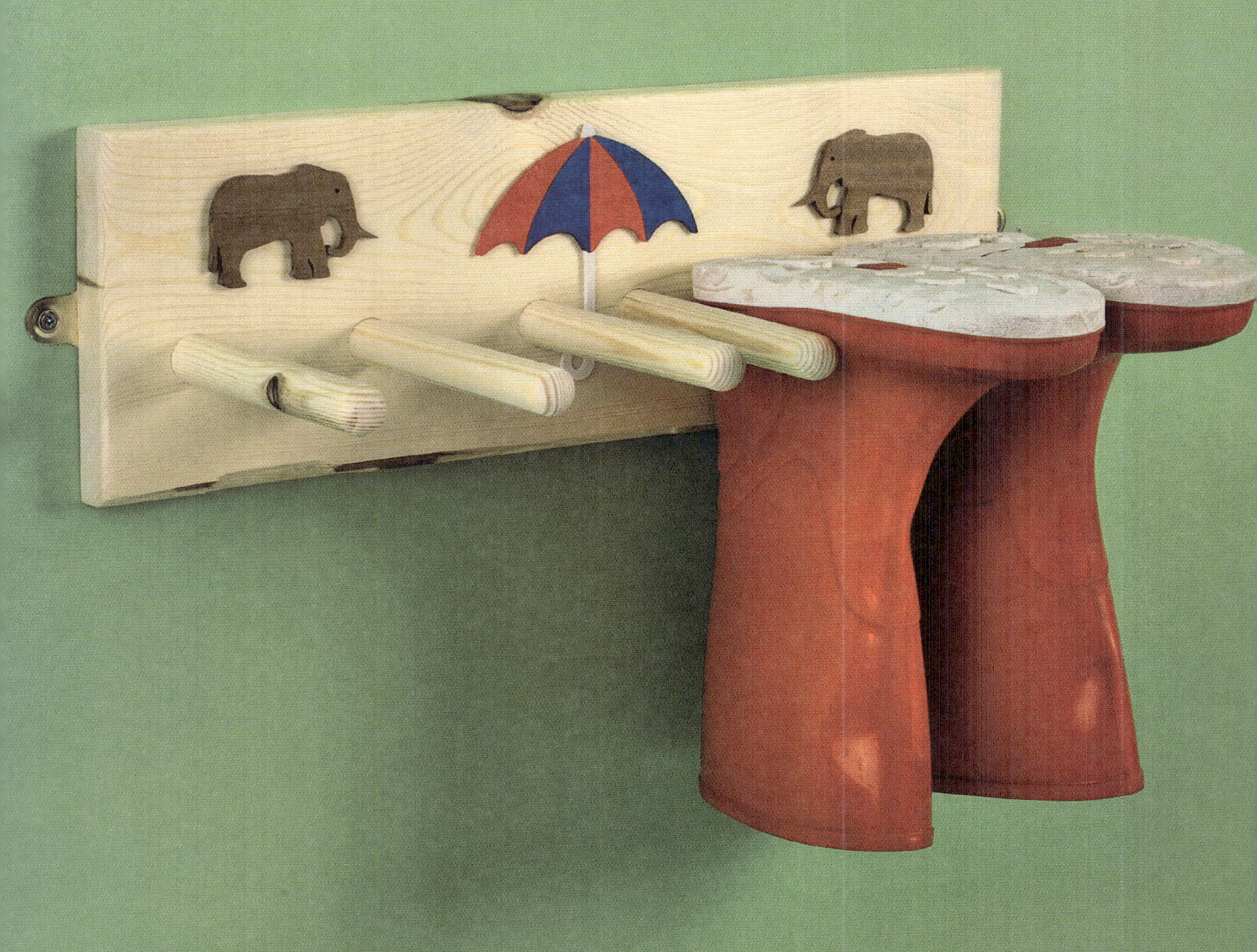

5.1
Hängeregal für Gummistiefel

Die Werkstücke im Kapitel 5 sind für den Garten, die Terrasse oder den Gartenschuppen gedacht. Sie sollten mit einem wasserfesten Klebstoff zusammengebaut werden – etwa einem wetterfesten Tischlerleim – und mit einem Klarlack für die Außenverwendung lackiert werden, um sie vor Witterungseinflüssen zu schützen. Als erstes kommt ein platzsparendes Regal, an dem man die nassen, schmutzigen Gummistiefel aufhängen kann. Unser Entwurf ist für Kinderstiefel ausgelegt, aber wir haben auch die Abmessungen für eine größere Version angegeben, an der auch die Stiefel der Eltern Platz finden. Als Dekor kann man dann nach Wunsch Motive von anderen Stellen im Buch verwenden. Das fertige Regal wird einfach an die Wand geschraubt, sodass es gut zugänglich ist.

Was man braucht:

- Kiefernholz 460 x 150 x 20 mm oder für die Erwachsenenversion 610 x 150 x 20 mm
- Laubholzdübelstange, Durchmesser 20 mm: sechs Stück mit 150 mm Länge, oder für die Erwachsenenversion 180 mm Länge
- Mahagoniholz 130 x 100 x 3 mm, für die Elefantenmotive
- Birkenholz 150 x 100 x 3 mm, für das Regenschirmmotiv
- Dekupiersäge mit Blättern Nr. 7 und Nr. 1
- Ständerbohrmaschine mit 20-mm-Holzbohrer
- Bleistift
- Lineal
- Fotokopierte Mustervorlagen
- Tischlerleim
- Klebestift
- Tellerschleifer (nach Bedarf)
- Schleifklotz und Schleifpapier, 180er bis 320er Körnungen
- Staubbindetuch
- Malpinsel
- Acrylfarbe: rot, weiß und blau
- Acrylklarlack, matt
- Brandmalkolben oder wasserfesten schwarzen Marker
- Flüssige Wachspolitur
- weiches Tuch oder Bürste zum Polieren
- Ahle
- Zwei Paar Bilderaufhänger mit Beschlägen
- Kreuzschlitzschraubendreher

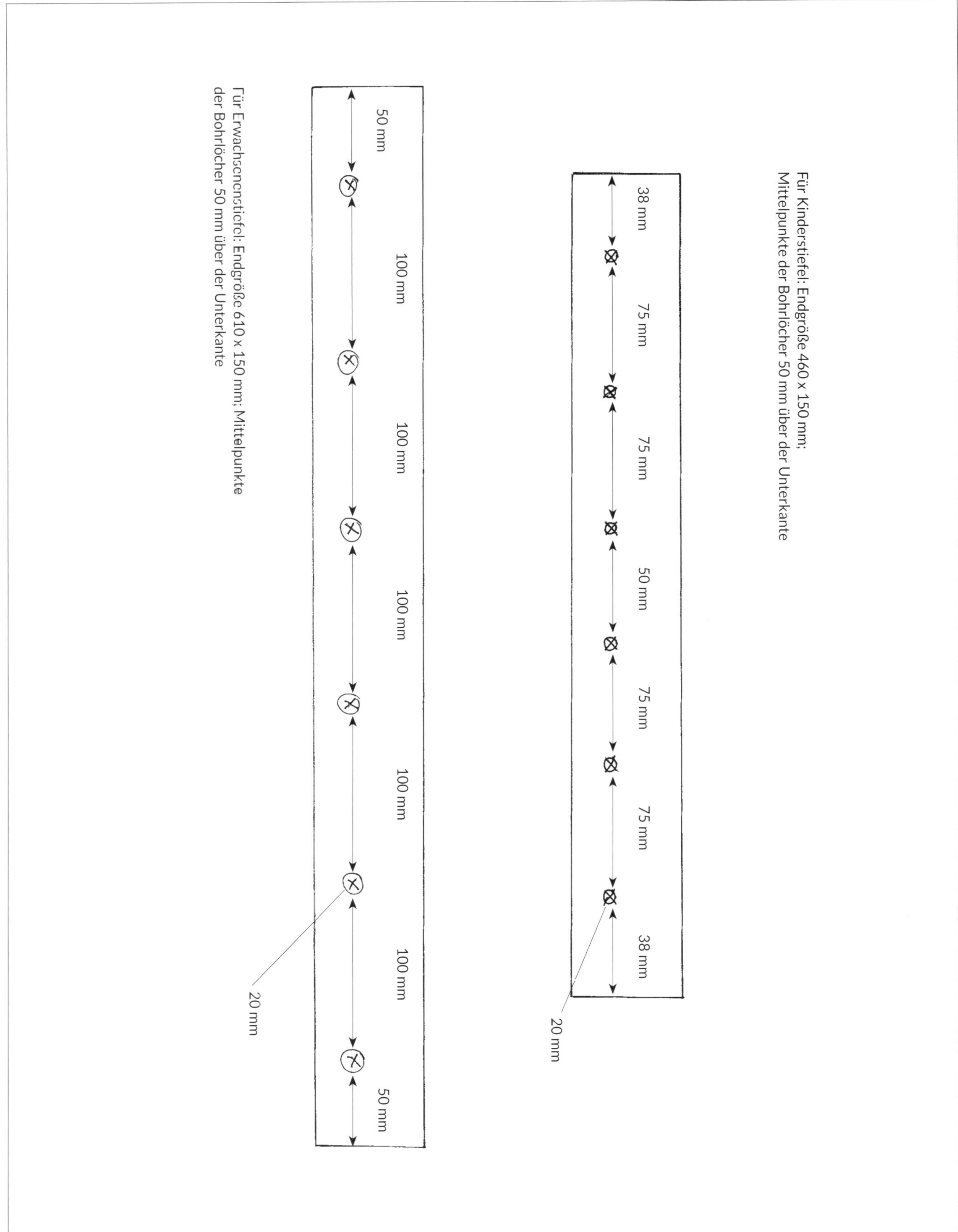
Für Kinderstiefel: Endgröße 460 x 150 mm;
Mittelpunkte der Bohrlöcher 50 mm über der Unterkante
38 mm
75 mm
75 mm
50 mm
75 mm
75 mm
38 mm
20 mm
Für Erwachsenenstiefel: Endgröße 610 x 150 mm; Mittelpunkte
der Bohrlöcher 50 mm über der Unterkante
50 mm
100 mm
100 mm
100 mm
100 mm
100 mm
50 mm
20 mm

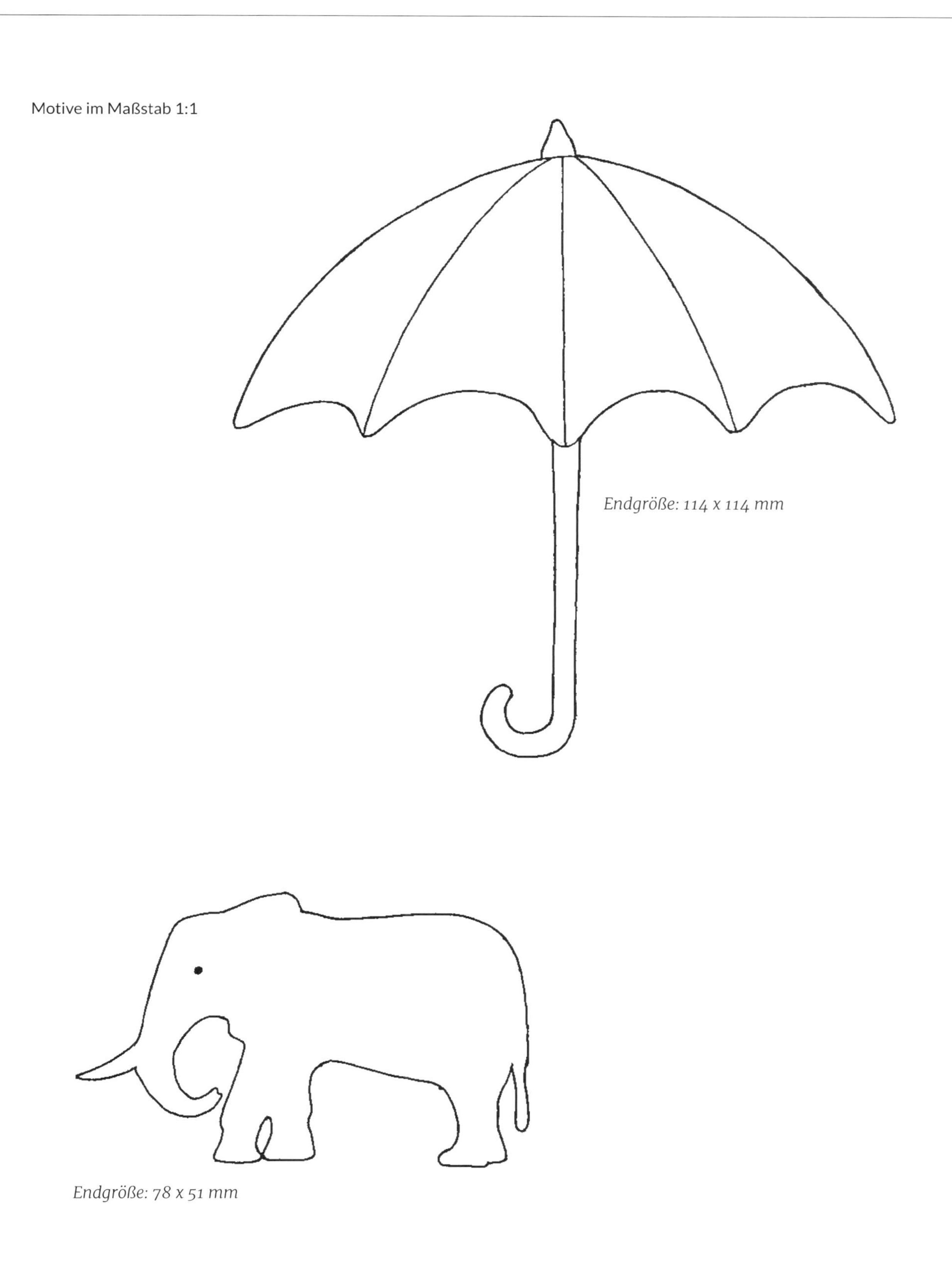

Motive im Maßstab 1:1

Endgröße: 114 x 114 mm

Endgröße: 78 x 51 mm

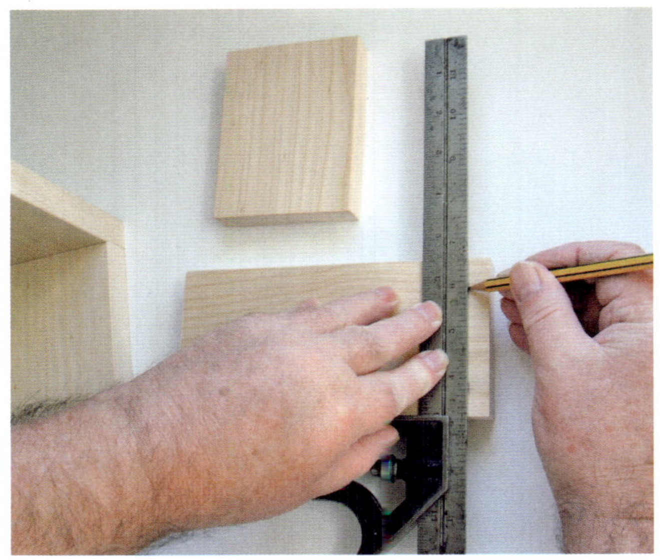

1 Rüsten Sie die Dekupiersäge mit einem Sägeblatt Nr. 7 auf, und schneiden Sie die Rückwand auf die angegebenen Abmessungen. Schleifen Sie die Flächen und runden Sie die Kanten mit 120er und dann mit 180er Schleifpapier und einem Schleifklotz ab.

Schneiden Sie dann die Dübel auf Länge: 150 mm für den kleineren Halter oder 180 mm für den größeren. Markieren Sie anhand der Mustervorlage die Position der Bohrlöcher; ihre Mittelpunkte liegen 100 mm unter der Oberkante. Eine Kreisschablone kann vielleicht hilfreich sein.

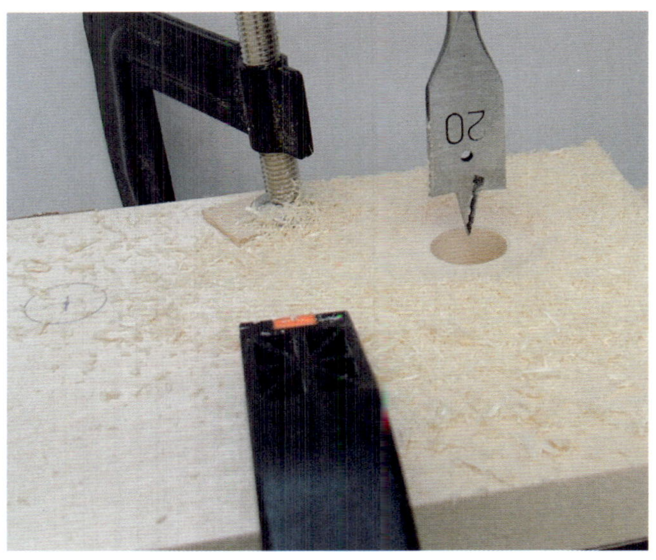

2 Spannen Sie den 20-mm-Flachbohrer in die Ständerbohrmaschine ein, sichern Sie die Rückwand mit zwei Zwingen am Arbeitstisch der Bohrmaschine, richten Sie den Bohrer nacheinander an den Markierungen aus, und bohren Sie vorsichtig ganz durch das Holz. Denken Sie daran, Ihre Schutzbrille zu tragen. Runden Sie an der Tellerschleifmaschine jeweils ein Ende jedes Dübels ab, und schleifen Sie dann in Handarbeit mit 120er und 180er Schleifpapier die Enden glatt. Nehmen Sie den Staub mit einem Staubbindetuch ab. Legen Sie die Rückwand auf eine ebene Arbeitsfläche, und leimen Sie die Dübel ein. Entfernen Sie eventuell austretenden Leim mit einem feuchten Tuch. Lassen Sie den Leim trocknen.

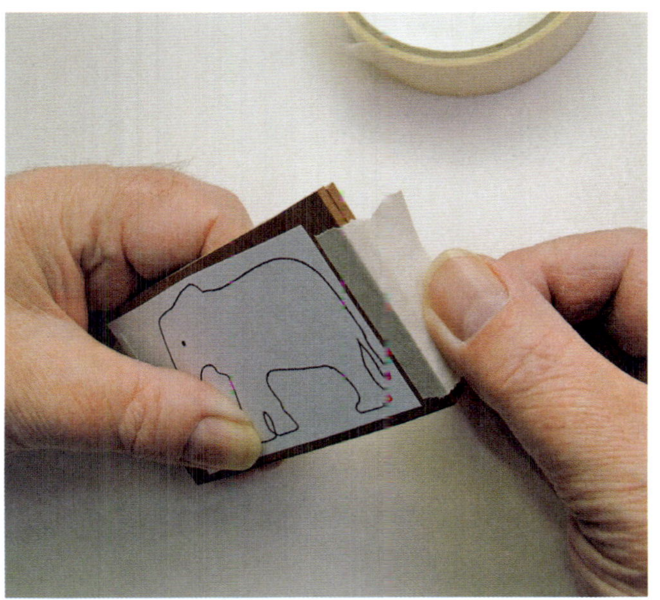

3 Fotokopieren Sie die Motive, schneiden Sie sie aus, und befestigen Sie sie mit dem Klebestift am Holz. Kleben Sie zwei Stücke des Mahagonis mit Klebeband zusammen, um die Elefanten als Stapel auszusägen. Kleben Sie das Regenschirm-Motiv auf das kleine Stück Birkenholz; wir haben den Griff separat hergestellt, weil das Holz nicht groß genug war, den Schirm in einem Stück auszusägen. Verwenden Sie ein Sägeblatt Nr. 1. Falls Ihre Säge nicht über einen Tischeinsatz verfügt, stellen Sie eine Tischauflage her, wie es auf Seite 19 beschrieben ist.

4 Wenn alle Motive ausgeschnitten sind, werden die Kanten mit 320er Schleifpapier leicht angeschliffen und dann mit einem Staubbindetuch abgewischt. Verwenden Sie einen Brandmalkolben mit einem kleinen runden Einsatz oder einen schwarzen Marker für die Augen der Elefanten.

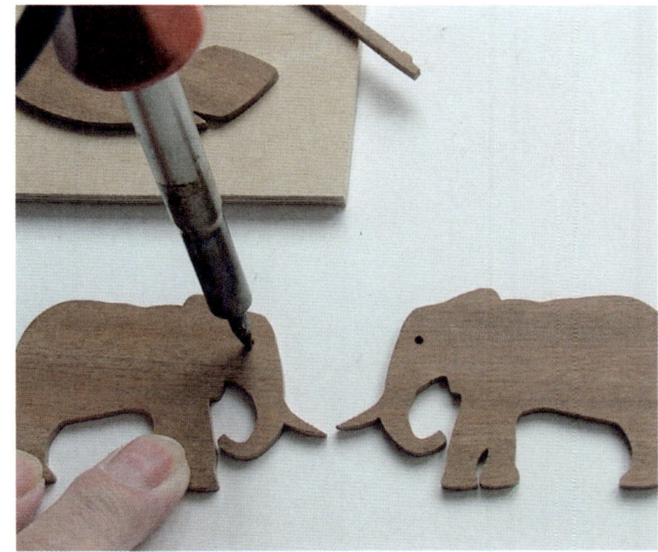

5 Die Teile aus Mahagoni belässt man am besten im natürlichen Zustand, aber der Regenschirm kann – einschließlich der Kanten –, in beliebigen Farben Ihrer Wahl bemalt werden.

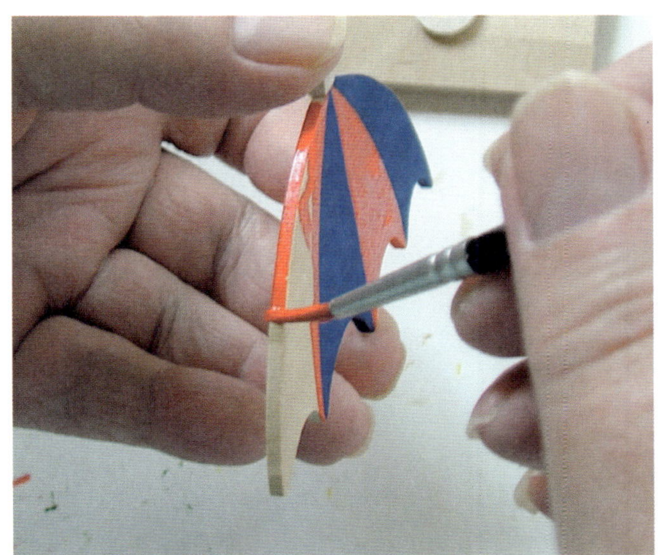

6 Bringen Sie die Motive mit Tischlerleim an, und lassen Sie den Leim trocknen. Lackieren Sie den Stiefelhänger mit einem matten Acrylklarlack, den Sie nach dem Trocknen mit 320er Schleifpapier leicht abschleifen. Entfernen Sie wiederum den Staub mit einem Staubbindetuch. Tragen Sie als nächstes eine Schicht flüssige Wachspolitur auf, und polieren Sie mit einem Tuch oder einer Bürste zu einem schönen Glanz. Bringen Sie schließlich noch Spiegelaufhänger mittig an jedem Ende an, und schrauben Sie dann den Hänger an einer geeigneten Stelle an die Wand.

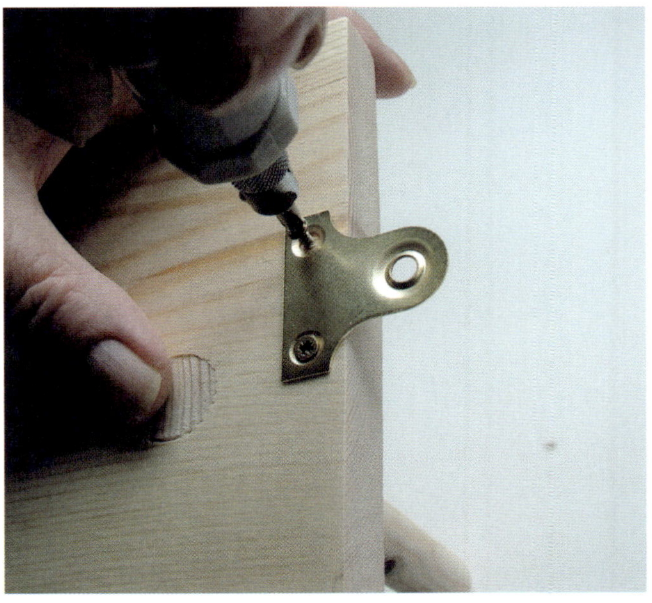

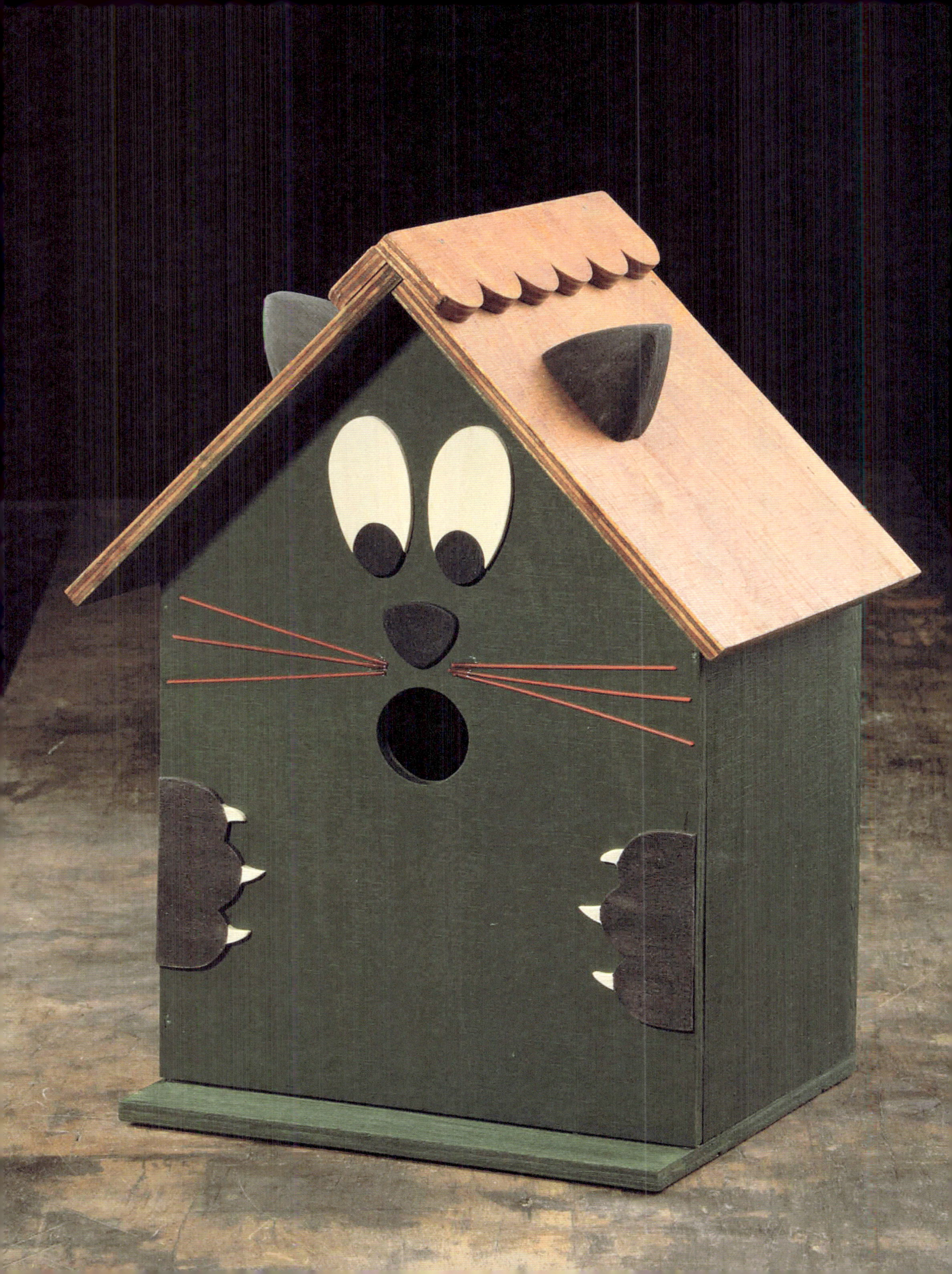

5.2 Nistkasten

Mit diesem schönen Nistkasten können Sie den Vögeln in Ihrem Garten ein Zuhause bieten. Die Konstruktion aus 6-mm-Birkensperrholz ist einfach und weist einen abnehmbaren Boden auf, um die Reinigung zu erleichtern. Hängen Sie das fertige Vogelhäuschen so auf, dass es von Ihrem Fenster leicht einzusehen ist, damit Sie mit Ihrer Familie dem Treiben der Vögel zusehen können.

Was man braucht:

- wetterfestes Birkensperrholz, 610 x 610 x 6 mm
- Birkenholz 200 x 100 x 3 mm
- kleines Reststück 20-mm-Kiefernholz (für die Ohren)
- Sechs Schnurrhaare (Borsten von einem Hofbesen)
- Dekupiersäge mit Blättern Nr. 5 und Nr. 1
- Ständerbohrmaschine mit 2-mm-Holzbohrer
- Bleistift
- Fotokopierte Mustervorlagen
- Drahtstifte, 16 mm
- Polstererhammer
- Tischlerleim, wasserfest
- Klebestift
- Schleifklotz und Schleifpapier, 180er bis 320er Körnungen
- Staubbindetuch
- Malpinsel und 25-mm-Lackpinsel
- Holzbeize für den Außenbereich: waldgrün und Kiefer antik
- Acrylfarbe: weiß und mattschwarz
- Mattlack für den Außenbereich
- Ahle
- 8 Schrauben 12 x 3 mm
- Kreuzschlitzschraubendreher

Auf den Punkt gebracht

Unterschiedliche Vogelarten ziehen Schlupflöcher unterschiedlicher Größe vor. Dabei können schon wenige Millimeter viel ausmachen. Sie können sich bei einer Naturschutzorganisation in Ihrer Nähe darüber informieren. Die Größe, die wir verwendet haben, ist für die meisten Meisenarten geeignet. Für die Kohlmeise sollte das Loch allerdings einen 2 – 4 mm größeren Durchmesser haben.

Auf den Punkt gebracht

Die verwendeten Oberflächenmittel müssen alle geruchslos, ungiftig und umweltfreundlich sein. Lesen Sie die Packungshinweise sorgfältig – es gibt gute Produkte auf Acrylbasis, welche diese Erfordernisse erfüllen.

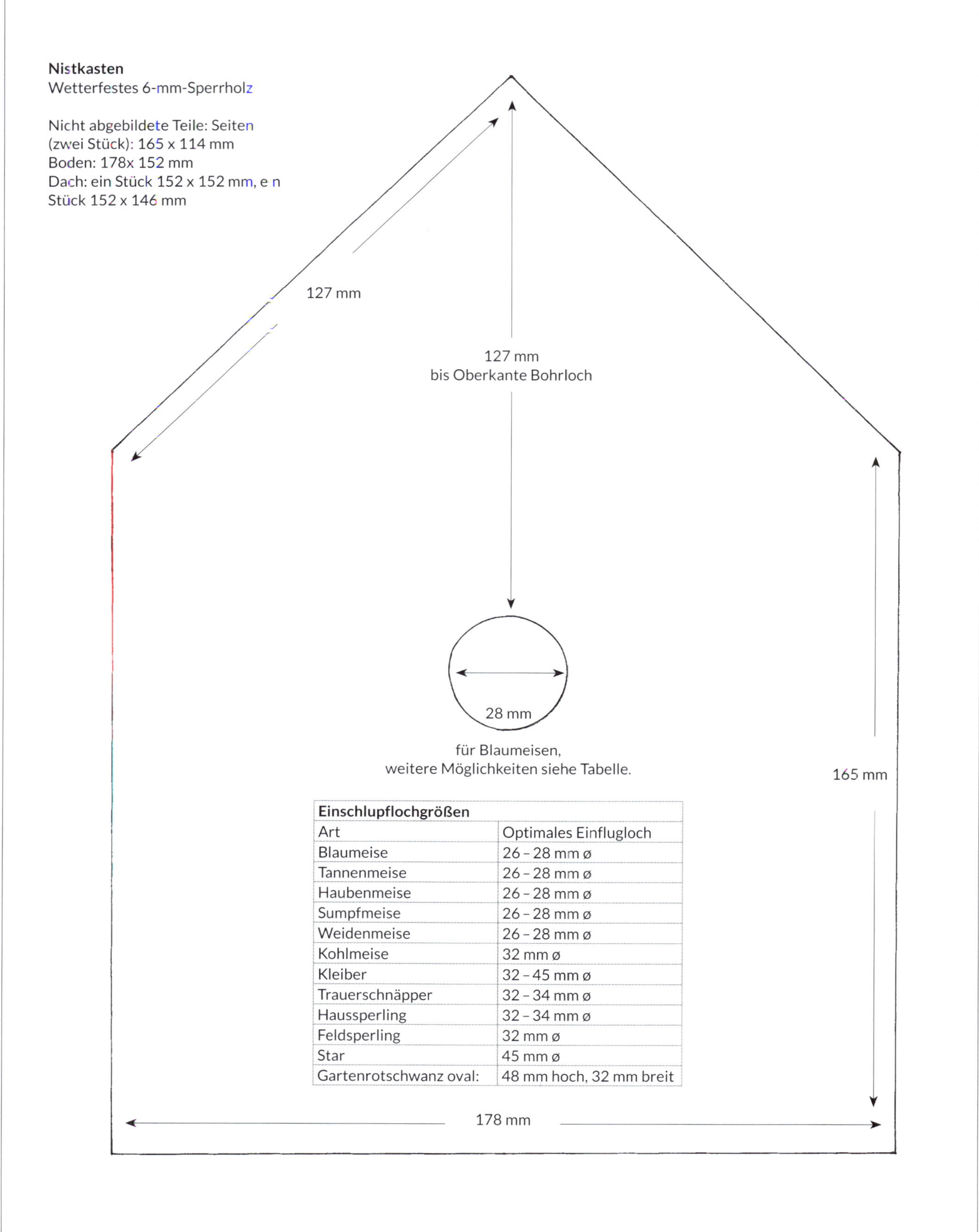

Einschlupflochgrößen	
Art	Optimales Einflugloch
Blaumeise	26 – 28 mm ø
Tannenmeise	26 – 28 mm ø
Haubenmeise	26 – 28 mm ø
Sumpfmeise	26 – 28 mm ø
Weidenmeise	26 – 28 mm ø
Kohlmeise	32 mm ø
Kleiber	32 – 45 mm ø
Trauerschnäpper	32 – 34 mm ø
Haussperling	32 – 34 mm ø
Feldsperling	32 mm ø
Star	45 mm ø
Gartenrotschwanz oval:	48 mm hoch, 32 mm breit

Firstleisten für Nistkasten
Maßstab 1:1

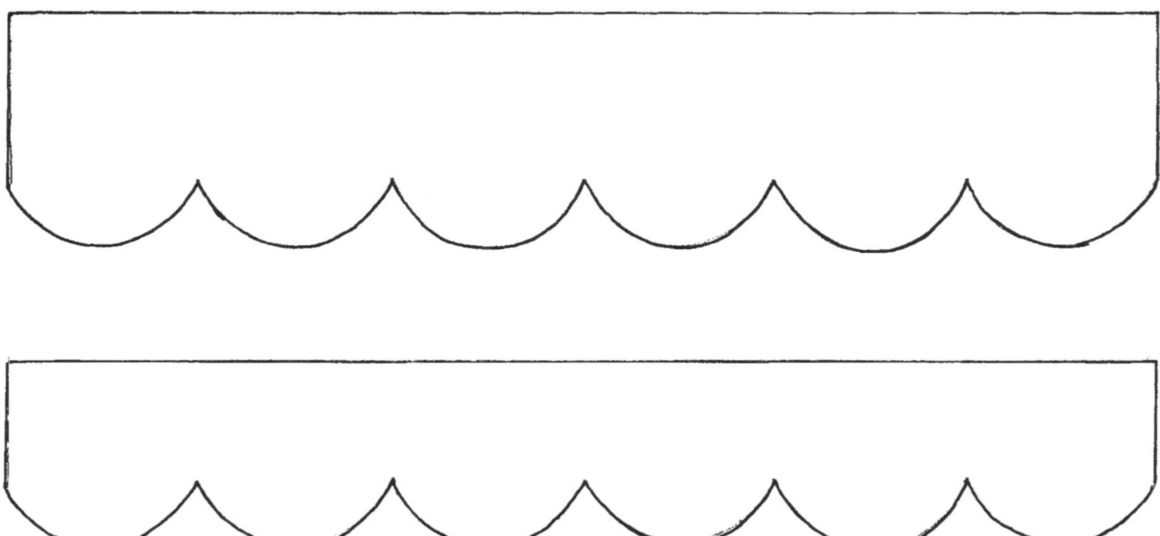

Details des Nistkastens
(Die Mustervorlage auf 141% vergrößern.)

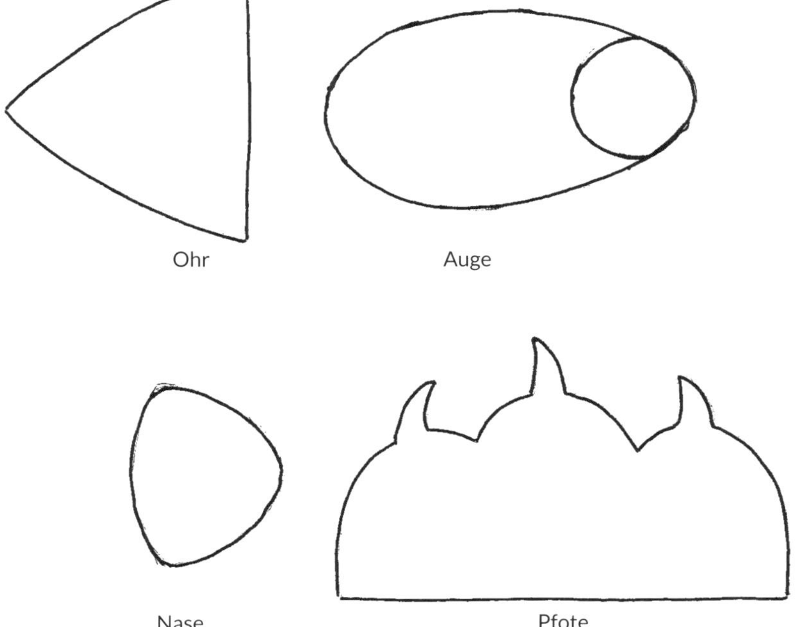

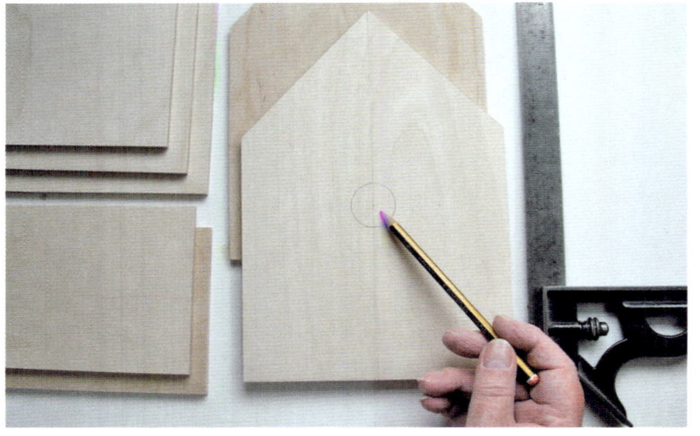

1 Reißen Sie die neun Bestandteile des Nistkastens – Vorderseite, Rückwand, Seiten, Boden, zwei Dachteile, zwei Firstleisten – auf dem Sperrholz an, und schneiden Sie sie mit einem Blatt Nr. 5 aus. Schleifen Sie alle Kanten mit einem Schleifklotz und 180er Schleifpapier. Bohren Sie oben in die Rückwand ein 6-mm-Loch, um den Nistkasten aufhängen zu können.

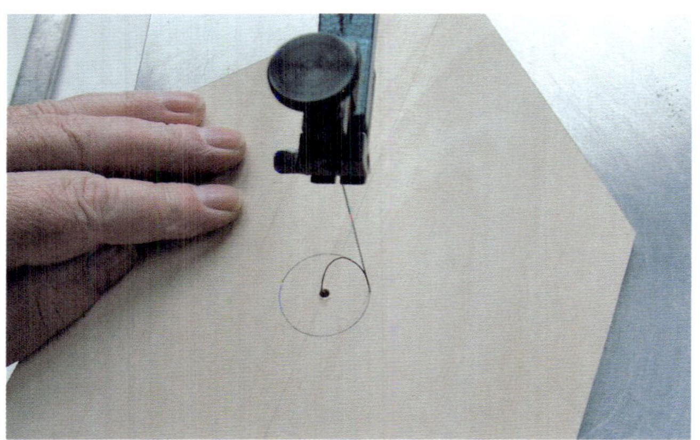

2 Das runde Schlupfloch kann man außer mit dem Forstnerbohrer auch mit der Dekupiersäge ausschneiden. Bohren Sie dazu ein 3-mm-Loch, um das Sägeblatt hindurchzuführen. Wickeln Sie etwas Schleifpapier um ein Stück Dübelstange, um die Innenkanten des Schlupflochs glatt zu schleifen – Ihre Hausgäste werden Splitter nicht so sehr schätzen. Verwenden Sie eine Holzbeize für den Außenbereich, die auch eine Holzschutzkomponente hat, um den Nistkasten zu bemalen, und lassen Sie die erste Schicht gut trocknen, bevor Sie eine zweite auftragen.

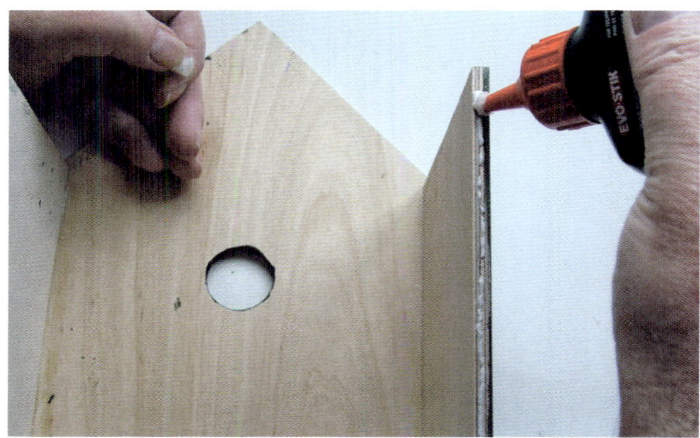

3 Legen Sie die Vorderseite mit der Sichtseite nach unten auf die Arbeitsfläche, und geben Sie an jeder Seite eine Leimschnur dicht an der Kante an. Legen Sie die beiden Seiten an, und heften Sie sie mit Drahtstiften an. Befestigen Sie die Rückwand auf die gleiche Weise, und kontrollieren Sie die Montage auf Rechtwinkligkeit, bevor Sie den Leim trocknen lassen.

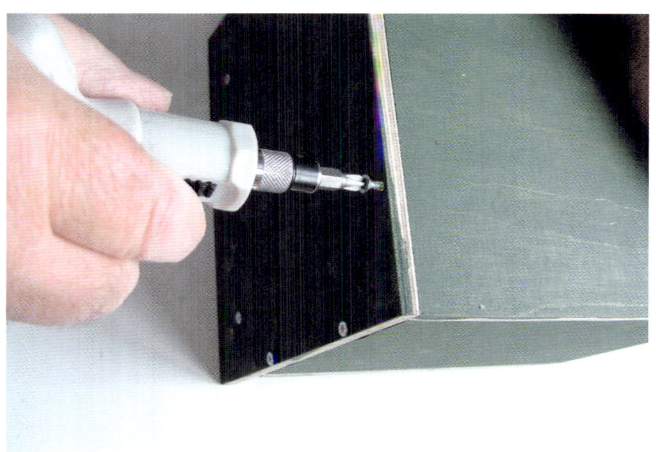

4 Stellen Sie die verleimten Hauswände so auf den Boden, dass dieser vorne überragt, und übertragen Sie mit einem Bleistift die Innenkanten des Hauses auf den Boden. Übertragen Sie auch die Außenkante der Vorderseite. Bohren Sie auf jeder Seite des Bodens zwei Führungslöcher, damit er mit Schrauben befestigt werden und zur Reinigung leicht wieder abgenommen werden kann. Ein Vogel, der etwas auf sich hält, lässt sich nicht dazu herab, ein altes Nest zu benutzen, das die Vormieter hinterlassen haben. Befestigen Sie den Boden mit acht kleinen Schrauben.

5 Bringen Sie die beiden Dachhälften so an, dass das längere Stück das kürzere knapp überlappt. Die hintere Kante schließt bündig mit der Rückwand ab, sodass die Vorderkante über das Schlupfloch hinausragt. Leimen Sie die dekorativen Firstleisten an. Beachten Sie dabei die Fotografie auf Seite 152, auf der zu sehen ist, wie die Fugen am First gegeneinander versetzt sind, um sie wasserdichter und belastbarer zu machen. Fertigen Sie das Katzengesicht an, während der Nistkasten trocknet.

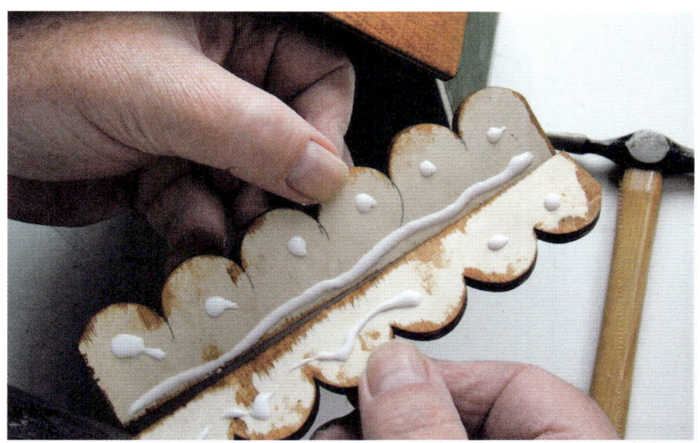

6 Teilen Sie das Birkenholz in zwei Stücke, die jeweils 100 mm im Quadrat messen, und kleben Sie die Quadrate mit Klebeband zusammen, um die beiden Augen und die beiden Pfoten zusammen aussägen zu können. Ignorieren Sie die Nase vorerst. Befestigen Sie die Mustervorlagen mit dem Klebestift. Kleben Sie die Vorlage für das Ohr auf das kleine Stück Kiefernholz. Um nicht eine weitere Kopie der Mustervorlage nur für das Ohr machen zu müssen, können Sie dieses erste Ohr aussägen und dann einfach den Umriss auf das Holz übertragen, um ein zweites herzustellen.

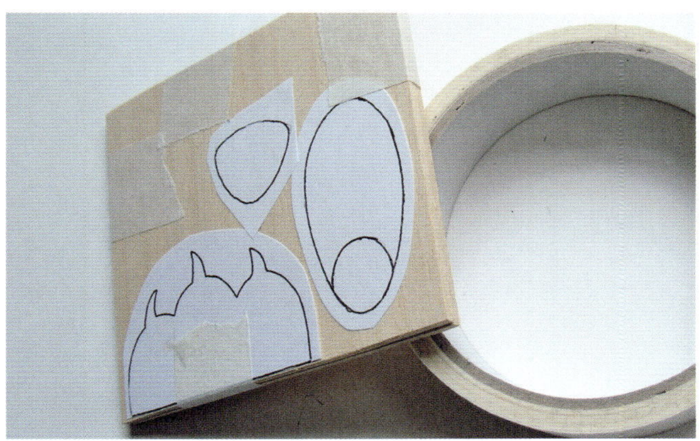

7 Wenn alle Teile ausgeschnitten sind, schleifen Sie mit 280er Schleifpapier die Kanten, um den Sägegrat zu entfernen. Sie können auch die Ohren etwas abrunden, falls Sie möchten. Nehmen Sie den Staub mit einem Staubbindetuch ab. Bemalen Sie die Teile in Farben nach Ihren Wünschen – wir haben es uns leicht gemacht und schwarz und weiß verwendet. Wenn die Farbe trocken ist, lackieren Sie mit einem wetterfesten Lack und lassen auch diesen trocknen.

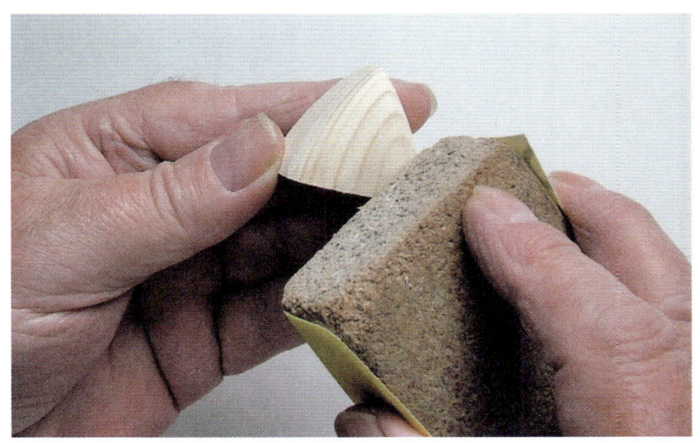

8 Experimentieren Sie mit dem Gesichtsausdruck der Katze: Vielleicht gefällt er Ihnen besser, wenn die Augen etwas weiter auseinander- oder etwas mehr zusammenstehen. Kleben Sie die Teile mit Tischlerleim an, wenn Sie mit dem Ausdruck zufrieden sind. Die Schnurrhaare sind einfach Borsten, die wir von einem Besen abgeschnitten und mit durchsichtigem Klebstoff angebracht haben. Wenn diese Teile trocken sind, stellen Sie den Nistkasten aufrecht hin und kleben die Ohren an. Sichern Sie sie mit etwas Klebeband gegen Verrutschen, während der Leim trocknet.

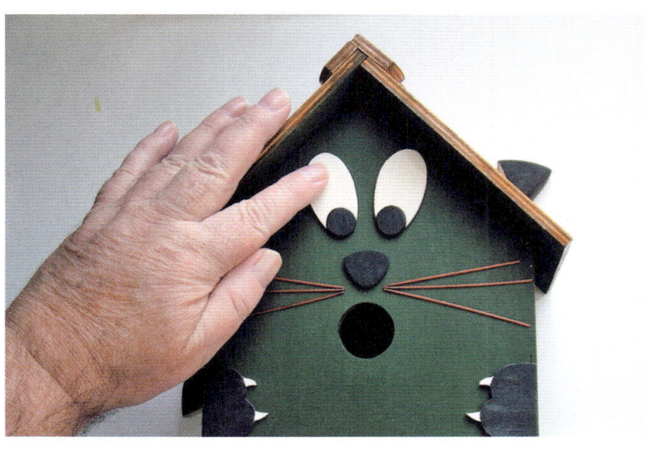

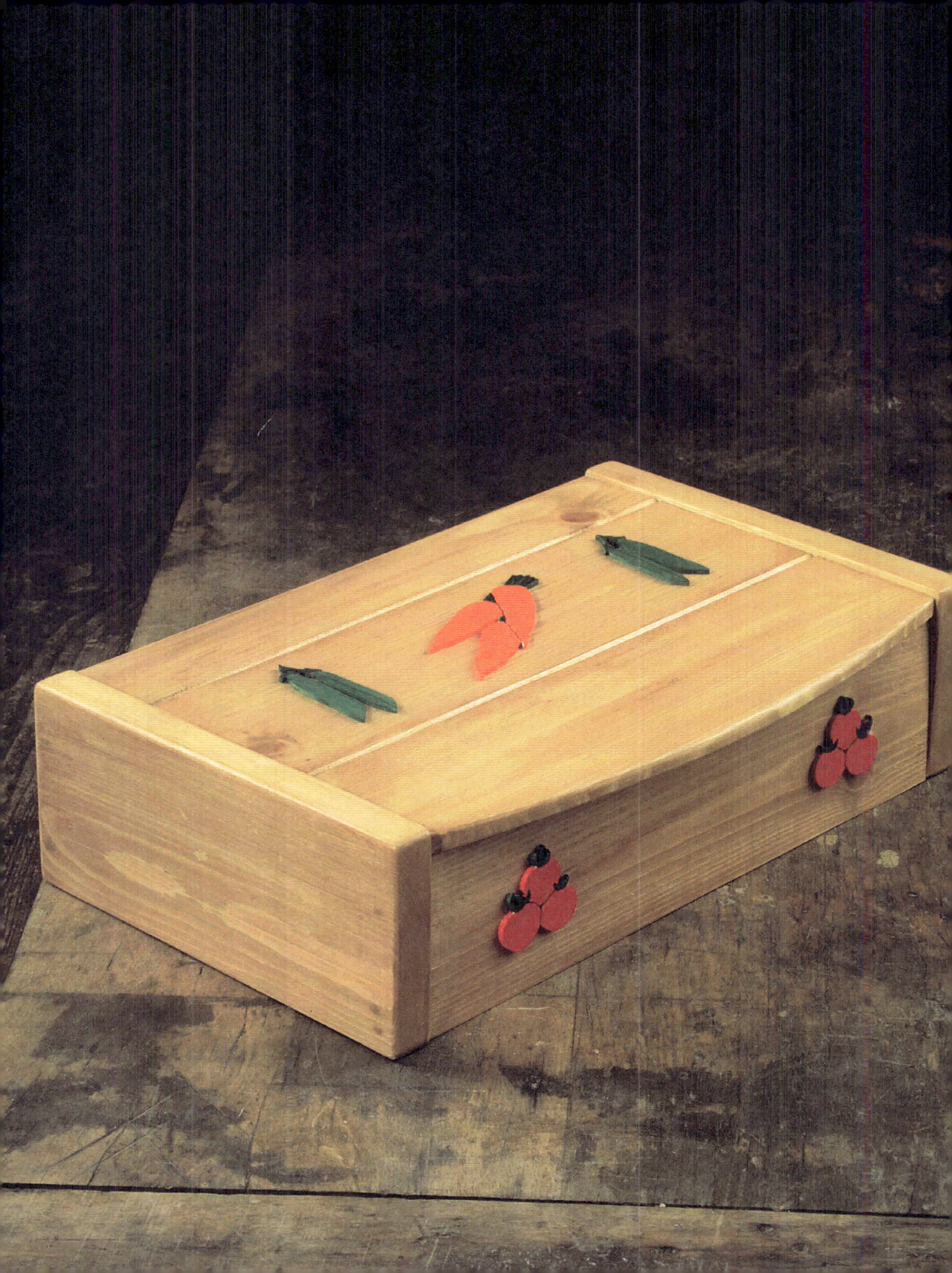

5.3 Kästchen für Sämereien

Dieser Kasten mit Fächern für Samen ist ein großartiges Geschenk für den Gärtner in der Familie. Die einfache Konstruktion ist leicht zu bauen und wartet mit auffälligen Motiven und einem eher rustikalen Inneren auf, das schön mit dem Äußeren kontrastiert. Das Ergebnis ist eine ideale Aufbewahrungsmöglichkeit für gekaufte wie für selbst gesammelte Samen.

Was man braucht:

- Vorderseite und Rückseite: Kiefer, zwei Stück 305 x 80 x 8mm
- Seitenteile: Kiefer, zwei Stück 200 x 95 x 20 mm
- Boden: Birkensperrholz, 305 x 180 x 6 mm
- Deckel: Kiefernprofilholz, ausreichend für ein Endmaß von 305 x 220 mm
- Trennwände: Kiefer, zwei Stück 180 x 50 x 5 mm
- Deckelleisten: Kiefer, zwei Stück 160 x 25 x 5 mm
- Bodenhalter: Profilleiste 915 x 5 x 5 mm
- 3-mm-Laubholzdübel, zwei Stück 25 mm
- Deckelstütze: Fichtenprofilleiste 200 x 13 x 6 mm
- Motive: Birkenholz 400 x 100 x 3 mm
- Dekupiersäge mit Blättern Nr. 5 und Nr. 1
- Sechs Kreuzschlitzschrauben 12 x 3 mm
- Kreuzschlitzschraubendreher
- Ständerbohrmaschine mit 6-mm- und 2-mm-Bohrern.
- Handoberfräse oder Zapfensäge und Stechbeitel
- Bleistift
- flexibles Lineal oder Leiste
- 3-mm-Laubholzdübel, zwei Stück 25 mm
- Verstellbarer Gurt wie er in Rahmenzwingen verwendet wird (zur Not auch Klebeband)
- Fotokopierte Mustervorlagen
- Drahtstifte, 25 mm und 15 mm
- Polstererhammer
- Tischlerleim
- Klebestift
- Schleifklotz und Schleifpapier, 180er bis 320er Körnungen
- Staubbindetuch
- Malpinsel
- Acrylfarbe: orange, rot und grün
- Beize (Eiche hell) oder verdünnte Acrylfarbe
- Acrylklarlack, matt
- Flüssige Wachspolitur
- Ahle
- Weiches Tuch oder Polierbürste

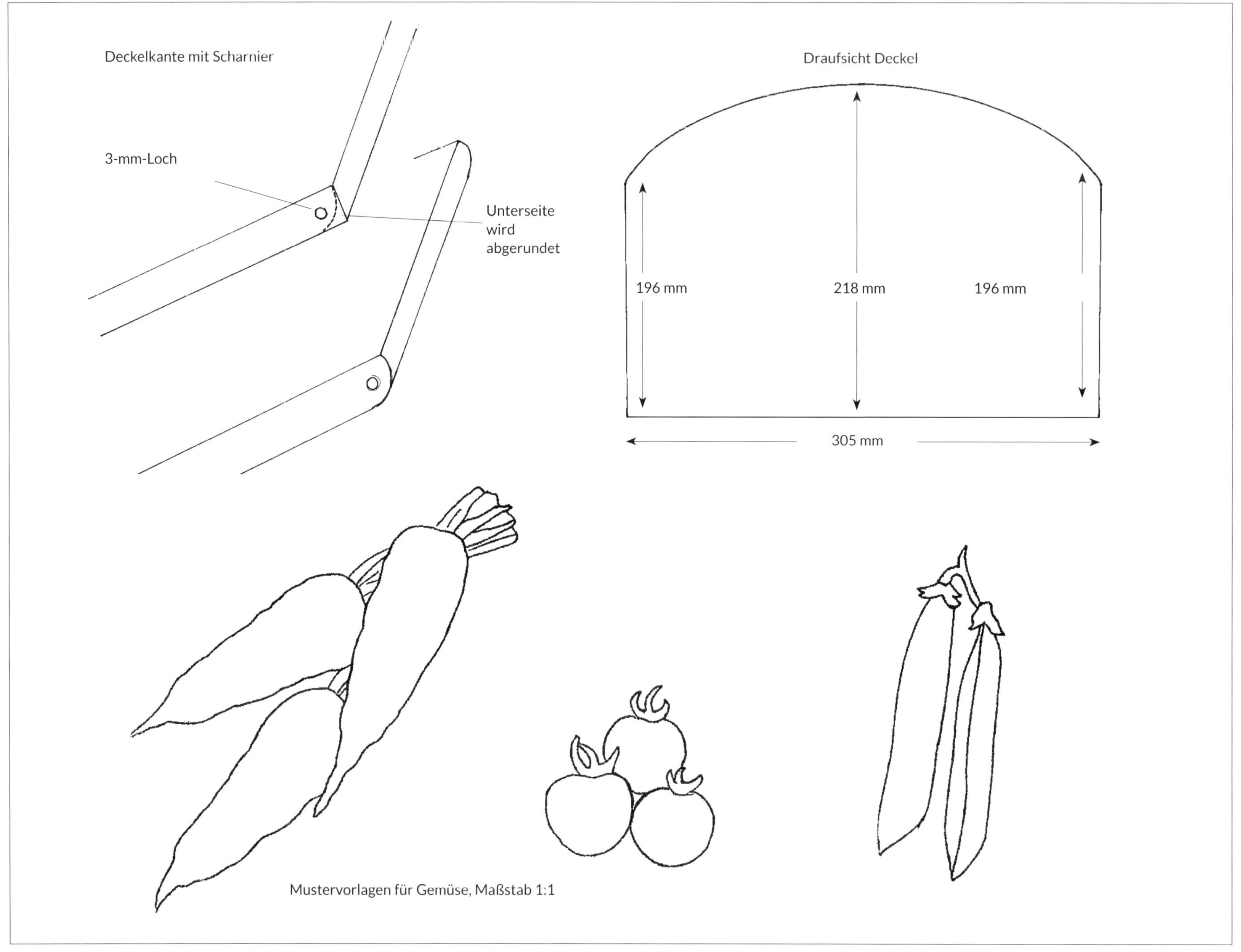

Mustervorlagen für Gemüse, Maßstab 1:1

1 Rüsten Sie die Dekupiersäge wie auf Seite 17 beschrieben mit einem Sägeblatt Nr. 5 auf, und schneiden Sie dann anhand der Schnittliste auf Seite 159 die Teile des Kasten aus dem Holz Ihrer Wahl aus.

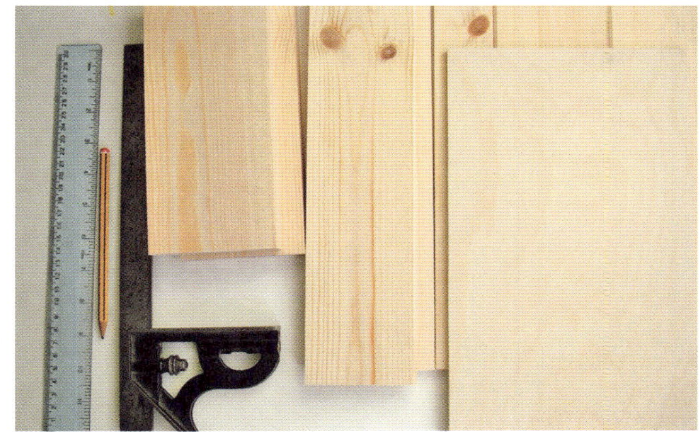

2 Wir haben für den Deckel Profilholz verwendet, das wir auf der Unterseite mit zwei kleinen Leisten zusammenhielten, die wir mit Leim und Schrauben anbrachten. Falls Sie ein einzelnes Stück Holz verwenden, können Sie auf die Leisten verzichten. Um die Vorderkante abzurunden, markieren Sie ihren Mittelpunkt mit einem Bleistift und legen ein biegsames Lineal so an, dass es die Enden der Seitenteile berührt. Reißen Sie dann den Kreisbogen mit dem Bleistift am Lineal entlang an (dafür benötigen Sie einen Helfer).

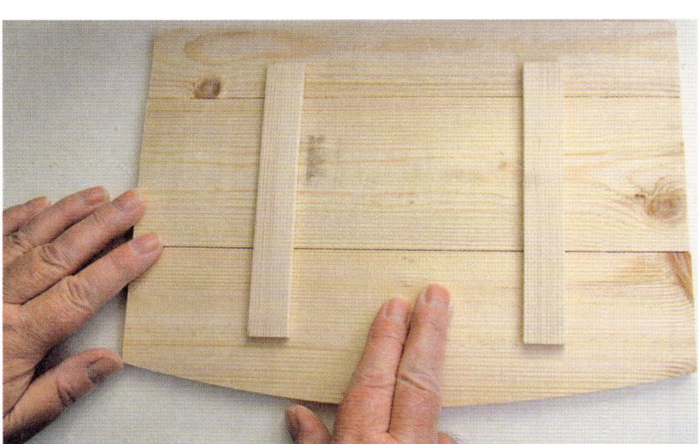

3 Die Schraubenlöcher in den Leisten sind etwas verlängert, um das Arbeiten des Holzes zu ermöglichen.

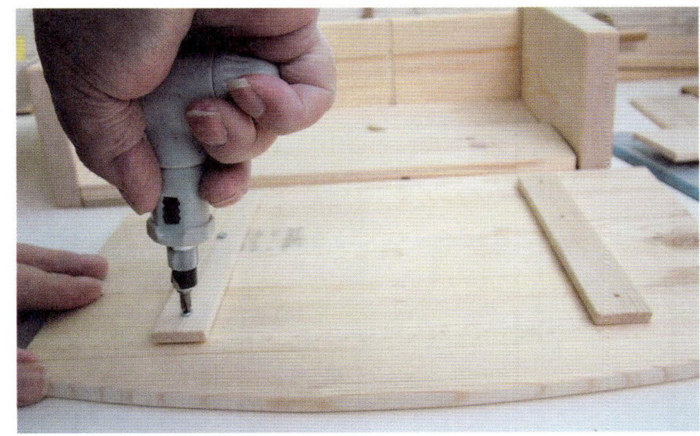

4 Wenn alle Teile zugeschnitten sind, montieren Sie den Kasten trocken zusammen und kontrollieren, ob alles passt. Wir haben die Nuten für die Trennwände mit der Handoberfräse geschnitten, man kann es aber durchaus auch mit einer Zapfensäge und einem Stechbeitel tun.

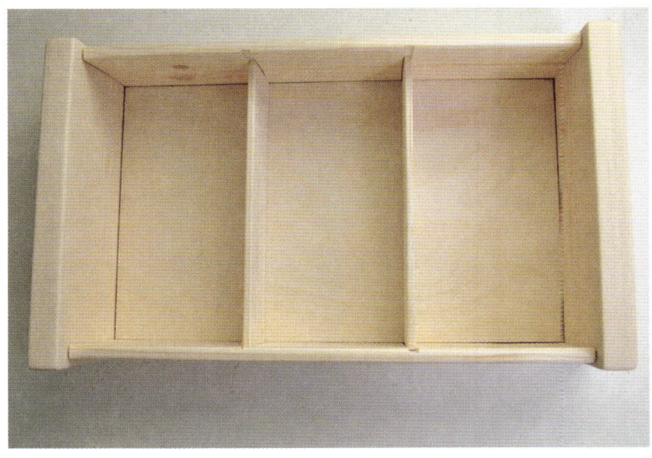

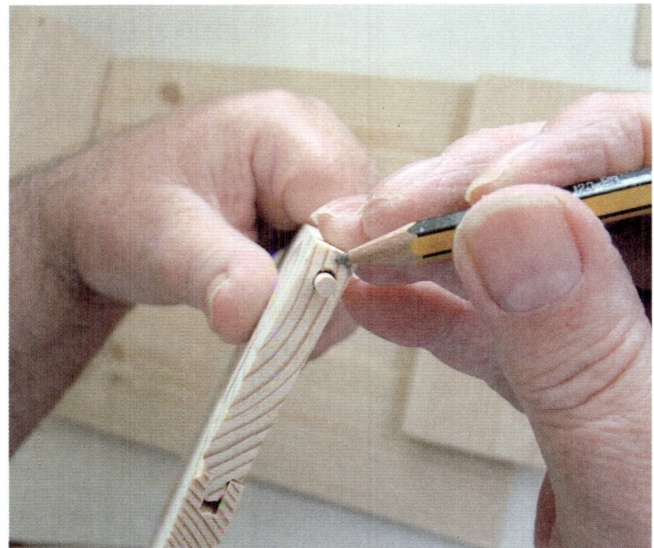

5 Das Scharnier für den Deckel ist ganz einfach herzustellen. Rüsten Sie die (Ständer-) Bohrmaschine mit einem 3-mm-Bohrer auf, und bohren Sie ein 13 mm tiefes Loch in jede Seite des Deckels und in jedes Seitenteil, um die 25 mm langen Dübel aufzunehmen.

Reißen Sie wie in der Zeichnung zu sehen an beiden Seiten des Deckels einen Viertelkreis an und schleifen Sie die gesamte hintere Unterkante des Deckels demensprechend ab. Stecken Sie die Dübel in die Bohrlöcher, und prüfen Sie, ob sich der Deckel leichtgängig öffnen lässt, ohne an die Rückwand zu stoßen.

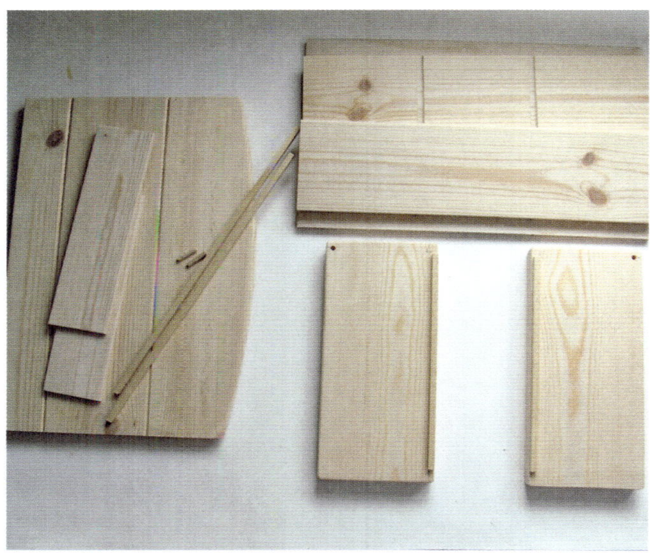

6 Befestigen Sie die Bodenhalter mit Leim und Drahtstiften an der Unterkante aller vier Innenseiten. In der Fotografie sind zwei der Bodenhalter angebracht. Bedenken Sie, dass die anderen beiden etwas kürzer geschnitten werden müssen, um dazwischen zu passen. Geben Sie Leim an beide Innenkanten eines Seitenteils, und bringen Sie das Vorderteil und die Rückwand an. Legen Sie den Sperrholzboden ein, um die Rechtwinkligkeit der Montage zu gewährleisten. Stecken Sie die beiden Dübel in den Deckel und die Seitenteile, und leimen Sie dann das zweite Seitenteil genauso ein wie das erste. Legen Sie einen Gurt um den Kasten, und ziehen Sie ihn an. Sichern Sie die Ecken dann zusätzlich mit eingetriebenen Drahtstiften.

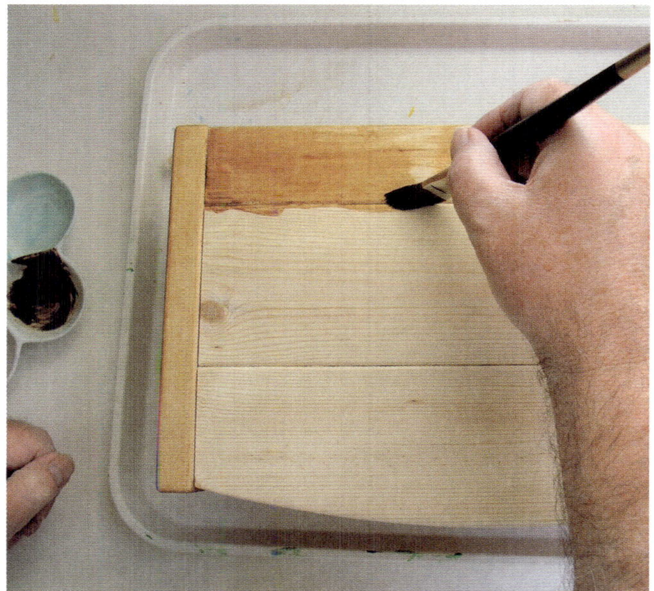

7 Wenn der Leim trocken ist, können Sie die Trennwände einschieben. Tragen Sie dann die Farbe oder Beize Ihrer Wahl auf die Außenseite des Kastens auf (wir haben Beize Eiche hell verwendet), und lassen Sie sie trocknen. Schleifen Sie leicht mit sehr feinem Schleifpapier (320er Körnung) nach, und nehmen Sie den Staub mit einem Staubbindetuch ab. Tragen Sie eine Schicht matten Acrylklarlack auf, und lassen Sie auch diesen trocknen. Wir haben eine einfache Deckelstütze aus Fichtenprofilleiste (200 x 13 x 6 mm) angefertigt.

8 Fotokopieren Sie die Mustervorlagen für das Gemüse. Übertragen Sie die ungefähre Länge der Mohrrüben auf das Birkenholz, und sägen Sie dieses dann mit einem Sägeblatt Nr. 1 auf Länge. Schneiden Sie das restliche Birkenholz in zwei Teile, und kleben Sie das Mohrrübenmuster mit dem Klebestift auf den einen Teil. Bringen Sie die Erbsen und Tomaten auf dem zweiten Teil an, und befestigen Sie dann das dritte Stück Birkenholz mit Klebeband an der Unterseite, damit Sie beide Sätze Erbsen und Tomaten gleichzeitig ausschneiden können.

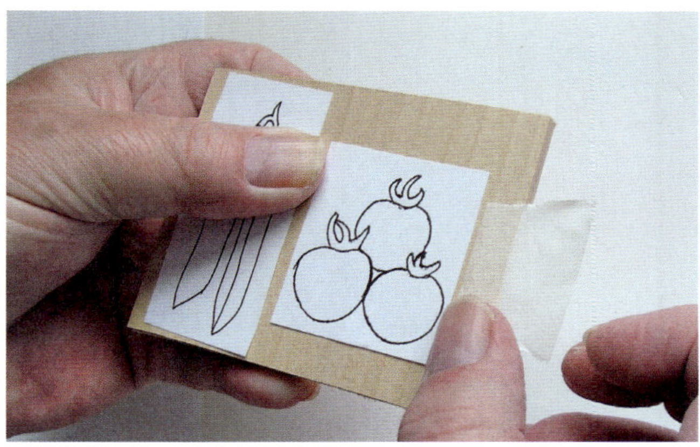

9 Falls Sie keinen Tischeinsatz haben, stellen Sie eine Tischauflage für die Säge her, wie auf Seite 19 beschrieben. Sägen Sie die Motive aus. Für die kleine Lücke zwischen den Tomaten müssen Sie ein 2-mm-Loch bohren und das Sägeblatt hindurchführen. Wenn die Motive ausgeschnitten sind, nehmen Sie das Klebeband und die Mustervorlagen ab und schleifen die Kanten leicht mit 320er Schleifpapier, um den Grat zu entfernen. Wischen Sie die Stücke mit einem Staubbindetuch ab.

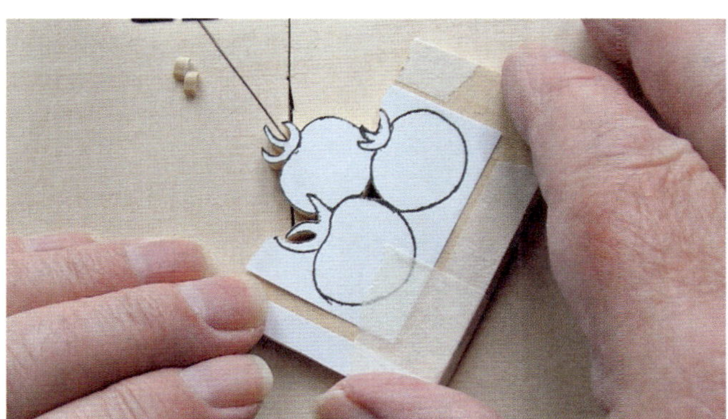

10 Übertragen oder kopieren Sie anhand der Mustervorlagen die Trennlinien zwischen den einzelnen Gemüsen. Bemalen Sie die Mohrrüben orange, die Tomaten rot und die Erbsenschoten mittelgrün. Dunkeln Sie die grüne Farbe mit etwas schwarz oder einem dunkleren Grün etwas ab, und malen Sie damit die Erbsenstängel und Blättchen an den Mohrrüben. Ziehen Sie die Trennlinien mit einem feinen braunen oder schwarzen Filzstift nach, wenn die Farbe trocken ist.

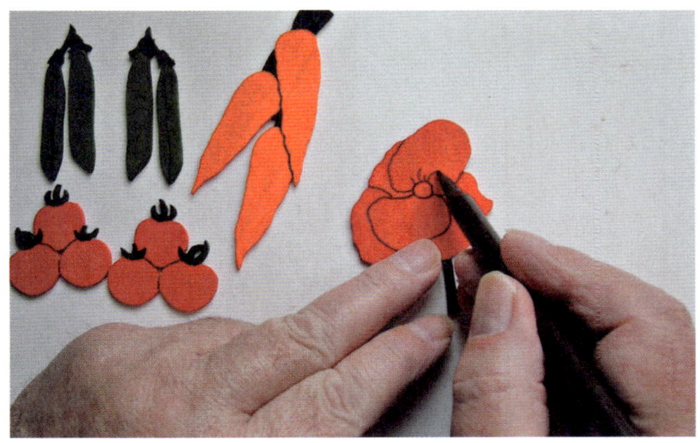

11 Lackieren Sie das Gemüse, lassen Sie den Lack trocknen, und kleben Sie das Gemüse mit gutem Tischlerleim am Kasten an. Tragen Sie eine Schicht flüssige Wachspolitur auf, wenn der Leim trocken ist, und polieren Sie zu einem schönen Glanz. Wir haben als kleine Überraschung eine der Mohnblüten von Seite 55 auf der Unterseite des Deckels angebracht.

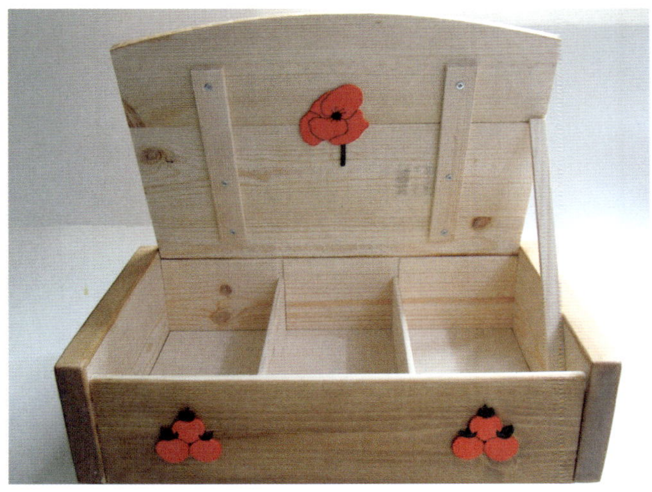

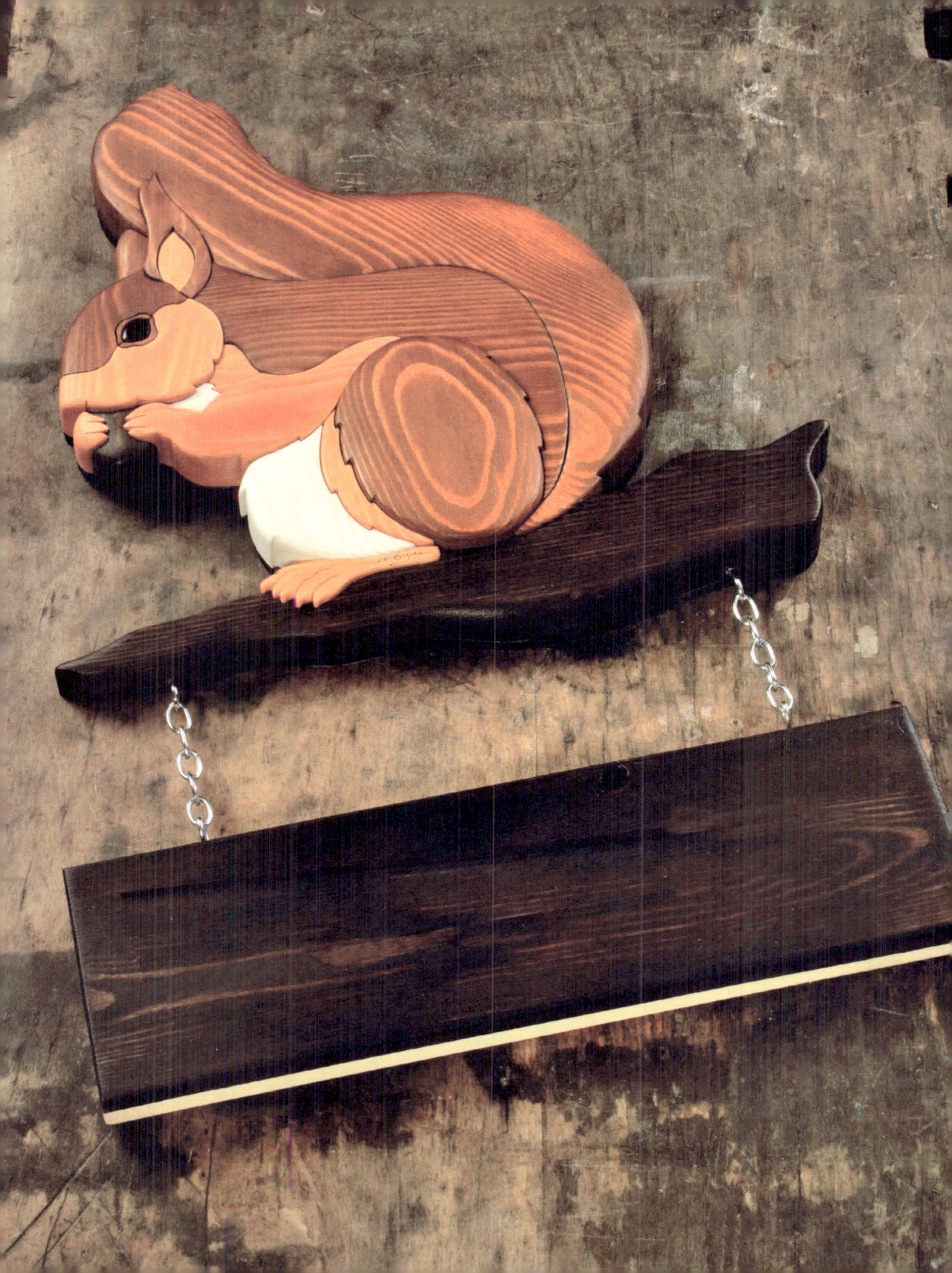

5.4
Namensschild mit Eichhörnchen

Dieses auffällige und einzigartige Eichhörnchen mit einem Schild für den Familiennamen oder die Hausnummer würde vor jedem Haus sehr beeindruckend wirken. Anstatt die Seiten des Buches mit unterschiedlichen Schriftmustern zu füllen, haben wir Ihnen die Wahl der Schrift überlassen: Es gibt eine grenzenlose Auswahl in der Hobby-Literatur und im Internet; Sie können aber auch auf einen der Fonts zurückgreifen, die auf Ihrem Computer installiert sind. Schließlich hindert Sie auch nichts daran, einfach Ihre eigenen Buchstaben zu zeichnen.

Was man braucht:

- Kiefernholz, 610 x 190 x 20 mm
- Birkensperrholz 355 x 355 x 6 mm
- Für das Namensschild: Kiefernholz 305 x 95 x 20 mm
- Für die Buchstaben: Birkenholz oder Mahagoni 150 x 100 x 3 mm
- Dekupiersäge mit Blättern Nr. 7 und Nr. 1
- Tellerschleifer
- Trommelschleifer
- Tischlerleim
- Fotokopierte Mustervorlagen
- Klebestift
- Schleifklotz und Schleifpapier, 120er bis 320er Körnungen
- Klebeband
- Malpinsel
- Beize: Kirsche, Zeder, Eiche und weiß
- Acrylfarbe, mattschwarz
- Schwarzer Marker
- Bleistift
- Lineal
- Klarlack, wetterfest
- Kurzes Stück Metallkette und vier Schraubösen
- D-Ring und Schraube(n)
- Ahle
- Kreuzschlitzschraubendreher

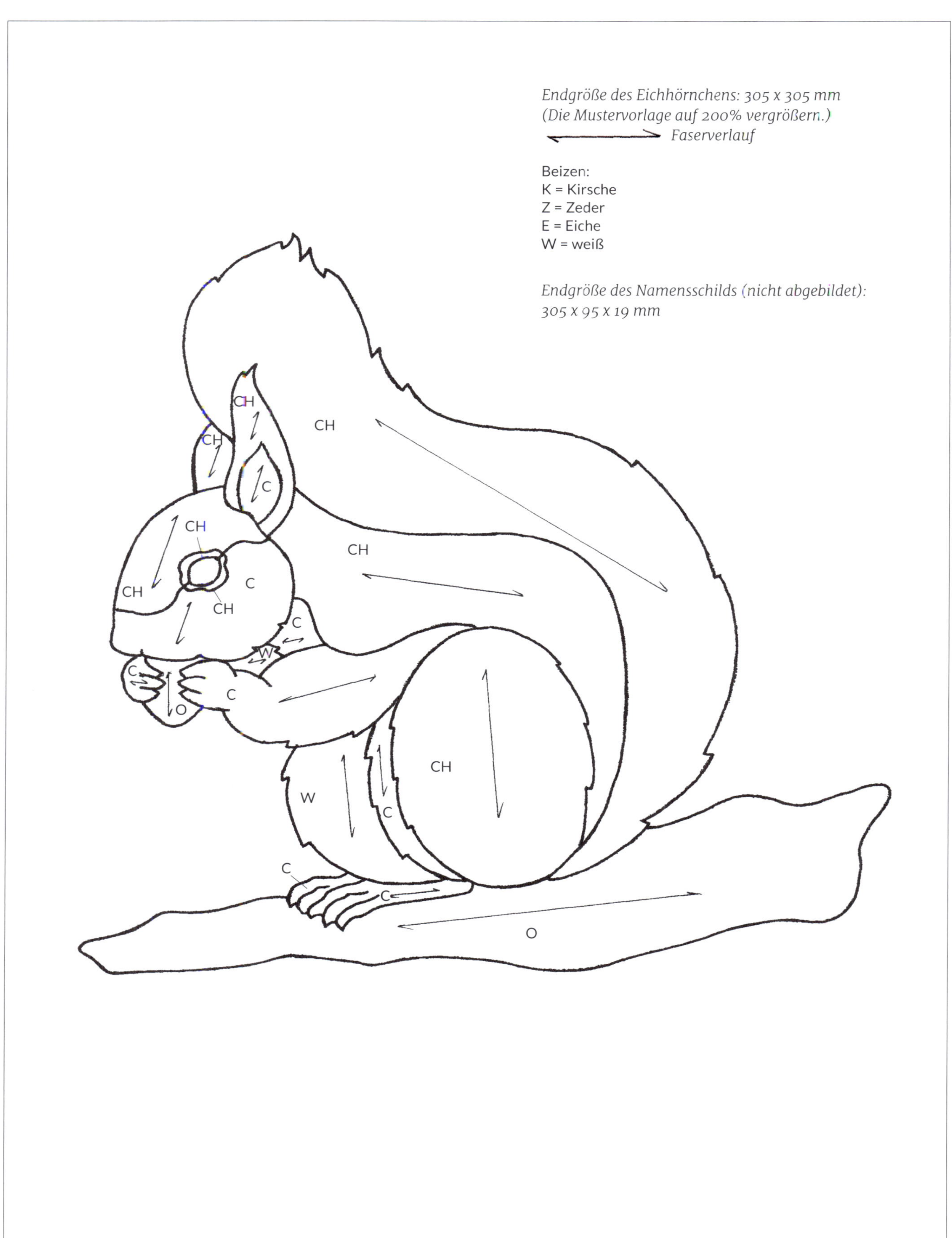
Endgröße des Eichhörnchens: 305 x 305 mm
(Die Mustervorlage auf 200% vergrößern.)
Faserverlauf
Beizen:
K = Kirsche
Z = Zeder
E = Eiche
W = weiß
Endgröße des Namensschilds (nicht abgebildet):
305 x 95 x 19 mm

1 Vergrößern Sie die Mustervorlage des Eichhörnchens auf 305 x 305mm (kleben Sie nötigenfalls zwei Bogen Papier zusammen), und stellen Sie sechs Fotokopien her. Schneiden Sie die Mustervorlagen anhand der Pfeile für den Faserverlauf in sechs Teile, und richten Sie jedes Teil nach dem Faserverlaufs Ihres Holzes aus. Wenn Sie mit der Anordnung zufrieden sind, befestigen Sie die Mustervorlagen mit dem Klebestift am Holz.

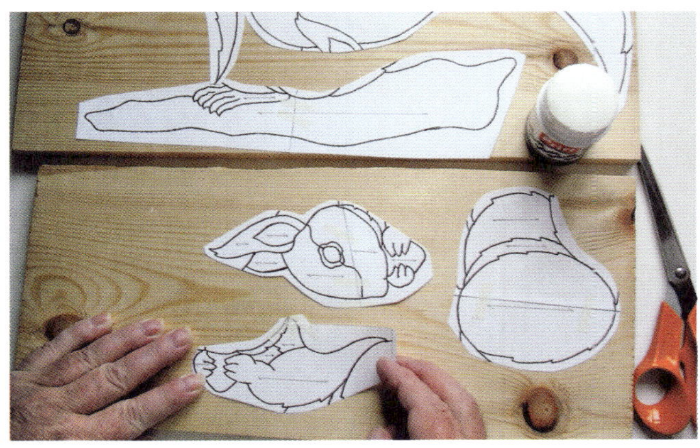

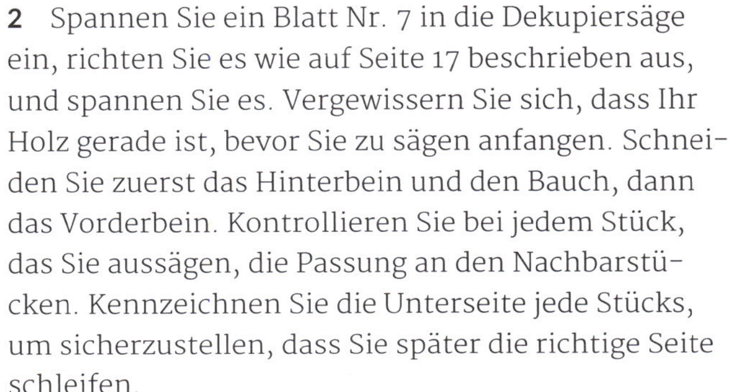

2 Spannen Sie ein Blatt Nr. 7 in die Dekupiersäge ein, richten Sie es wie auf Seite 17 beschrieben aus, und spannen Sie es. Vergewissern Sie sich, dass Ihr Holz gerade ist, bevor Sie zu sägen anfangen. Schneiden Sie zuerst das Hinterbein und den Bauch, dann das Vorderbein. Kontrollieren Sie bei jedem Stück, das Sie aussägen, die Passung an den Nachbarstücken. Kennzeichnen Sie die Unterseite jede Stücks, um sicherzustellen, dass Sie später die richtige Seite schleifen.

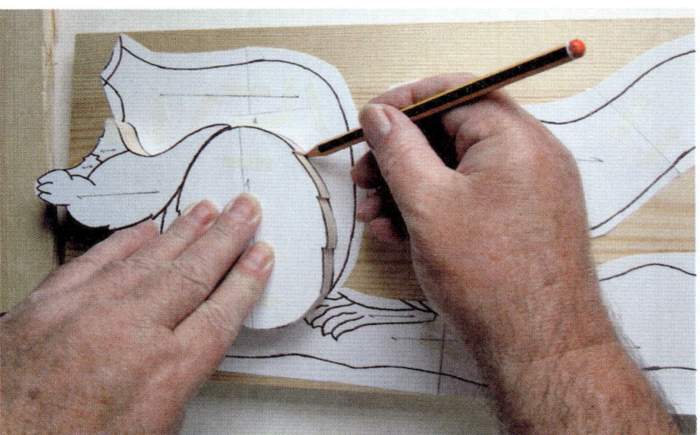

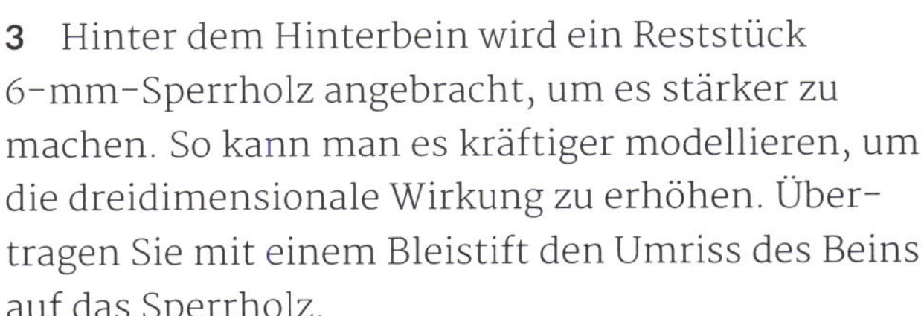

3 Hinter dem Hinterbein wird ein Reststück 6-mm-Sperrholz angebracht, um es stärker zu machen. So kann man es kräftiger modellieren, um die dreidimensionale Wirkung zu erhöhen. Übertragen Sie mit einem Bleistift den Umriss des Beins auf das Sperrholz.

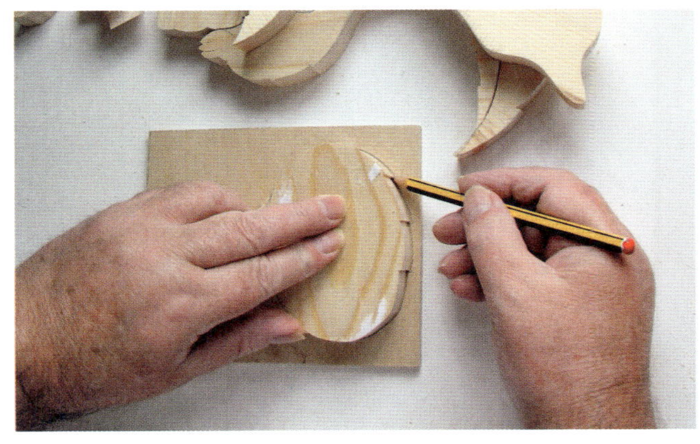

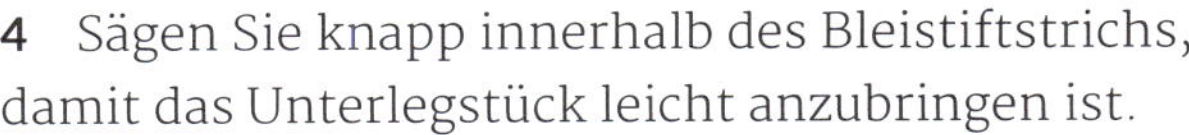

4 Sägen Sie knapp innerhalb des Bleistiftstrichs, damit das Unterlegstück leicht anzubringen ist.

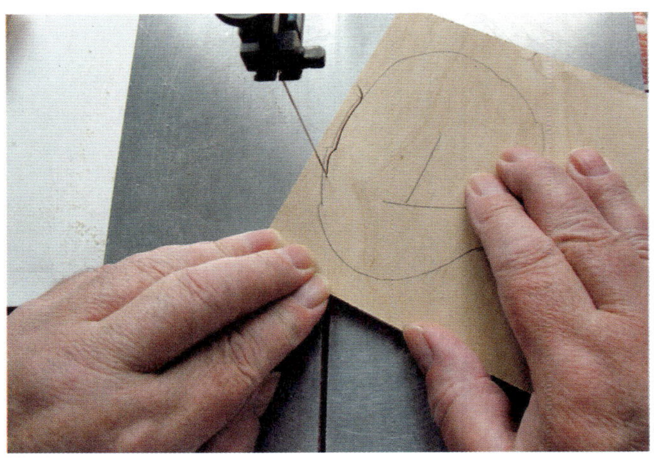

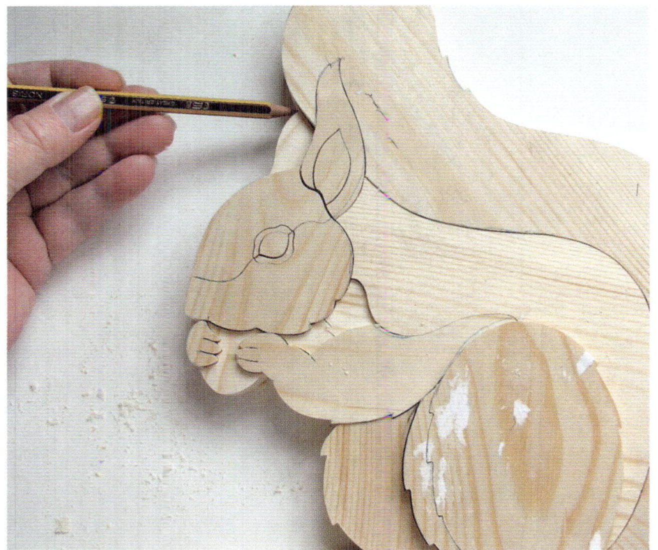

5 Schleifen Sie mit dem Tellerschleifer den Ast, die Nuss und das rechte Ohr um 4 mm flacher und die inneren Bruststücke um 3 mm. Indem man die Stärke dieser wichtigen Stücke verringert, bekommt das Eichhörnchen eine dreidimensionale Wirkung, außerdem erleichtert man sich so das Schleifen und Profilieren der benachbarten Stücke.

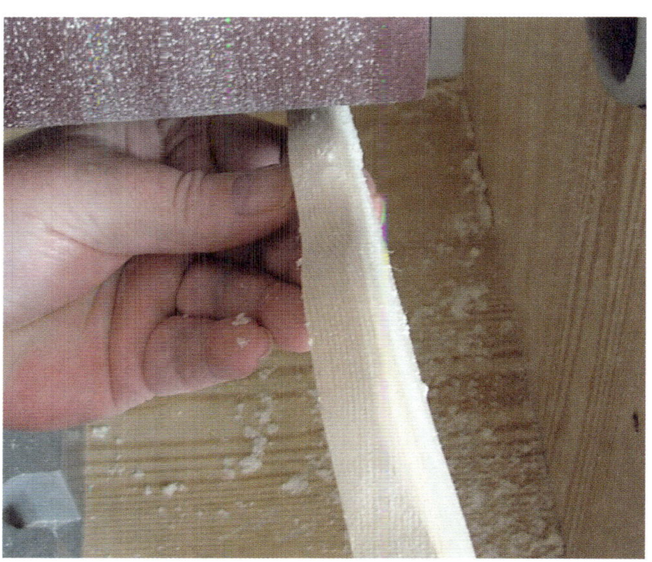

6 Runden Sie die Außenkanten des Asts mit dem Trommelschleifer ab. Arbeiten Sie mit der Faser, und folgen Sie den Konturen des Holzes. Übertragen Sie dann mit einem spitzen Bleistift die Stärke des Asts auf alle benachbarten Stücke: Fuß, Hinterbein und Schwanz.

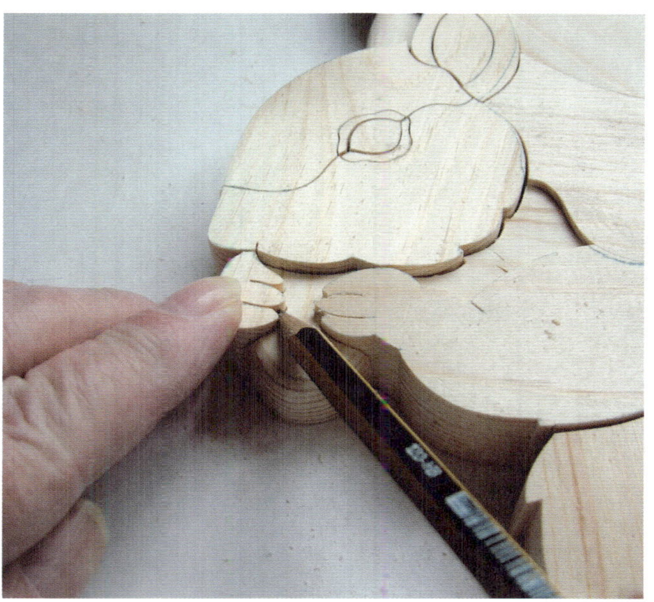

7 Schleifen und formen Sie die Nuss und das rechte Ohrstück, und übertragen Sie wieder die Stärke auf alle benachbarten Teile. Formen Sie den Schwanz, indem Sie die Außenkanten abrunden. Nehmen Sie oben mehr Material ab, sodass das linke Ohr etwa 1–2 mm stärker ist. Achten Sie darauf, nicht bis unter die Stärkenmarkierungen für das rechte Ohr und den Ast zu schleifen. Schleifen Sie die Außenkante des Bauchs rund, und übertragen Sie dann die geschliffene Form auf das Vorderbein. Das Vorderbein und der Rücken müssen kaum geschliffen werden.

8 Schleifen Sie das innere Ohr etwa 1 mm flacher, sodass es flacher ist als das äußere Ohr. Übertragen Sie die Stärke aller benachbarten Stücke auf den Kopf, und halten Sie dann die beiden Teile des Kopfs zusammen, während Sie die Kanten rund schleifen. Versuchen Sie, sich die Form des Eichhörnchens vorzustellen, während Sie die übrigen Stücke schleifen. Falls Sie unsicher sind, wie viel Material Sie abnehmen sollen, schleifen Sie nur etwas ab, und halten Sie das Stück an die anderen an, bevor Sie weitermachen.

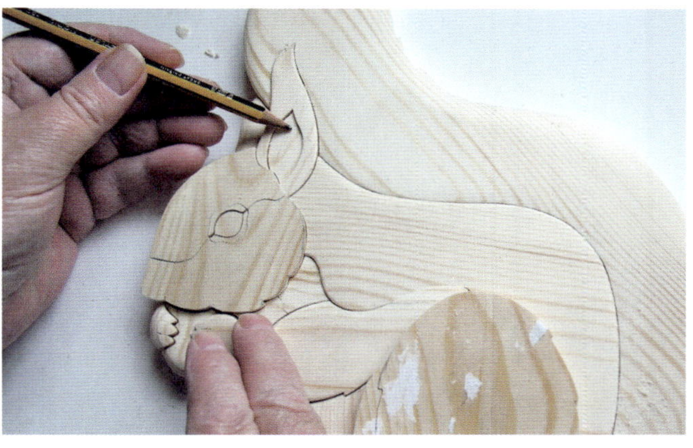

9 Wenn Sie mit der Form zufrieden sind, schleifen Sie die Stücke mit der Hand, zuerst mit 120er Schleifpapier, um die Spuren des Trommelschleifers zu beseitigen, dann weiter mit 180er und 280er Schleifpapier, um eine wirklich glatte Oberfläche zu erzielen. Entfernen Sie den Staub mit einer weichen Bürste und mit einem Staubbindetuch.

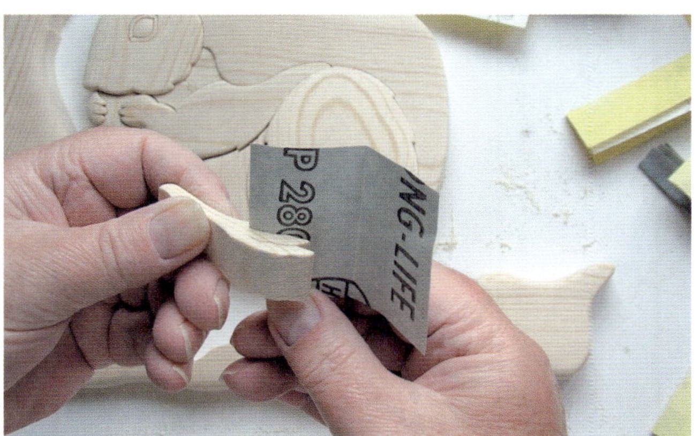

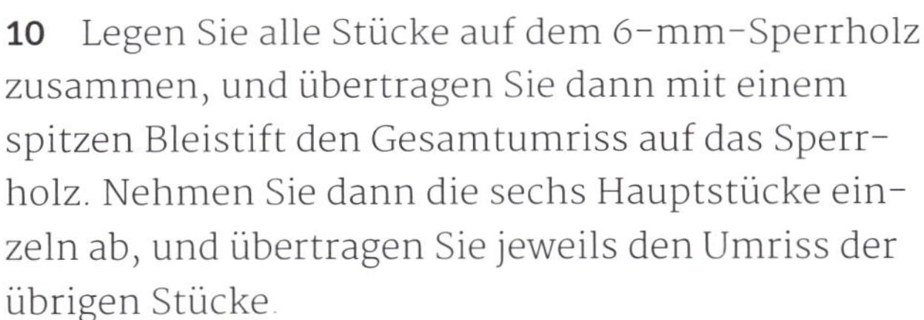

10 Legen Sie alle Stücke auf dem 6-mm-Sperrholz zusammen, und übertragen Sie dann mit einem spitzen Bleistift den Gesamtumriss auf das Sperrholz. Nehmen Sie dann die sechs Hauptstücke einzeln ab, und übertragen Sie jeweils den Umriss der übrigen Stücke.

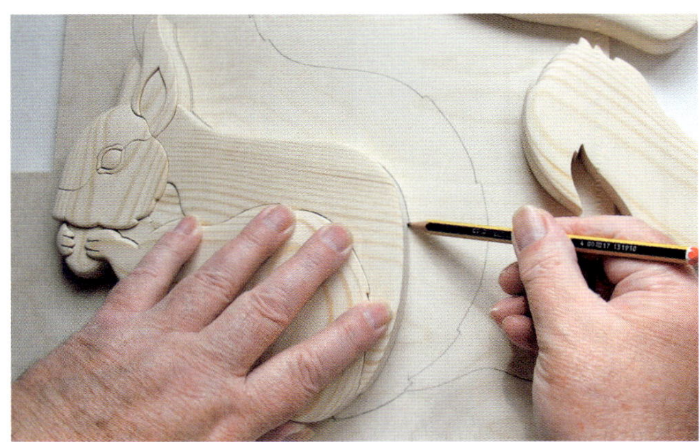

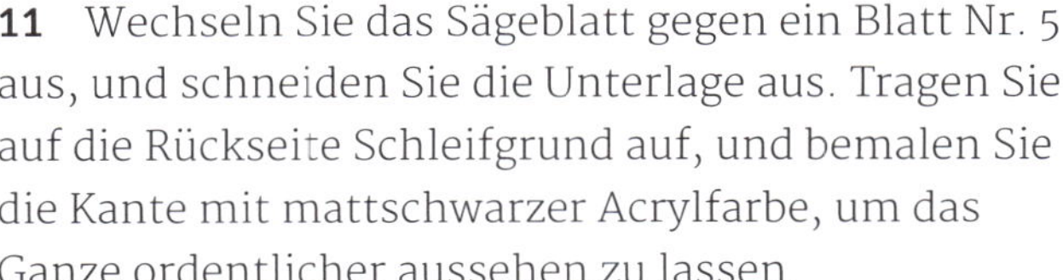

11 Wechseln Sie das Sägeblatt gegen ein Blatt Nr. 5 aus, und schneiden Sie die Unterlage aus. Tragen Sie auf die Rückseite Schleifgrund auf, und bemalen Sie die Kante mit mattschwarzer Acrylfarbe, um das Ganze ordentlicher aussehen zu lassen.

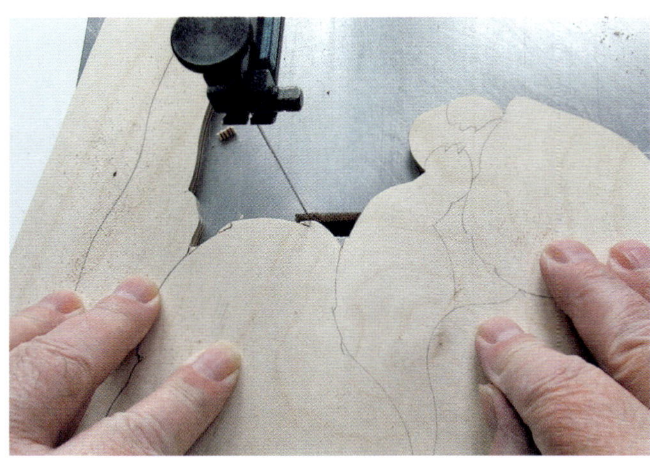

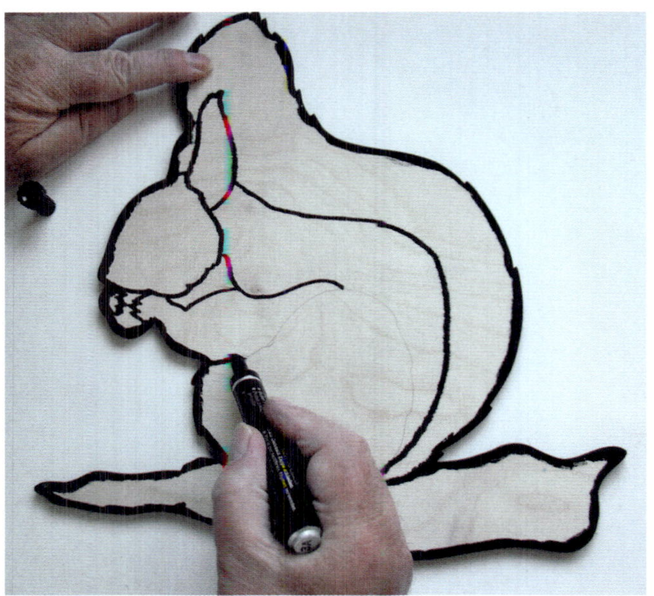

12 Ziehen Sie mit einem breiten schwarzen Marker die Bleistiftlinien nach, damit eventuell zwischen den Stücken auftretende Fugen nicht so sehr auffallen.

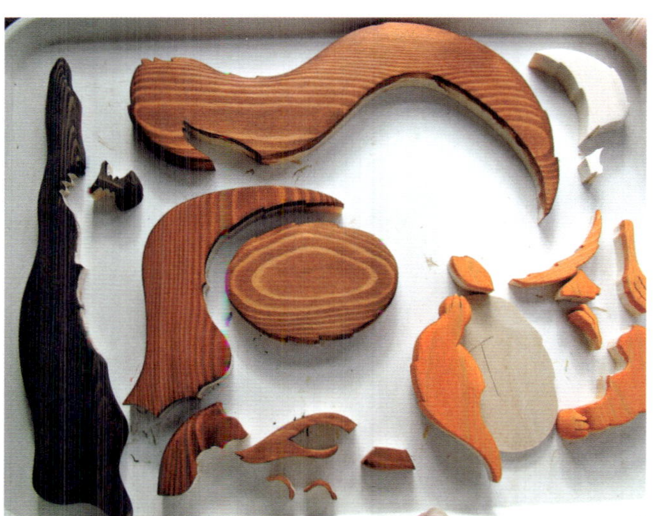

13 Tragen Sie anhand der Farbzuordnung auf der Mustervorlage die Holzbeize auf die entsprechenden Stücke auf. Warten Sie nach jedem Stück einen Augenblick, und nehmen Sie dann überstehende Beize mit einem weichen Tuch ab. Dadurch werden alle Pinselstriche eliminiert, sodass man nur die Maserung des Holzes sieht. Lassen Sie die Teile vollständig trocknen, schleifen Sie sie dann leicht mit 320er Schleifpapier, und nehmen Sie den Schleifstaub mit einem Staubbindetuch ab. Tragen Sie eine Schicht wetterfesten Klarlack auf alle Stücke auf, und lassen Sie auch diesen trocknen. Das nicht gebeizte Stück in der Fotografie ist die Unterlage für das Hinterbein.

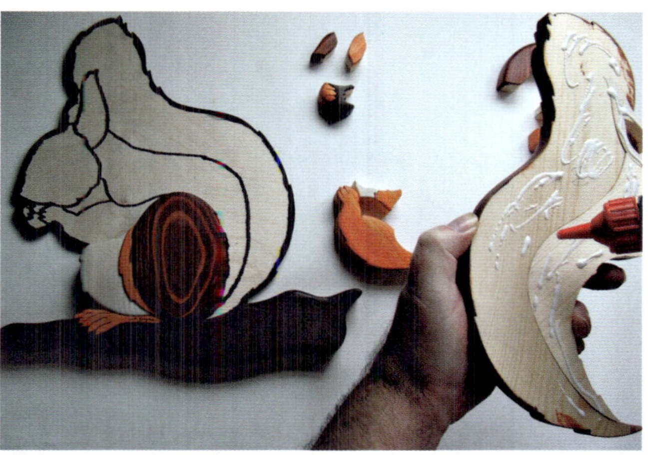

14 Legen Sie die Stücke in der richtigen Reihenfolge für das Verleimen zurecht. Beginnen Sie unten, indem Sie den Ast ankleben, und arbeiten Sie sich dann nach oben, bis alle Teile sicher angeleimt sind. Vergessen Sie nicht die Unterlage aus Sperrholz für das Hinterbein. Nehmen Sie eventuell ausgetretenen Leim mit einem alten Pinsel und einem feuchten Tuch ab. Lassen Sie das Eichhörnchen auf einer ebenen Fläche liegen, bis der Leim trocken ist.

15 Das Namensschild aus Kiefernholz haben wir in den Maßen 305 x 95 x 20 mm angefertigt. Schleifen Sie mit 120er Schleifpapier und einem Schleifklotz die Kanten etwas rund, und wechseln Sie dann zu einer 180er Körnung, um eine glattere Oberfläche zu erzielen. Wenn Sie eine der zahllosen Schriften ausgewählt oder Ihre eigene entworfen haben, schreiben Sie den Namen, den Sie benötigen, und vergrößern oder verkleinern ihn auf die Größe des Namensschilds. Sie können zwischen dunklen Buchstaben auf einem hellen Hintergrund oder hell auf dunkel wählen.

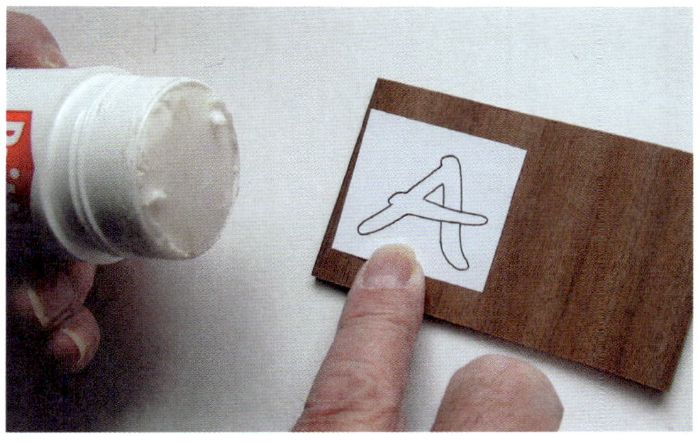

16 Spannen Sie ein Blatt Nr. 1 in die Dekupiersäge ein, und bringen Sie eine Tischauflage an, falls Sie nicht über einen Tischeinsatz verfügen. Schneiden Sie die Buchstaben aus, entfernen Sie das Papier mit der Mustervorlage, und schleifen Sie die Oberfläche und die Kanten leicht mit 320er Schleifpapier.

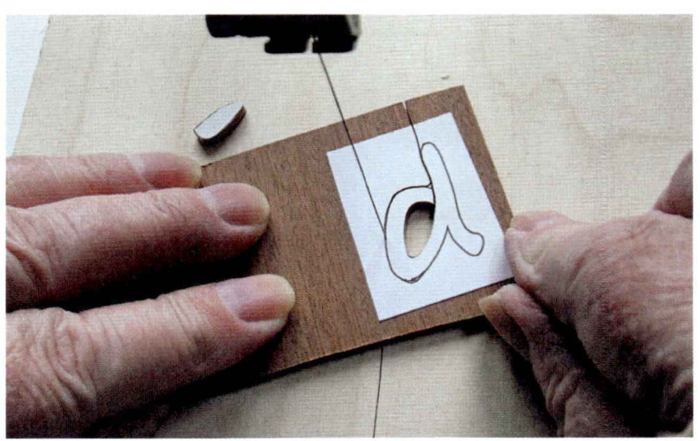

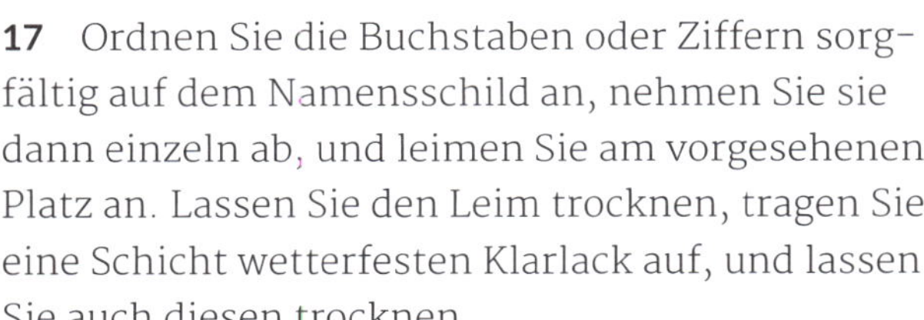

17 Ordnen Sie die Buchstaben oder Ziffern sorgfältig auf dem Namensschild an, nehmen Sie sie dann einzeln ab, und leimen Sie am vorgesehenen Platz an. Lassen Sie den Leim trocknen, tragen Sie eine Schicht wetterfesten Klarlack auf, und lassen Sie auch diesen trocknen.

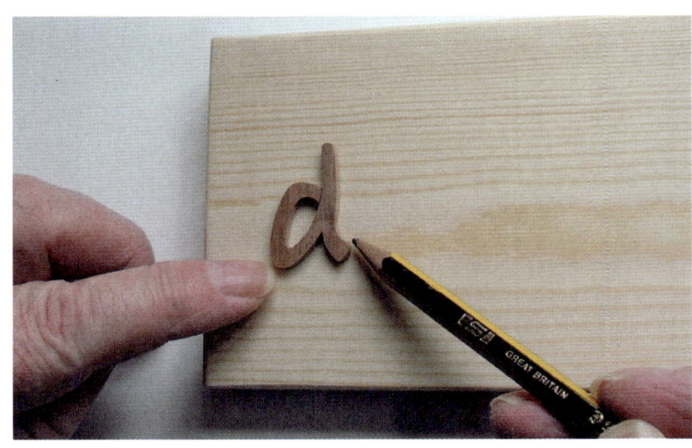

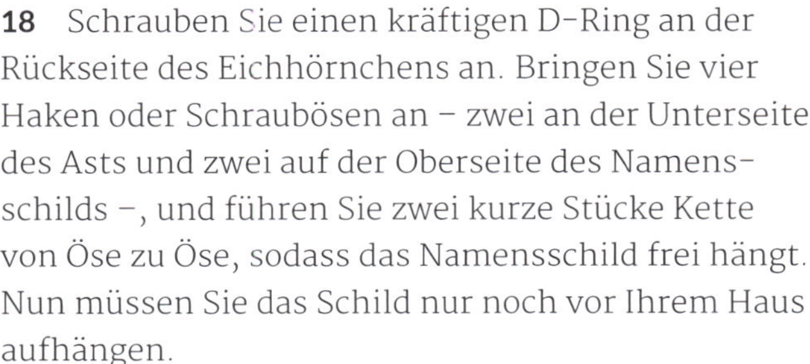

18 Schrauben Sie einen kräftigen D-Ring an der Rückseite des Eichhörnchens an. Bringen Sie vier Haken oder Schraubösen an – zwei an der Unterseite des Asts und zwei auf der Oberseite des Namensschilds –, und führen Sie zwei kurze Stücke Kette von Öse zu Öse, sodass das Namensschild frei hängt. Nun müssen Sie das Schild nur noch vor Ihrem Haus aufhängen.

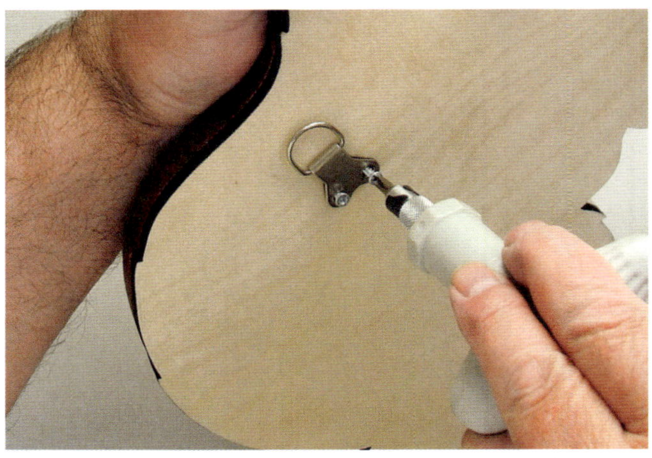

Glossar

Arbeitstisch
Die ebene Fläche aus Gusseisen oder Aluminium, auf die man beim Sägen mit der Dekupiersäge das Werkstück legt.

Feinsäge
(1) Alternativbezeichnung für die Dekupiersäge; (2) Bezeichnung für verschiedene Handsägen, darunter auch die Laubsäge und eine Rückensäge mit feiner Bezahnung.

Gegenzahnblatt
Ein Sägeblatt, bei dem die unteren Zähne nach oben weisen, um Ausrisse an der Unterseite des Werkstücks zu reduzieren.

Längsdurchgang
Die Entfernung zwischen dem Sägeblatt und dem hinteren Halterung des Schwingarms einer Dekupiersäge.

Niederhalter
Ein Zubehörteil, dass dem „Fuß" einer Nähmaschine ähnelt und dazu dient, das Werkstück zu stabilisieren und in gewissem Maß auch den Anwender zu schützen.

rundgezahntes Sägeblatt
Ein Sägeblatt, bei dem die Zähne in einer Spirale um die Mittelachse angeordnet sind, um das Sägen in jeder Richtung zu erlauben.

Sägeblatt mit einfachem Ende
Sägeblatt, dass mit Klemmen in der Dekupiersäge eingespannt wird. In vielen Varianten erhältlich.

Sägeblatt mit Stift
Ein Sägeblatt, das mit einem Stift an beiden Enden des Blatts in der Dekupiersäge eingespannt wird. Meist nur in höheren Größen erhältlich.

Schleiftrommel
Eine zylindrische Schleifvorrichtung, die an einer elektrischen Bohrmaschine oder an einem Multifunktionswerkzeug mit biegsamer Welle verwendet wird; nützlich, um gebogene Flächen und Kanten zu formen.

Standardsägeblatt
Ein Sägeblatt, bei dem alle Zähne nach unten weisen.

Stapel sägen
Mehr als eine Lage Material zu einer Zeit sägen, um ein Paar oder einen Satz gleicher Stücke zu erhalten.

Tellerschleifer
Eine Schleifmaschine, bei der Schleifpapier an einer rotierenden Scheibe befestigt wird. Nützlich, um Holz zu glätten und auf Stärke zu bringen.

Tischeinsatz
Ein auf Maß zugeschnittenes Materialstück, dass in die Sägeblattöffnung im Arbeitstisch passt, das Werkstück zusätzlich abstützt und kleine Stücke daran hindert, durch die Öffnung zu fallen.

TPI
Teeth per inch: Zähne pro Zoll (ein Zoll entspricht etwa 25 mm) – die traditionelle Maßangabe für die Feinheit der Bezahnung eines Sägeblatts.

Weitzahnblatt
Ein Blatt mit Zwischenraum zwischen den Zähnen, um den Abtransport der Sägespäne zu verbessern und schnelleres Sägen zu erlauben.

Ressourcen

Hersteller und Werkzeughändler, die Dekupiersägen wie auch Zubehör in unterschiedlichem Umfang anbieten:

- Hegner ist wohl der führende deutsche Hersteller. Die Website bietet auch Zubehör, kostenlose Vorlagen und Videos: https://www.hegner-gmbh.com
- Weitere Hersteller sind Jet, Proxxon, Pegas, Fromnia, Rexon, Harthie, Scheppach u.v.a.
  Erkundigen Sie sich im örtlichen Werkzeughandel. Alternativ gibt es zahlreiche Möglichkeiten im Internet. Zum Beispiel:
- Maschinenhandel Meyer, Göttingen: https://www.holz-metall.info/shop1/kategorie194.htm
- Fa. Wolfknives, Landshut: https://www.feines-werkzeug.de/werkzeuge/saegen/feinschnittsaegen/
- Fa. Steinert, Drechselzentrum Erzgebirge: https://drechslershop.de/maschinen-holzbearbeitung/saegen/dekupiersaegen/dekupiersaegen.html
- Dictum, mit Verkaufsräumen in München und Plattling: https://www.dictum.com/de/dekupiersaege-baal
- Fa. Neureiter, Versandhändler in Österreich mit Ausstellungshallen in A-5431 Kuchl bei Salzburg und A-8561 Söding bei Graz. https://neureiter-shop.at/produkte/holzbearbeitung/maschinen/dekupiersagen.html

Vorlagen, Anregungen, Diskussionen

- Kommerzielle Vorlagen (und Zubehör): https://www.ac-holzkunst.de/
- Kostenlose Vorlagen: https://www.laubsaegevorlagen.info
- Die deutschsprachige Zeitschrift zum Thema: https://www.feinschnitt-kreativ.de/
- Ein deutschsprachiges Online-Forum zum Thema: https://www.scrollsawprojects.net
- Einiges über Holzarten: https://www.schreiner-seiten.de/holzarten/
- https://feines-aus-wuppertal.blogspot.com ist ein Blog, der ausgefallene Holz- und Laubsägearbeiten vorstellt.

Über die Autoren

Julie und Fred Byrne interessieren sich seit mehr als 20 Jahren für das Arbeiten mit Holz. Wie vielseitig die Dekupiersäge als Werkzeug ist, wurde ihnen jedoch erst klar, als sie bei einer Holzwerken-Messe eine Vorführung damit sahen. Es dauerte nicht lange, bevor sie sich ihre erste Dekupiersäge und eine Auswahl guter Bücher über das Thema kauften und so die Möglichkeiten erkundeten, die sich ihnen boten. Inzwischen beschäftigen sie sich seit vielen Jahren mit dieser faszinierenden Tätigkeit und ihre ebenso originellen wie unverkennbaren Entwürfe finden sich immer wieder in Zeitschriften zum Thema Holzwerken.

Danksagungen

Wir möchten uns bei Mark Cass bedanken, der uns ermunterte, dieses Buch zu schreiben, bei Stephen Haynes für seine hochgeschätzten Anregungen und vor allem bei Benita und Sam für die wertvolle Hilfe und Unterstützung beim Verfassen dieses Buchs. Ohne sie wäre es sehr viel schwieriger gewesen. Danke!

Register